AÇÕES AFIRMATIVAS

REITOR Targino de Araújo Filho
VICE-REITOR Adilson J. A. de Oliveira
DIRETOR DA EDUFSCAR Oswaldo Mário Serra Truzzi

EdUFSCar - Editora da Universidade Federal de São Carlos

CONSELHO EDITORIAL Ana Claudia Lessinger
José Eduardo dos Santos
Marco Giulietti
Nivaldo Nale
Oswaldo Mário Serra Truzzi (Presidente)
Roseli Rodrigues de Mello
Rubismar Stolf
Sergio Pripas
Vanice Maria Oliveira Sargentini

UNIVERSIDADE FEDERAL DE SÃO CARLOS
Editora da Universidade Federal de São Carlos
Via Washington Luís, km 235
13565-905 - São Carlos, SP, Brasil
Telefax (16) 3351-8137
www.editora.ufscar.br
edufscar@ufscar.br
Twitter: @EdUFSCar
Facebook: facebook.com/editora.edufscar

AÇÕES AFIRMATIVAS

Perspectivas de pesquisas de estudantes da reserva de vagas

Petronilha Beatriz Gonçalves e Silva
Danilo de Souza Morais
(organizadores)

EdUFSCar
São Carlos, 2015

© 2015, dos autores

Capa
Rafael Chimicatti

Projeto gráfico
Vítor Massola Gonzales Lopes

Preparação e revisão de texto
Marcelo Dias Saes Peres
Daniela Silva Guanais Costa
Vivian dos Anjos Martins

Editoração eletrônica
Felipe Martinez Gobato

Ficha catalográfica elaborada pelo DePT da Biblioteca Comunitária da UFSCar

```
           Ações afirmativas : perspectivas de pesquisas de
A185a      estudantes da reserva de vagas / organizadores:
           Petronilha Beatriz Gonçalves e Silva, Danilo de Souza
           Morais. -- São Carlos : EdUFSCar, 2015.
           273 p.


           ISBN: 978-85-7600-415-8


           1. Educação. 2. Universidade Federal de São Carlos.
           3. Ações afirmativas. 4. Bolsas de estudo e aprendizagem.
           5. Educação - financiamento. I. Título.


                                   CDD: 370 (20ª)
                                   CDU: 37
```

Todos os direitos reservados. Nenhuma parte desta obra pode ser reproduzida ou transmitida por qualquer forma e/ou quaisquer meios (eletrônicos ou mecânicos, incluindo fotocópia e gravação) ou arquivada em qualquer sistema de banco de dados sem permissão escrita do titular do direito autoral.

Sumário

Apresentação 7

Prefácio 9

Ações Afirmativas: um caminho para a equidade 15
Petronilha Beatriz Gonçalves e Silva e Danilo de Souza Morais

DISCUTINDO AÇÕES AFIRMATIVAS

O sistema de reserva de vagas da UFSCar 35
Daiane de Oliveira e Fábio Minoru Yamaji

Uma nova perspectiva de futuro através da possibilidade de ingresso na universidade pública e seu significado na vida de pessoas de classes sociais menos favorecidas 49
Tatiane Souza Silva e Hylio Laganá Fernandes

Um estudo sobre integração de ingressantes ao ensino superior 63
Luiz Nicolosi Rodrigues e Tânia Maria Santana de Rose

Inserção acadêmica de alunos oriundos de escolas públicas na UFSCar-Sorocaba 75
Yuri Souza Padua, Siovani Cintra Felipussi e Waldemar Marques

Componentes da identidade étnica de jovens universitários brancos, pardos e pretos 81
Marlon Alexandre de Oliveira e Tânia Maria Santana de Rose

A influência da Biblioteca Comunitária da UFSCar sobre os alunos ingressantes pelo Programa de Ações Afirmativas 91
Ardala Ponce Kochani

Universalidade e particularidade: a compreensão dos valores universais e as Ações Afirmativas 107
Amanda Cristina Murgo e José Eduardo Marques Baioni

A concepção de Foucault sobre as relações de poder: a guerra como essência das relações de força e a forma jurídica como instrumento nas Ações Afirmativas 125
David Ferreira Camargo e Débora Cristina Morato Pinto

CONHECENDO MELHOR NOSSO PAÍS E OS POVOS QUE O CONSTITUEM

A história das populações indígenas em livros didáticos do ensino fundamental: a experiência na rede pública de São Carlos-SP   141
Edinaldo dos Santos Rodrigues e Lúcia Maria de Assunção Barbosa

A proteção do conhecimento tradicional: reflexões sobre a elaboração de material didático adequado às necessidades informacionais de comunidades indígenas   155
Jiene Pio e Maria Cristina Comunian Ferraz

Registro audiovisual da Dança do Bate-Pau   167
Agenor Custódio e Eduardo Nespoli

PESQUISA E EXTENSÃO UNIVERSITÁRIA ASSINALAM DIFERENTES FORMAS DE AÇÕES AFIRMATIVAS

Jogos e desafios matemáticos   183
Édipo Batista Ribeiro de Lima e José Antonio Salvador

Ações Afirmativas na Saúde: contribuição para a construção de políticas públicas   199
Edison dos Reis e Márcia Niituma Ogata

Ações Afirmativas: visão dos profissionais de saúde pública acerca de possíveis medidas para maior acessibilidade da população   215
Vanicléia do Carmo Carvalho e Thelma Simões Matsukura

Avaliação da possibilidade de emprego de rochagem no assentamento Araras III, São Paulo   235
Aline Furtado de Oliveira e Maria Leonor R. C. Lopes-Assad

Conselhos de Defesa dos Direitos das Crianças e Adolescentes e trabalho infantil na microrregião de Sorocaba   249
Joyce Miryam Tonolli e Andrea Rodrigues Ferro

Sobre os autores   265

Apresentação

Para mim, é motivo de satisfação e alegria apresentar esta obra constituída por artigos gerados a partir de trabalhos produzidos por bolsistas BAIP e seus orientadores entre os anos de 2008 e 2010, já que a maior parte desse período coincide com minha gestão à frente da Pró-Reitoria de Graduação, iniciada em novembro de 2008 e concluída em novembro de 2012.

O Programa de Ações Afirmativas mereceu atenção especial por parte da gestão 2008-2012 da Universidade Federal de São Carlos (UFSCar), integrando explicitamente mais de um dos eixos componentes do documento que consubstanciava o seu plano de gestão, assim como o Plano de Desenvolvimento Institucional da UFSCar (PDI), o que comprova a relevância e prioridade atribuídas a esse Programa, em consonância com as conexões estabelecidas entre competência acadêmica e compromisso social.

Diante disso, louvo a iniciativa da organização deste livro pela Profa. Dra. Petronilha Beatriz Gonçalves e Silva e pelo doutorando Danilo de Souza Morais. O nome da primeira, hoje Professora Emérita da UFSCar, está diretamente vinculado à implantação do Programa de Ações Afirmativas na UFSCar, o qual, aliás, apresenta características pioneiras no Brasil e cuja história é rememorada pela Profa. Dra. Maria Stella Gil no Prefácio. O segundo, assessor do referido Programa, também deixou nele a sua marca de competência, dedicação e responsabilidade civil e acadêmica.

Penso, porém, que o grande destaque sejam mesmo os artigos componentes da obra, por constituírem testemunho vivo das contribuições acadêmicas aportadas por esses estudantes, fornecendo, ao mesmo tempo, elementos para a desconstrução de ideias preconcebidas acerca da presença na Universidade de estudantes ocupantes de vagas destinadas às Ações Afirmativas, como bem analisam a Profa. Petronilha e Danilo, na Introdução.

A ideia de termos na UFSCar estudantes oriundos de escolas públicas, negros e indígenas – agora encampada por lei federal no âmbito das instituições de ensino superior sob sua égide – amplia os horizontes da cultura acadêmica, instalando nela o imperativo de dialogar com diferentes contribuições culturais, num movimento de mão dupla, como convém à compreensão de diálogo.

Assim, pois, obriga-se a instituição a repensar a sua própria identidade, entendendo que não é somente das classes sociais mais privilegiadas que emanam as "boas cabeças", capazes de exercer papéis de liderança nos vários setores da sociedade.

Entre as várias aprendizagens proporcionadas pela presença desses diferentes grupos sociais e culturais no seio da comunidade acadêmica está a de que pobreza e pertença étnico-racial diferente não se confundem – de modo algum! – com incapacidade ou com incompetência acadêmica. Estão aí as estatísticas, tanto da UFSCar como de outras instituições que adotam políticas de Ações Afirmativas há mais tempo, a comprovarem essa assertiva.

Reitero, pois, a pertinência e relevância desta obra, exemplo rico e inconteste do que acabo de afirmar!

Profa. Dra. Emília Freitas de Lima

Prefácio

A possibilidade de escrever este Prefácio, o que muito me honra, é um dentre os desdobramentos de uma iniciativa institucional que pode ser reconstruída retomando-se alguns de seus marcos: a definição de princípios e diretrizes de democratização do ensino superior; a regulamentação de políticas de inclusão; a gestão das ações; a implementação dos programas e projetos decorrentes; e a avaliação do alcance de suas metas.

Este livro assinala um marco em um processo com muitos princípios e sem fim previsível, pois trata do avanço de uma instituição na direção da garantia dos direitos republicanos de cidadania, na busca da universalidade dos objetivos e de práticas erigidas no reconhecimento das contradições entre a universalidade dos direitos de cidadania e a singularidade da exclusão na comunidade acadêmica.

Os capítulos que o constituem oferecem à comunidade o resultado do trabalho realizado por estudantes que ingressaram na UFSCar pelo sistema de reserva de vagas sob a supervisão de professores orientadores. Estudantes e professores submeteram seus projetos à avaliação visando Bolsa de Assistência a Estudantes e Incentivo à Pesquisa (BAIP), e, agora, disseminam o conhecimento que produziram e compartilham alguns dos resultados academicamente relevantes do Programa de Ações Afirmativas da UFSCar. Talvez as dimensões de conquista e vitória que a publicação representa fiquem mais claras retomando-se alguns dos marcos da trajetória, sempre desafiadora, que essa instituição percorreu entre a definição de princípios e o resultado das ações que eles ensejam. Um dos marcos da implantação de uma política de Ações Afirmativas na UFSCar aconteceu em dezembro de 2006. O auditório da Reitoria no *campus* São Carlos estava lotado. Reuniam-se, excepcionalmente, o Conselho Universitário (ConsUni) e o Conselho de Ensino, Pesquisa e Extensão (CEPE) da época, para apreciar o Programa de Ações Afirmativas proposto à Universidade por um grupo[1] constituído para essa finalidade. Estudantes, técnicos administrativos e docentes tomavam os corredores quando a reunião teve início. A tensão era perceptível pela pouco usual agitação dos participantes, pelos cartazes e pelo silêncio alternado com palavras de ordem dos estudantes que defendiam a instituição da reserva de vagas por critérios socioeconômicos e étnico-raciais.

A discussão sobre a adoção de políticas afirmativas na Universidade iniciara-se muito tempo antes daquele dezembro. Reuniões regulares com todos os segmentos acadêmicos, eventos com a participação de estudiosos e gestores de universidades, produção e divulgação de documentos repercutiam questões internas e externas à Universidade.[2] Na chamada grande mídia dava-se a polarização do debate sobre as políticas afirmativas. As discussões internas à comunidade "ufscariana", permeadas pelo debate em curso na sociedade brasileira, constituíram as condições de envolvimento, discussão e deliberação pelos diferentes setores e pelas câmaras assessoras dos Conselhos Superiores da época. As dissenções internas podiam ser aferidas pela votação naquele 1º de dezembro, quando foi aprovada a proposta para o Programa de Ações Afirmativas da UFSCar,[3] em

---

[1] Comissão responsável pela proposta do Programa de Ações Afirmativas da UFSCar: Maria Stella C. de Alcantara Gil (Presidente), Petronilha Beatriz Gonçalves e Silva, Francisco José C. Alves, Valter Roberto Silvério, Tânia Maria Santana de Rose, Lucia Maria A. Alves, Danilo de Souza Morais, Joeverson Evangelista, Marina Denise Cardoso, Clarice Cohn e Patrícia Ruy Vieira.

[2] Proposta de um programa de Ações Afirmativas (abril de 2006): GIL, M. S. C. A.; SILVA, P. B. G.; ALVES, F. J. C.; SILVÉRIO, V. R.; DE ROSE, T. M. S.; BARBOSA, L. M. A.; MORAIS, D. S.; EVANGELISTA, J.

[3] Programa de Ações Afirmativas da UFSCar. Pode ser acessado em <http://www.acoesafirmativas.ufscar.br>.

mais uma etapa, e das mais desafiadoras, na definição de uma política inclusiva. O princípio da reserva de vagas, sem ainda estabelecer seus critérios, foi aprovado com votação praticamente unânime – 34 votos favoráveis, um voto contrário e nenhuma abstenção –, porém, quando da aprovação dos critérios étnico-raciais para inclusão da população negra e indígena, a votação foi bastante acirrada – 18 votos favoráveis, 15 contrários e duas abstenções.

Entre a decisão do Conselho Universitário de criar um grupo que propusesse um Programa de Ações Afirmativas (junho de 2005), atendendo ao compromisso da Universidade com a inclusão social expresso nas diretrizes específicas do PDI 2004,[4] e a sua aprovação, trabalhou-se muito para garantir um processo participativo, transparente e democrático de discussão que culminasse em uma decisão representativa da vontade da comunidade. Para a instituição, os objetivos de ampliar a democratização do acesso aos cursos tinham o mesmo peso que manter a qualidade da formação oferecida pela Universidade.

Simultaneamente ao debate, um conjunto de atos administrativos publicados entre 2004 e 2008 constitui outro marco da trajetória da UFSCar em direção a uma política de inclusão. Portarias e convênios regulamentavam o acesso à Universidade de populações que até então não eram contempladas nos processos seletivos. Ainda assim, havia a proeminência do debate sobre as Ações Afirmativas em relação a essas outras iniciativas institucionais que aconteciam no mesmo período.

Entre 2007 e 2008 foram também aprovados pelos Conselhos Superiores os processos seletivos para o ingresso dos candidatos aos cursos de Licenciatura em Pedagogia da Terra e de Agronomia, vinculados ao Programa Nacional de Educação na Reforma Agrária (PRONERA) e para o ingresso de refugiados políticos, e, ainda, foi retomado o Programa Estudante-Convênio de Graduação (PEC-G), que havia sido suspenso por alguns anos e trouxe de volta os acordos

---

4 Plano de Desenvolvimento Institucional da UFSCar, 2004. Pode ser acessado em <www.ufscar.br>.

de cooperação com a África e a América Latina. As sucessivas gestões da instituição orientavam as ações, portanto, na direção de seus princípios e diretrizes explicitados no PDI 2004.

A determinação de alcançar excelência acadêmica com compromisso social foi atestada igualmente em outro registro, mas na mesma perspectiva de democratização, e anterior às medidas para concretizar as políticas afirmativas, pela forte adesão da UFSCar ao projeto "Conexões de saberes: diálogos entre a universidade e as comunidades populares". O programa Conexões visava intensificar a relação entre as universidades e as comunidades populares com a atuação dos estudantes universitários oriundos dessas comunidades, incentivados a produzir conhecimentos científicos e a intervir "em território popular".

O valor do acesso das camadas populares já era debatido na instituição sem que, entretanto, fossem desencadeadas e implantadas ações para a discriminação positiva considerando parâmetros socioeconômicos. A alteração numericamente importante do perfil dos estudantes da UFSCar, com predominância das classes A e B em detrimento das demais, tinha impacto positivo na adesão da comunidade a uma forma de ingresso que privilegiasse a população mais pobre. A clivagem da "classe social" era reconhecida pela comunidade acadêmica, e a busca de reparação da discriminação econômica não trazia maiores tensões a não ser a preocupação de formar todos os estudantes com a qualidade que distinguia a instituição. É possível supor, portanto, que a acolhida a refugiados, trabalhadores dos assentamentos, africanos e latino-americanos fosse acatada pelo viés da colaboração com os desfavorecidos.

A exacerbação das tensões ocorreu, no entanto, quando adicionada às noções predominantes de "classe" a concretização dos princípios e das diretrizes para a democratização, que requeria ações que definissem metas a serem atingidas em relação à discriminação positiva das populações negra e indígena. As discussões cujos argumentos fundavam-se na oposição políticas universalistas *versus* particularistas, ou de referências generalizantes a referências histórico-culturais, aprofundaram-se e polarizaram as votações nos conselhos, que se pronunciavam sobre a regulamentação do ingresso na UFSCar pela via da reserva de vagas, sobretudo por contemplarem a autodeclaração étnico-racial.

Na algaravia das falas nos debates foi possível identificar chaves do discurso da militância, do discurso acadêmico, do discurso da gestão acadêmica, do pensamento crítico, entre outras. Com a efervescência das discussões, a Universidade se enriquecia. A instituição confrontou-se com a insuficiência das análises que ignoravam a constituição de relações de poder, inerentes a clivagens, na decisão sobre os rumos da democratização do acesso e permanência no ensino superior. Quando a análise seleciona uma chave – experiência de classe, de gênero, de raça, sexual, com ou sem deficiências socialmente reconhecidas –, desconsidera as configurações das relações de poder diferenciadas e suas contradições. Essas mesmas contradições podem ser mais bem compreendidas não só pela via da investigação sistemática dos fenômenos sociais, mas, também, pela ação das diferentes militâncias, pela ação da gestão, resguardando e defendendo princípios, diretrizes e, com igual zelo, a democracia, a transparência e o direito à manifestação da singularidade dos grupos sociais nos processos decisórios e de organização institucional da Universidade.

A trajetória da UFSCar na direção da equidade de oportunidades não contempla apenas os direitos republicanos de cidadania ou busca da universalidade dos objetivos. A instituição tem vencido o caminho do reconhecimento das contradições entre a universalidade dos direitos de cidadania e a singularidade de alguns dos diferentes grupos sociais, e tem um longo trajeto a percorrer para ampliar suas políticas de inclusão. Ainda é desafiada por servidores e estudantes com deficiências sensoriais ou motoras e pela parca discussão sobre as relações de gênero ou sexualidade. Falta, entretanto, refletir sobre a contribuição da acolhida, intencional e deliberada, da diversidade dos grupos humanos para a excelência do pensamento, do conhecimento, da convivência, da formação para a cidadania.

O livro *Ações Afirmativas: perspectivas de pesquisas de estudantes da reserva de vagas* é um exemplar primoroso dos resultados da vontade política de uma instituição na formação dos seus estudantes ingressantes pela reserva de vagas.

Profa. Dra. Maria Stella C. de Alcantara Gil

Ações Afirmativas: um caminho para a equidade

Petronilha Beatriz Gonçalves e Silva
Danilo de Souza Morais

Os capítulos que constituem o presente livro resultam do esforço de estudantes ingressantes por reserva de vagas na UFSCar em 2008, os quais contaram com apoio financeiro da Fundação Ford e a orientação de professores que se dispuseram a introduzi-los no campo da pesquisa, criando condições acadêmicas para a realização de projeto de iniciação científica. É um projeto que, de acordo com as normas estabelecidas pelo Grupo Gestor do Programa de Ações Afirmativas da UFSCar, deveria tratar de alguma forma de política, de ação, de proposição que buscasse corrigir desigualdades, apoiar e valorizar produções, iniciativas de grupos sociais mantidos à margem da sociedade. Os estudantes foram provocados a dialogar com diferentes significados atribuíveis à ação afirmativa, notadamente aqueles que tinham por meta principal corrigir desigualdades, garantir direitos de cidadania. Nesse quadro, foram apoiados com uma bolsa de 12 meses de duração, denominada Baip. Buscou-se, dessa forma, aliar oferta mínima de condições financeiras ao estudante que dela necessitasse com a simultânea introdução à pesquisa. Assim, de um lado, criaram-se condições para participação ativa de estudantes que ingressaram por reserva de vagas na vida acadêmica, e, de outro, a UFSCar ampliou a produção acadêmico-científica sobre Ações Afirmativas.

Entre 2008 e 2010, desenvolveram-se 40 projetos de iniciação científica apoiados pela Baip. Os 16 capítulos que constituem este livro resultam de pesquisas formuladas e realizadas pela primeira turma de bolsistas BAIP e seus orientadores, no período entre 2008 e 2009. Entre os/as estudantes que assinam os capítulos há estudantes negros, indígenas e egressos de escolas públicas, independentemente da origem étnico-racial, conforme prevê a reserva de vagas do Programa de Ações Afirmativas da UFSCar, cuja implementação teve início em 2008. Antes de passarmos para os anunciados capítulos, cabe tecer considerações sobre significados e pertinência de Ações Afirmativas no ensino superior. De tão complexa problemática decidimos focalizar duas dimensões: as relações entre excelência acadêmica e poder didático-pedagógico-avaliativo; e as condições de equidade para garantir igualdade de direitos e cidadania. Fazemo-lo à guisa de introdução ao presente livro, *Ações Afirmativas: perspectivas de pesquisas de estudantes da reserva de vagas*.

As universidades brasileiras que já implementaram Ações Afirmativas no ensino superior, mediante políticas de acesso e permanência, têm lidado com a chegada de sujeitos sociais concretos, com saberes distintos daqueles usualmente portados por estudantes que chegavam à universidade com outras formas de construir conhecimentos, o que incide sobre a forma de aprender e empregar conhecimentos oriundos da academia. Pessoas com trajetória de vida própria de grupos sociais não abastados, grupos étnico-raciais não brancos, com perfil distinto do tipo idealizado pela academia para seus estudantes. Os Programas de Ações Afirmativas mostram que o universitário hegemônico e idealizado foi substituído pela diversidade social, notadamente cultural, étnico-racial representativa da sociedade brasileira.[1]

Entre os argumentos contrários à adoção de Políticas de Ação Afirmativa no ensino superior destaca-se o que profetiza poder a presença de pessoas oriundas dos chamados grupos populares prejudicar a excelência da produção acadêmica. Entendem os defensores dessa posição que somente pode cursar o ensino superior em estabelecimentos avaliados como de alta qualidade acadêmica quem

---

[1] GOMES, N. L. Diversidade étnico-racial: por um projeto educativo emancipatório. *Retratos da Escola*, v. 2, n. 2-3, p. 95-108, jan./dez. 2008.

teve experiências educativas – escolares e não escolares – acessíveis aos grupos autodenominados elite da sociedade, cujo capital cultural se constitui por meio, entre outros, de acesso facilitado a meios de comunicação eletrônicos, frequência a estabelecimentos de ensino privados, viagens, publicações variadas, visitas a museus, exposições artísticas, frequência a bibliotecas, teatros, cinemas.

Tal posição pauta-se em entendimento equivocado de que experiências educativas dos grupos populares e os conhecimentos que produzem não teriam valor na vida universitária e para a produção acadêmica. É bom lembrar que para alguns até podem ter valor se forem unicamente e nada mais que objeto de pesquisa, sobre a qual constroem sua carreira acadêmica. Tal posição pauta-se também em preconceitos contra empobrecidos, negros, indígenas, sua capacidade de aprender o que as ciências têm produzido, bem como de investigar seguindo princípios científicos. Finalmente, cabe destacar que tal discurso, quando manifestado em relação a universidades públicas, revela a posição de grupo social que, durante o século XX, fez uso privado dessas instituições públicas, buscando regulá-las a seus interesses.

Assim sendo, os oriundos dos grupos populares, para serem aceitos, por vezes têm tido de "assimilar" jeitos de pensar, de produzir conhecimentos, rejeitando ou considerando inferiores os que trazem de seu grupo social e étnico-racial originário. Mais do que isso, têm sido convencidos, é claro que nem todos o aceitam, a negar os grupos com os quais originariamente se identificam. Esse foi, em muitos casos ainda é, o processo exigido para garantir sucesso acadêmico, avaliado por critérios assimilacionistas. Ao fazer essa crítica, longe se está de pretender que o ensino superior abra mão de seu papel formador, o que se pretende é destacar que para cumprir esse papel não se precisa impor, a seus estudantes, a assunção de interesses nocivos a seu grupo social de origem. Afinal, é função dos estabelecimentos de ensino, em todos os seus níveis, conforme preveem a Constituição Nacional e a Lei de Diretrizes e Bases da Educação Nacional,[2] formar

---

2   Lei 9.394/1996.

cidadãos capazes de compreender e defender a diversidade da população brasileira, de dialogar uns com os outros, sem abrir mão das suas origens regionais, nacionais, étnico-raciais.

O cumprimento ou não dessa função precisa ser considerado entre os critérios para avaliar não só a qualidade da produção acadêmica, como da vida universitária. Ao referir produção acadêmica, quase sempre se tem em mente, de um lado, o aproveitamento dos estudantes, medido por meio de notas e médias obtidas em disciplinas e outras atividades curriculares. E, de outro lado, o número e impacto de pesquisas desenvolvidas por professores-pesquisadores e seus orientandos de iniciação científica, dissertações e teses.

O acompanhamento do desempenho acadêmico de estudantes ingressantes no quadro de políticas de Ações Afirmativas, comparativamente aos demais estudantes, tem mostrado desde as primeiras experiências, por exemplo, na UERJ, na UNEB e UnB, até as mais recentes, entre elas a da UFSCar, que não há diferença significativa de aproveitamento entre uns e outros.[3] Em alguns cursos, os ingressantes por reserva de vagas obtêm notas superiores aos demais. Destaque-se que, entre esses cursos, no caso da UFSCar, estão aqueles que mais costumam reprovar, como engenharias e ciências exatas.[4]

Destaque-se também que não se tem notícia de que a produção acadêmico-científica tenha sido prejudicada em seus padrões de qualidade ou de que se tenha desacelerado a capacidade de apresentar novos conhecimentos desde a adoção de políticas afirmativas. Ao contrário, esta obra que as presentes considerações introduzem reúne produções de estudantes universitários oriundos de escolas públicas, negros e indígenas que, sem dúvida, vêm enriquecendo a

---

3 Para dados referentes à avaliação de ingressantes por reserva de vagas na UERJ, ver: *Avaliação qualitativa dos dados sobre desempenho acadêmico*, Relatório ano 2011. UERJ – disponível em <www.caiac.uerj.br/rel.pdf>. Para o caso da UnB, pode-se encontrar esses dados em: VELLOSO, J. Cotistas e não cotistas: rendimento de alunos da Universidade de Brasília, *Cadernos de Pesquisa*, v. 39, n. 137, p. 621-644, maio/ago. 2009. Essa comparação, para a UFSCar, pode ser encontrada em: *Relatório de autoavaliação institucional da UFSCar – 2011*. Comissão própria de avaliação da UFSCar – CPA, SINAES, São Carlos, março de 2012 (p. 127-136) – disponível em <http://www.cpa.ufscar.br/relatorio-de-autoavaliacao-institucional-cpa-ufscar-2011>.

4 UFSCar, março de 2012, p. 133.

produção acadêmico-científica da UFSCar. Seus estudos foram realizados sob a orientação de professores e professoras que entendem a iniciação científica como um processo e um produto pedagógico, científico e cultural capaz de, em diferentes áreas do conhecimento, ampliar os significados e oportunidades de Ações Afirmativas, em diferentes situações da vida social, não unicamente no acesso ao ensino superior.

Apesar das evidências mostrando o contrário, argumentos receosos de que a qualidade da produção nos meios universitários possa ser abalada persistem ainda entre alguns, os quais põem em dúvida a capacidade de professores do ensino superior ensinarem a todos os segmentos da população brasileira, sugerindo abertamente que não saberiam lidar com a pluralidade social, notadamente a étnico-racial, que constitui nossa sociedade. Por mais incrível que pareça, para combater uma política de equidade se desqualifica a capacidade didático-pedagógica-avaliativa dos professores universitários.

Essa capacidade, tendo em vista o projeto de sociedade dos docentes – elitista ou inclusivo de toda a população –, é manipulada para acolher estudantes dos grupos populares, negros, indígenas ou tentar convencê-los a aderir aos interesses da autodenominada elite. É nas relações na sala de aula, nas orientações de pesquisa, nos trabalhos de extensão universitária que professores exercem o seu poder didático--pedagógico-avaliativo e dele se valem para incentivar tanto o sucesso como o fracasso de seus alunos. A instituição universitária pública garante, e não poderia ser diferente, a seus docentes a liberdade de ensinar de seu jeito próprio e de avaliar com critérios que lhes pareçam justos. No entanto, tais escolhas não podem ferir o direito de cada um dos estudantes de ter respeitadas suas peculiaridades, seu pertencimento étnico-racial, seu engajamento a um grupo social, notadamente o seu direito de aprender tudo o que de melhor a humanidade tem produzido nas ciências, nas artes, na área de conhecimentos em que se dispõe a aprofundar estudos, e dessa forma ter, cada um, acesso a condições necessárias que garantam o exercício efetivo de sua cidadania, conforme prevê a Constituição Nacional.

É importante insistir que Ações Afirmativas visam corrigir desigualdades, o que não implica, de modo algum, em fazer concessões quanto à qualidade do fazer acadêmico. Mas certamente implica em abandonar critérios traçados à luz de uma meritocracia que, conforme Lapenson,[5] visa de fato garantir privilégios para alguns, admitindo práticas injustas que sustentam desigualdades.

As relações étnico-raciais no Brasil têm tecido e sustentado desigualdades em todos os campos da vida social, mas aqui ressaltamos os dados referentes à esfera da educação. Em 2001, Ricardo Henriques[6] apresentou resultado de estudos que realizara junto ao IPEA e que revelaram a persistente e profunda desigualdade educacional entre negros e brancos ao longo do século XX:

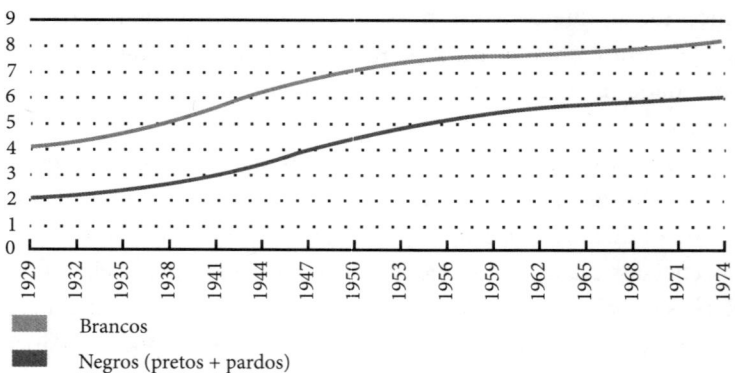

Gráfico 1 Anos médios de escolaridade, evolução por coorte (25 anos e mais) por raça, Brasil.
Fonte: PNAD[7]; exclui a população rural de Rondônia, Acre, Amazonas, Roraima, Pará e Amapá.

---

5   LAPENSON, B. P. *Affirmative action and the meanings of merit*. Lanham: University Press of America, 2009.

6   HENRIQUES, R. *Desigualdade racial no Brasil*: evolução das condições de vida na década de 90. Rio de Janeiro: Ministério do Planejamento, Orçamento e Gestão; IPEA, 2001. p. 27. (Texto para discussão n. 807).

7   Id. ibid.

O Gráfico 1 mostra que entre os nascidos ainda na primeira metade do século XX (1929) até aos nascidos em meados dos anos 1970 (1974), apesar do aumento da escolaridade tanto entre brancos como negros, mantém-se inercial a desigualdade de aproximadamente dois anos de estudo. Dados mais recentes, sistematizados por Marcelo Paixão a partir da PNAD do IBGE de 2012,[8] mostram a recente diminuição dessa desigualdade racial em detrimento da população negra para 1,6 nos anos de escolarização. Apesar da diminuição da desvantagem, deve-se destacar ainda que a população negra tem em média 7,1 anos de estudo, ou seja, não completa o período referente ao ensino fundamental. Diante desse quadro fica impossível negar as desigualdades étnico-raciais na Educação no Brasil.

Já nos anos 2000, a sub-representação da população negra[9] no ensino superior também continuava confirmada em dados oficiais.

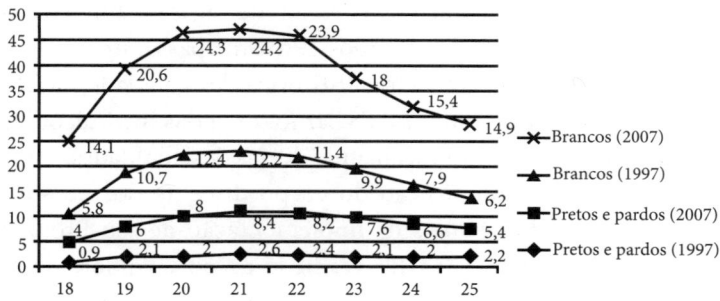

Gráfico 2 Taxa de frequência no ensino superior das pessoas de 18 a 25 anos de idade, por cor ou raça, segundo a idade pontual, Brasil, 1997-2007 (%).
Fonte: IBGE, Síntese dos Indicadores Sociais (SIS) 2008.

---

8 Ver página eletrônica do LAESER-UFRJ: <http://www.laeser.ie.ufrj.br/>. Acesso em: 19 nov. 2014.

9 A população negra se constitui daqueles que se autodeclaram pretos ou pardos, conforme classificação utilizada pelo IBGE.

Conforme aponta o IBGE,[10] a população negra (pretos e pardos) em 2007 não alcança os percentuais de participação da população branca no ensino superior registrados em 1997. Nos últimos anos é possível verificar, entretanto, que a implementação de ações afirmativas para o ingresso no ensino superior, tanto público quanto privado, tem significativo impacto positivo para o aumento da frequência de estudantes negros nesse nível de ensino e para a diminuição da desigualdade racial. Em 2012, a taxa bruta de escolaridade no ensino superior da população negra era de 20,2%, o que está ainda bastante distante da taxa de 39,3% verificada para a população branca, mas é aproximadamente três vezes mais que o registrado no ano de 2001. Ou seja, mesmo antes da implementação da Lei 12.711/2012, que institui a reserva de vagas para negros, indígenas e egressos da escola pública em todas as IFES e no Ensino Técnico Federal, a partir dos ingressantes em 2013, a existência de 81 IES públicas com alguma modalidade de reserva de vagas e a ampliação do Programa Universidade para Todos (ProUni) passaram finalmente a incidir positivamente sobre a histórica desigualdade racial no acesso ao ensino superior.[11] A UFSCar foi uma das instituições que contribuíram para a diminuição atual dessas desigualdades.

Analisando a composição do corpo discente dos cursos de graduação da UFSCar antes da implementação de seu Programa de Ações Afirmativas (PAA),[12] verificou-se que, embora se tratando de universidade pública, isto é, mantida com recursos dos impostos que todos os brasileiros pagam, havia entre seus estudantes predominantemente pessoas brancas (Tabela 1), descendentes de europeus e oriundas de grupos sociais abastados, que haviam cursado o ensino médio em instituições privadas (Tabela 2).

---

10   IBGE. *Síntese dos Indicadores Sociais: uma análise das condições de vida da população brasileira*. Rio de Janeiro: IBGE, 2008. p. 210.
11   Ver Censo Nacional da Educação Superior de 2010, INEP.
12   Estabelecido nos termos da Portaria GR nº 695/07 de 6 de junho de 2007.

Tabela 1 Distribuição por cor ou raça no Brasil, no Sudeste e entre alunos ingressos na UFSCar (%).

Cor	Brasil*	Sudeste	Alunos ingressos**		
			2003	2004	2005
Branca	54,0	64,0	80,9	81,5	77,5
Preta	5,4	6,7	2,1	1,0	2,4
Parda	39,9	28,4	7,1	8,7	12,1
Amarela	0,5	0,8	9,5	8,4	7,4
Indígena	0,2	0,1	0,4	0,4	0,6
Total	100,0	100,0	100,0	100,0	100,0

Fonte: * IBGE – Indicadores sociais, 1999; ** Departamento de Estatística da UFSCar.

Tabela 2 Ano, vagas, relação candidatos/vaga (C/V) e percentagem de egressos do ensino público ou privado na UFSCar, 1994-2006.

Ano	Vagas	C/V	Público	Privado
1994	940	7,7	45,9	54,1
1995	940	7,7	45,5	54,5
1996	1.020	7,0	41,0	59,0
1997	1.020	8,2	37,1	62,8
1998	1.040	8,4	38,2	61,8
1999	1.040	10,3	33,7	66,3
2000	1.090	21,5	33,3	66,7
2001	1.090	20,4	34,1	65,9
2002	1.090	20,5	32,2	67,8
2003	1.100	21,5	31,8	68,2
2004	1.130	19,0	27,9	72,1
2005	1.130	19,8	27,2	72,8
2006	1.375	21,1	20,1	79,9

Fonte: UFSCar – ProGrad – Departamento de Estatística – SAC, 2006.

Diante desse quadro, o Plano de Desenvolvimento Institucional (PDI) da UFSCar, aprovado em 2004, incluiu entre suas diretrizes: "Desenvolver e apoiar ações que ampliem as oportunidades de acesso e permanência dos estudantes na Universidade e contribuam para o enfrentamento da exclusão social".[13]

Diante do evidente predomínio dos grupos historicamente mais abastados, brancos e oriundos do ensino privado entre os discentes da UFSCar e do contraste desse quadro com os compromissos históricos dessa Universidade, confirmados institucionalmente em seu PDI 2002-2012, em 2005, atendendo a demanda de estudantes da UFSCar, notadamente negros, o Conselho Universitário decidiu estabelecer uma comissão para estudar a possibilidade de adoção de Programa de Ações Afirmativas. Tal comissão foi encarregada de formular, com a participação da comunidade acadêmica, uma proposta de Programa de Ações Afirmativas comprometida com a democratização do acesso e da permanência dos estudantes na instituição.

Desde as primeiras discussões, a referida equipe entendeu o que a comunidade universitária veio confirmar que qualquer proposta de política para correção de desigualdades no ingresso dos futuros alunos da UFSCar deveria prever garantias para que esses futuros estudantes tivessem condições materiais, pedagógicas e psicológicas para realizar com sucesso os estudos superiores. A fim de que a comunidade universitária se sentisse suficientemente informada sobre os objetivos, alcance e desafios da adoção de tal política institucional, realizaram-se palestras, debates, consultas, ouvindo-se pesquisadores da problemática das Ações Afirmativas, gestores de instituições que haviam adotado tais políticas, gestores de programas. Tudo com o objetivo de esclarecer e traçar as peculiaridades da política institucional de equidade a que a comunidade se propunha e veio a assumir.

À medida que a proposição foi sendo analisada, as propostas, avaliadas, as sugestões, formuladas, foi-se firmando de um lado o entendimento de que *igualdade no direito à educação* tem de ser garantida a todos brasileiros e brasileiras nas instituições mantidas

---

13 Plano de Desenvolvimento Institucional da Universidade Federal de São Carlos – 2004. São Carlos: UFSCar, 2004. p. 29.

pelo poder público, como as universidades federais. E, de outro, que igualdade implica necessariamente *equidade*, ou seja, oferta de condições, consideradas diferenças de grupos sociais e étnico-raciais, que garantissem a efetividade do exercício do direito, no presente caso, de receber formação em nível superior de estudos. Tinha-se, pois, de buscar os necessários e apropriados meios – materiais, financeiros, pedagógicos, psicológicos – para que todos os estudantes encontrassem ambiente e condições para construir sua vida de universitários e realizar os estudos com sucesso.

Uma vez aprovado o Programa de Ações Afirmativas da UFSCar, em dezembro de 2006, para ser implantado a partir de 2008, começou-se, sob a coordenação do Grupo Gestor do Programa de Ações Afirmativas, constituído nos termos da Portaria GR 695/07, a delinear e a implementar programas que abrangessem a todos os estudantes da UFSCar, fossem ingressantes por reserva de vagas ou não. Cabe aqui mencionar o Programa de Acolhimento e Apoio aos Estudantes, assim como o Programa de Educação das Relações Étnico-Raciais.

Estamos, nesse processo, buscando aprender a deixar de impor valores e aspirações de um grupo social como se fossem os únicos válidos para todos os cidadãos, a aprender com movimentos sociais e grupos populares dos quais nossos estudantes são oriundos e, com eles, a construir uma sociedade em que todos sejam respeitados, tenham sua cultura, seu modo de ser e viver reconhecidos e valorizados. Para tanto, na UFSCar, estudantes, servidores, docentes e técnicos administrativos temos nos esforçado para contribuir com o que de melhor sabemos fazer: garantir formação de profissionais, em nível superior, competentes e produzir conhecimentos científicos, técnicos e artísticos que contribuam para o avanço das ciências e para a construção de uma sociedade cada vez mais democrática.

Cabe lembrar que uma política institucional universitária se origina de demandas das camadas populares e de comprometimento dos meios universitários com a construção de uma sociedade igual, porque equânime, do ponto de vista social, cultural, étnico--racial. Herdeiros que somos de história de imposições iniciadas pelos colonizadores dos territórios e mentes desde o século XVI, na nossa América Latina, continuamos – e os programas de Ações Afirmativas vêm para nos ajudar a reverter tal situação – a reproduzir material e simbolicamente os processos de subalternização de uns para que outros possam autodenominar-se elite e garantir privilégios. Para tanto, a intervenção do Estado e de suas instituições, por meio de leis, programas, portarias, normativas, tem sido necessária para garantir direitos, corrigir desigualdades. No Brasil, embora tardiamente, estão a apoiar Ações Afirmativas as leis 10.639/2003 e 11.645/2008, no âmbito da educação, e, mais recentemente, o Estatuto da Igualdade Racial (Lei 12.288/2010) e a Lei da Reserva de Vagas nas IFES e Institutos Técnicos Federais (Lei 12.711/2012).

A grande dificuldade que se enfrenta ao implantar e gerir um programa de Ações Afirmativas é mediar o diálogo entre diferentes projetos de sociedade presentes nos meios universitários, defendidos por estudantes, docentes e técnicos administrativos, e garantir que todos sejam ouvidos, respeitados. A dificuldade ou facilidade de estabelecer diálogo interfere no convívio diário, nos procedimentos didático-pedagógico-avaliativos, no rendimento acadêmico, na produção científica.

Há que se ter presente que a exposição de projetos, gerados a partir de visões de mundo e de experiências de vida distintas, gera antagonismos importantes, que podem ser superados com medidas que garantam equidade, o que não é, repetimos, simplesmente sinônimo de "igualdade de oportunidades", mas possibilidades diferentes de atingir o cumprimento das rigorosas exigências da formação universitária.

O presente livro, resultante do engajamento de gestores/as e servidores técnico-administrativos diretamente responsáveis pelo Programa de Ações Afirmativas da UFSCar, é um dos produtos do esforço de estudantes ingressantes pela reserva de vagas e de professores/as pioneiros/as na realização cotidiana dessa política pública institucional de promoção da equidade. A seguir, apresentamos resultados dessa construção, os capítulos que constituem esta obra.

Trabalhos que constituem esta obra

Em seu capítulo, Daiane de Oliveira e o Prof. Dr. Fábio Minoru Yamaji apresentam pesquisa de parte da bibliografia disponível sobre desempenho acadêmico e permanência de estudantes ingressantes por formas de Ação Afirmativa no ensino superior público no Brasil.

No capítulo escrito por Tatiane Souza Silva e o Prof. Dr. Hylio Laganá Fernandes apresenta-se um levantamento das diferentes modalidades de Ação Afirmativa das IES públicas do Estado de São Paulo para se discutir a pesquisa realizada com estudantes de ensino médio de uma escola pública de bairro considerado periférico da cidade de Embu das Artes-SP – em que a autora do artigo foi estudante –, sobre o conhecimento desses estudantes em relação às IES e suas possíveis políticas afirmativas para ingresso em cursos de graduação.

A integração à vida universitária dos ingressantes pela reserva de vagas na UFSCar é tema do trabalho de Luiz Nicolosi Rodrigues e da Profa. Dra. Tânia Maria Santana de Rose. Enquanto estudo da área de Psicologia, a investigação apresentada revela como um de seus importantes resultados a associação positiva entre uma satisfatória integração à universidade e o que se considera um bom rendimento acadêmico. Esses resultados colocam o caso da UFSCar como consonante com outros casos já estudados pela literatura da área. Mostram, os resultados, que a maioria dos estudantes da amostra pesquisada apresentava condições satisfatórias de integração e bom rendimento acadêmico. Aqueles poucos com dificuldades nessa integração à universidade apresentavam, além de baixo rendimento acadêmico, dificuldade em dimensões denominadas "estudo", "pessoal" e "carreira".

Yuri Souza Padua, o Prof. Dr. Siovani Cintra Felipussi e o Prof. Dr. Waldemar Marques, preocupados com a necessidade de avaliação mais precisa e ágil das necessidades de apoio de estudantes com dificuldades no desempenho acadêmico, têm por objetivo, valendo-se de recursos computacionais, incrementar o acompanhamento desse desempenho. Descrevem o trabalho de elaboração de um banco de dados com informações detalhadas por disciplina cursada por cada estudante do *campus* Sorocaba da UFSCar, que posteriormente servirá para a construção de um software para o acompanhamento acadêmico individualizado de cada um dos estudantes do *campus*.

Marlon Alexandre de Oliveira e a Profa. Dra. Tânia Maria Santana de Rose, em seu capítulo, resumem estudo sobre os componentes psicológicos da identidade étnico-racial de estudantes da UFSCar ingressantes pela reserva de vagas. Partindo da perspectiva de que a identidade étnica é importante para a autoestima dos indivíduos, a pesquisa compara escores de identidade étnica entre estudantes da UFSCar dos grupos preto, pardo e branco.

Ardala Ponce Kochani, em artigo produzido sob orientação da Profa. Dra. Eliane Serrão Alves Mey, contribui para a análise da relevância da Biblioteca Comunitária (BCo) do *campus* de São Carlos da UFSCar para os estudantes ingressantes pela reserva de vagas nessa Universidade. A partir da análise dos dados colhidos em questionários respondidos por esses estudantes, a autora descreve as dimensões nas quais a BCo aparece como significativa do ponto de vista de ingressantes pela reserva de vagas. Também apontam possíveis melhorias na BCo, pela perspectiva dos estudantes que dela se utilizam.

O capítulo escrito por Amanda Cristina Murgo e o Prof. Dr. José Eduardo Marques Baioni nos traz, por meio da discussão teórica e historiográfica dos escritos de Jean-Jacques Rousseau, dos princípios da Declaração dos Direitos do Homem e do Cidadão (1789) e da Declaração Universal dos Direitos Humanos (1948), as possíveis tensões e complementaridades, teóricas e práticas, entre a afirmação necessária das particularidades à Ação Afirmativa e o princípio da universalidade.

Numa investigação filosófica, David Ferreira Camargo e a Profa. Dra. Débora Cristina Morato Pinto reconstituem em seu capítulo parte da discussão central para Michel Foucault sobre a relação entre saber e poder, bem como a importância dessa relação para a formação dos sujeitos. Defendem a possibilidade de utilizar o modelo foucaultiano para interpretar as Ações Afirmativas no ensino superior como transformadoras, ao promoverem a diversidade nesse local de produção de verdades, de um modelo filosófico-jurídico para um modelo histórico-jurídico, sendo esse segundo modelo mais propício à participação dos sujeitos excluídos – como indígenas, negros e pobres.

Edinaldo dos Santos Rodrigues e a Profa. Dra. Lúcia Maria de Assunção Barbosa discutem em seu capítulo os resultados de pesquisa desenvolvida sobre a história das populações indígenas em livros didáticos, do 5º e 6º anos do ensino fundamental, utilizados em escolas do município de São Carlos. Trabalhos reconhecidos nessa área de estudos apontam que os povos indígenas nos livros didáticos, quando representados, são frequentemente vistos como "o índio", tendendo, portanto, a serem representações abstratas, ligadas ao passado ou ainda associados a estereótipos como a indolência e a preguiça. Os livros escolhidos para a análise nesse capítulo têm uma abordagem diferente da usual, pois tratam mais adequadamente a realidade indígena contemporânea. Porém, segundo essa investigação, os referidos livros ainda dão pouca atenção à diversidade cultural entre os povos indígenas no Brasil e a suas demandas mais atuais.

Jiene Pio e a Profa. Dra. Maria Cristina Comunian Ferraz trabalham, no seu capítulo, questões relevantes para a proteção do conhecimento tradicional dos povos indígenas no Brasil, discutindo esse tema a partir de fontes de acesso livre – bibliográficas e documentais. Entre outros resultados da pesquisa, destaca-se a reflexão das autoras sobre a importância de se elaborar material didático adequado às necessidades informacionais das comunidades indígenas, principalmente para que elas possam mobilizar para suas causas instrumentos legais já disponíveis no País.

No capítulo de Agenor Custódio e do Prof. Dr. Eduardo Nespoli faz-se a descrição do processo de pesquisa que culminou na produção de áudio e vídeo, em DVD, sobre a Dança do Bate-Pau, ou *Hiyokena Kipaê*, como é conhecida na língua Aruak, falada pelos Terena. Estudante do curso Imagem e Som, Agenor conta-nos a trajetória da investigação que fez em sua aldeia, além da produção técnica posterior do DVD, sobre a Dança do Bate-Pau, importante ritual do povo Terena. A pesquisa aponta a relevância desse ritual, relacionado pelos Terena à sua histórica luta reivindicatória por direitos, em especial o direito ao seu território.

Com Édipo Batista Ribeiro de Lima e o Prof. Dr. José Antonio Salvador, aprende-se sobre as potencialidades dos jogos e desafios matemáticos para o estudo da Matemática, tanto quando utilizados em ambiente escolar quanto em outros momentos ou espaços, como o terapêutico, inclusive para pessoas com deficiência.

Objetivando contribuir para a equidade étnico-racial nas políticas de saúde, Edison dos Reis e a Profa. Dra. Márcia Niituma Ogata, em seu capítulo, discutem a desigualdade racial a partir de dados do Sistema de Informação em Saúde (SIS) do Ministério da Saúde, observável na Mortalidade Materna, nas Doenças Cardiovasculares e na Mortalidade Infantil, comparando os números do município de São Carlos, do Estado de São Paulo e nacionais. Além da significativa desigualdade em detrimento da população negra (pretos e pardos), é preocupante, na perspectiva sublinhada pelos autores, que em São Carlos, diferentemente da tendência para o estado e da média nacional, ainda haja grande número de óbitos sem registro de cor/raça, uma exigência do Ministério da Saúde desde 1996.

A análise da perspectiva de profissionais da área de saúde de uma Unidade de Saúde da Família (USF) localizada em município de porte médio do Estado de São Paulo sobre as Ações Afirmativas foi o trabalho de pesquisa em iniciação científica sintetizado no capítulo de Vanicléia do Carmo Carvalho e da Profa. Dra. Thelma Simões Matsukura. Dentre os resultados da pesquisa, chama a atenção que a maioria dos profissionais de saúde, sujeitos da pesquisa, com frequência questione a pertinência de critérios étnico-raciais para políticas afirmativas, não reconhecendo a desigualdade racial na saúde ou outras áreas das políticas públicas. Mesmo assim, reconhecem que tais iniciativas seriam importantes e, por vezes, definem, em outras palavras, o próprio trabalho na USF como forma de Ação Afirmativa.

Aline Furtado de Oliveira e a Profa. Dra. Maria Leonor R. C. Lopes-Assad mostram em seu capítulo os resultados de pesquisa em assentamento de agricultura familiar no município de Araras-SP. Nesse trabalho, discutem questões relacionadas à aceitação e ao conhecimento dos assentados sobre a rochagem – correção dos solos para maior produtividade por meio do emprego de rochas silicáticas moídas –, uma técnica mais barata que os fertilizantes químicos usuais, portanto mais acessível para os agricultores familiares, notadamente pessoas de mais baixa renda.

O capítulo de Joyce Miryam Tonolli e da Profa. Dra. Andrea Rodrigues Ferro descreve parte da pesquisa realizada focalizando dados secundários, colhidos do IBGE (Censos de 1991 e de 2000), sobre o trabalho infantil na microrregião de Sorocaba-SP, e comparando-os com dados nacionais e do Estado de São Paulo. Também pesquisaram e aqui apresentam a história de organização de um Sistema de Garantia de Direitos possível a partir do Estatuto da Criança e do Adolescente (ECA), de 1990.

Reiteramos, para encerrar esta introdução, que tratar de Ações Afirmativas é tratar de desigualdades, de preconceitos, de discriminações, mas não só. É tratar justamente de meios para superar as desigualdades, combater os preconceitos, denunciar discriminações, além de reconhecer e valorizar as diferenças. Entendemos e sublinhamos que os capítulos do presente livro contribuem com essa perspectiva.

DISCUTINDO AÇÕES AFIRMATIVAS

O sistema de reserva de vagas da UFSCar

Daiane de Oliveira
Fábio Minoru Yamaji

1. Introdução

O sistema de reserva de vagas é uma política oficial, nascida do Projeto de Lei (PL) 73/99, da deputada Nice Lobão (PFL-MA), que estabelece um sistema de reserva de vagas para universidades públicas baseado no desempenho escolar dos alunos do ensino médio. Com o substitutivo do deputado Carlos Abicalil (PT-MT) ao projeto original, há a destinação de 50% das vagas para quem cursou o ensino médio em escolas públicas. Dentro desse percentual, são reservadas vagas a alunos que se declarem negros ou índios, em uma proporção igual à população de negros e indígenas em cada estado brasileiro, segundo os indicadores do Instituto Brasileiro de Geografia e Estatística (IBGE). Tem como objetivo democratizar o acesso ao ensino superior com base em critérios raciais e socioeconômicos.[1]

Esse sistema de reserva de vagas não introduz candidatos desqualificados na universidade, pois os alunos que pleitearem a entrada por reserva deverão fazer a mesma prova do vestibular que os outros, devendo ser aprovados como qualquer candidato, e alcançar a pontuação prevista para a aprovação; assim, o vestibular continuará sendo competitivo, como sempre. A diferença é que os alunos de escolas públicas deverão se identificar no ato da inscrição, e, depois de corrigidas suas provas, serão classificados separadamente, sendo

---

[1] Cotas ([2006] 2009).

aprovados os melhores classificados entre os que alcançarem a nota de aprovação, até o preenchimento das vagas a eles destinadas. Caso o número de candidatos aprovados de escolas públicas seja inferior à quantidade de vagas reservadas, as vagas reservadas sobrantes retornam ao conjunto de vagas gerais do vestibular. Não é uma obrigação, portanto, que se preencha a quantidade de vagas destinadas a alunos de escolas públicas em todos os vestibulares. Os alunos que entram por reserva de vagas frequentam a mesma turma que os demais alunos, cursam as mesmas disciplinas e são avaliados pelos professores com os mesmos critérios usados para avaliar os alunos que entraram pelo sistema universal.

Assim sendo, o sistema de reserva de vagas é uma solução que visa combinar critérios de mérito com a justiça da reparação. O critério de mérito é obedecido no fato de que todo estudante que termina o segundo grau está habilitado, pela Constituição, a ingressar no ensino superior. A massa de secundaristas que não entram na universidade é formada pela incapacidade de o Estado fornecer educação superior para todos.

Esse projeto pretendia comparar o Índice de Rendimento Acadêmico (IRA) dos ingressantes por reserva de vagas e ingressantes pelo sistema universal. O objetivo era identificar as disciplinas que oferecem maior dificuldade para os ingressantes por reservas de vagas e, assim, poder sugerir ferramentas para diminuir tais dificuldades. A etapa seguinte seria realizar entrevistas com os ingressantes por reserva de vagas e acompanhar de perto sua vivência acadêmica e a superação de problemas, bem como alertar previamente quais disciplinas apresentam maior índice de reprovação.

Os dados necessários para este projeto foram solicitados à Divisão de Controle Acadêmico (DiCA). Os dados solicitados foram: (IRA); e notas obtidas nas diferentes disciplinas durante os semestres de 2008 dos ingressantes por reserva de vagas e dos ingressantes pelo sistema universal. Contudo, a solicitação não foi atendida, ou seja, até o encerramento do projeto, os dados não foram fornecidos. Sendo assim, este projeto ficou restrito à pesquisa bibliográfica sobre reserva de vagas em outras instituições de ensino público superior.

2. Metodologia

Tabela 1 Metodologia utilizada no desenvolvimento do projeto análise do sistema de reserva de vagas da UFSCar.

Meses	Metodologia
Outubro-janeiro	Leitura do manual do candidato das universidades federais do Brasil e acesso às páginas oficiais da internet, com o intuito de verificar quais delas aderiram ao Projeto de Lei 73/99, que institui Sistema Especial de Reserva de Vagas para estudantes egressos de escolas públicas, em especial negros e indígenas, nas instituições públicas federais de educação superior. Levantamento de dados contra e a favor do sistema de reserva de vagas. Pedido de dados à DiCA.
Janeiro-março	Participação de reuniões com os demais bolsistas BAIP – visto que muitos projetos possuem ligações –, a fim de compartilhar informações e discutir o desenvolvimento dos projetos.
Março	Elaboração do relatório parcial.
Março-abril	Reunião com o coordenador acadêmico do *campus* UFSCar Sorocaba, a fim de esclarecer o andamento do pedido de dados feito à DiCA.
Maio-agosto	Reunião com representante da Fundação Ford, financiadora da BAIP, a fim de expor o desenvolvimento do projeto e pedir auxílio à coordenação das Ações Afirmativas da UFSCar para a obtenção de dados.
Setembro-outubro	Devido à indisponibilidade de dados alegada pela DiCA, o presente trabalho ficou sem dados comparativos. Elaboração do relatório final.

3. Resultados

A Tabela 2 mostra a relação das universidades federais e os respectivos programas de ação afirmativa desenvolvidos em cada universidade.

Tabela 2 Relação de universidades federais que possuem algum tipo de ação afirmativa.

Universidade	Ação afirmativa
Universidade Federal de Alagoas (UFAL)	Vinte por cento das vagas de cada curso são reservadas para a população afrodescendente oriunda exclusiva e integralmente de escolas de ensino médio públicas. O percentual definido é distribuído da seguinte forma: 60% para mulheres e 40% para homens. Os candidatos inscritos nos cursos de graduação para o *campus* Arapiraca e que cursaram integral e exclusivamente o ensino médio em escolas localizadas no interior do estado de Alagoas têm sua média final acrescida em 10%. As Ações Afirmativas foram implantadas nessa universidade em 2004.
Universidade Federal do Amazonas (UFAM)	Possui um sistema de avaliação inovador. Processo Seletivo Contínuo (PSC): o PSC é uma seleção de avaliação seriada e contínua nas três séries do ensino médio. O sistema consiste na reserva de 40% das vagas dos cursos para o PSC, cujos alunos ingressam sem necessidade de vestibular. Aluno Cortesia (AC): a matrícula institucional de cortesia consiste na admissão de estudantes estrangeiros que são funcionários internacionais, ou de seus dependentes, que figuram na lista diplomática ou consular, conforme Decreto Federal nº 89.785, de 6 de junho de 1984, e Portaria nº 121, de 2 de outubro de 1984. O aluno cortesia é dispensado do concurso vestibular, e o diploma superior obtido no final do curso não lhe confere o direito de exercer a profissão no Brasil.
Universidade Federal da Bahia (UFBA)	Reserva 43% das vagas de cada curso, que são preenchidas na seguinte ordem: a) Estudantes que tenham cursado todo o ensino médio e pelo menos uma série entre a quinta e a oitava do ensino fundamental em escola pública, sendo que, desses estudantes, pelo menos 85% dos que se declaram pretos e pardos. b) No caso de não preenchimento dos 43% de vagas reservadas em conformidade com os critérios estabelecidos na alínea antecedente, as vagas remanescentes serão preenchidas por estudantes provenientes das escolas particulares que se declararem pretos ou pardos. Dois por cento das vagas para candidatos de escola pública que se declararem índio descendente. Em todos os cursos são abertas até duas vagas extras, além do total oferecido exclusivamente para candidatos de escola pública que se declararem índios aldeados ou moradores de comunidades quilombolas.

Tabela 2 *Continuação...*

Universidade	Ação afirmativa
Universidade Federal do Recôncavo da Bahia (UFRB)	Reserva 36,55% das vagas para candidatos de escola pública que se declaram pretos ou pardos. Dessas, 6,45% das vagas são para candidatos de escola pública de qualquer etnia ou cor, e 2% das vagas são para candidatos de escola pública que se declararem índio descendente. Em todos os cursos são abertas até duas vagas extras, além do total oferecido, exclusivamente para candidatos de escola pública que se declararem índios aldeados ou moradores das comunidades remanescentes dos quilombos.
Fundação Universidade Federal do Vale do São Francisco (Univasf)	Reserva 50% das vagas para alunos que cursaram o ensino fundamental e o médio em escolas públicas.
Universidade Federal do Piauí (UFPI)	Reserva inicial das vagas para estudantes de escolas públicas de 10% em 2009 e 2010, de 20% em 2011 e 2012 e de 30% em 2013.
Universidade de Brasília (UnB)	Adota sistema de reserva de 20% das vagas para negros. Implantação das Ações Afirmativas no ano de 2003.
Universidade Federal do Espírito Santo (Ufes)	Reserva 40% das vagas para alunos provenientes de escolas públicas cuja renda familiar não ultrapassa sete salários mínimos mensais. Adotou o sistema de Ações Afirmativas no vestibular de 2007.
Universidade Federal de Goiás (UFG)	Reserva 10% das vagas à cota racial e outros 10% à cota social. Cada curso também disponibiliza uma vaga a mais para quilombolas (descendentes de escravos que fugiram no século XIX para quilombos) ou índios, caso haja demanda.
Universidade Federal do Maranhão (UFMA)	Reserva 25% das vagas para candidatos que se declaram afrodescendentes, 25% para alunos de escolas públicas, independentemente de etnia. Uma vaga de cada curso, por semestre, é aberta para portadores de deficiência física e para indígenas.
Universidade Federal de Mato Grosso (UFMT)	Abre vagas extras para índios em alguns cursos, e esses alunos fazem uma prova à parte, preparada com a ajuda de antropólogos.
Universidade Federal de Minas Gerais (UFMG)	Bônus de 10% acrescido ao final da nota de cada etapa do vestibular para estudantes provenientes de escolas públicas e de 15% para alunos que se declararem pardos ou pretos. Adotou o sistema de Ações Afirmativas no ano de 2009.
Universidade Federal da Grande Dourados (UFGD)	Reserva 25% do total de vagas para estudantes provenientes de escolas públicas.
Universidade Federal do Pará (UFPA)	Reserva 50% das vagas para estudantes que cursaram todo o ensino médio em escola pública. Desse percentual, 40% se destinam a candidatos negros.

Tabela 2 *Continuação...*

Universidade	Ação afirmativa
Universidade Federal Rural da Amazônia (UFRA)	Reserva vagas para candidatos oriundos de escolas públicas. O número de vagas é proporcional ao número de candidatos oriundos de escolas públicas inscritos no processo seletivo.
Universidade Federal da Paraíba (UFPB)	Reserva 50% das vagas: 20% são destinadas a negros; 2,5% à comunidade quilombola; 2,5% para indígenas; e 5% para pessoas com necessidades especiais. Todos provindos de escolas públicas.
Universidade Federal de Campina Grande (UFCG)	Reserva 50% das vagas para alunos de escolas públicas.
Universidade Federal do Paraná (UFPR)	Reserva 20% das vagas para egressos de escolas públicas e 20% para os candidatos que se declararem negros ou pardos.
Universidade Federal de Pernambuco (UFPE)	Concede bônus de 10% na pontuação para alunos que cursaram todo o ensino médio em escolas públicas localizadas na Região Metropolitana do Recife.
Universidade Federal Rural de Pernambuco (UFRPE)	Bônus de 10% na pontuação para candidatos de escolas públicas e particulares que cursaram todo o ensino médio em estabelecimentos de ensino do interior de Pernambuco.
Universidade Federal Fluminense (UFF)	Bônus de 10% sobre a nota final do candidato que concluiu ou esteja por concluir todo o ensino médio em unidades mantidas pela UFF ou em escola pública estadual ou municipal de qualquer unidade da federação, excetuando-se os colégios federais, universitários, militares e de aplicação.
Universidade Federal do Rio Grande do Norte (UFRN)	O candidato que estiver dentro dos seguintes critérios terá pontos acrescidos à prova (esses pontos variam conforme o curso): a) Ter cursado, com aprovação na modalidade regular, o último ano do ensino fundamental e o ensino médio na rede pública; b) Ter concluído ou estar concluindo, em qualquer ano, o ensino médio na rede pública, ambos na modalidade regular.
Universidade Federal do Rio Grande do Sul (UFRGS)	Reserva 30% das vagas de cada curso para estudantes de escolas públicas, 15% delas são destinadas aos que se autodeclaram afrodescendentes. As Ações Afirmativas nessa universidade foram implantadas no vestibular de 2008.
Fundação Universidade Federal do Rio Grande (FURG)	Concessão de bônus na nota dos estudantes provenientes de escolas públicas e que tenham tirado a nota média do curso. Os pontos extras somados à nota variam de acordo com a graduação.
Universidade Federal de Santa Maria (UFSM)	Reserva 10% de suas vagas para estudantes afro-brasileiros, 20% para egressos de escolas públicas e 5% para portadores de necessidades especiais. As Ações Afirmativas nessa universidade foram implantadas no vestibular de 2008.

Tabela 2 *Continuação...*

Universidade	Ação afirmativa
Universidade Federal do Pampa (UNIPAMPA)	Reserva 50% das vagas para egressos de escolas públicas.
Universidade Federal de Santa Catarina (UFSC)	Reserva 20% das vagas para estudantes que cursaram o ensino fundamental e médio integralmente em escolas públicas e 10% das vagas para candidatos que se autodeclaram negros, também formados em colégios públicos.
Universidade Federal do ABC (UFABC)	Reserva 50% das vagas para alunos da rede pública, afrodescendentes e indígenas.
Universidade Federal de São Carlos (UFSCar)	Reservou 20% das vagas em 2008 e 40% em 2011; em 2014, 50% delas para candidatos provenientes de escolas públicas. Dentro desses percentuais, 35% das vagas destinam-se a afrodescendentes. Os indígenas são beneficiados com a reserva de uma vaga em cada curso. As Ações Afirmativas foram implantadas na instituição no ano de 2008.
Universidade Federal de São Paulo (UNIFESP)	Vagas suplementares para candidatos que optarem pelo sistema de cotas e se autodeclararem com cor de pele preta, parda ou indígena, e que tenham cursado o ensino médio integralmente em escolas públicas, são oferecidas no montante de 10% a mais de vagas em cada curso. As Ações Afirmativas nessa universidade foram implantadas no vestibular de 2005.
Universidade Federal de Sergipe (UFS)	Desde 2010, reserva 50% das vagas para estudantes provenientes de escolas públicas. Desse percentual, 70% são para alunos que se declararem negros, pardos ou índios. É garantida, ainda, uma vaga por curso aos portadores de necessidades especiais.
Universidade Federal do Tocantins (UFT)	Reserva vagas para indígenas. Do total de vagas, 5% são destinadas aos indígenas.

De acordo com Marques,[2] no desempenho geral dos alunos da USP em 2007, os beneficiados com o programa INCLUSP (iniciativas para ampliar o acesso do estudante de escola pública) obtiveram nota média de 6,3, ante 6,2 dos demais. A boa performance é observada inclusive em cursos de alta demanda, como Direito e Medicina. A partir de 2008, alunos de escolas públicas estaduais que participaram de uma avaliação seriada promovida pela USP, e que foram bem avaliados, tiveram direito a mais 3% de bônus na

---

2 Marques ([2008] 2009).

nota do vestibular. Somados aos 3% de bônus universal concedidos a qualquer aluno de escola pública e a outros 6% dados a alunos de escolas públicas e privadas com boa classificação no Exame Nacional do Ensino Médio (ENEM), a soma de todos os bônus, para alunos de escolas públicas, pode chegar a 12% na nota das provas, o que promete ampliar ainda mais o ingresso deles na USP. Das matrículas feitas em 2007, 2.719 foram de alunos vindos do ensino público, o equivalente a 26,7% do total. O índice superou o do ano anterior – em 2006, foi de 24,7%, equivalente a 2.448 alunos.

Um estudo feito por pesquisadores da Universidade Estadual de Campinas (UNICAMP) entre 2003 e 2005 revelou que estudantes provenientes de escolas públicas têm maior potencial acadêmico do que os das escolas privadas, demonstrando melhor desempenho ao longo do curso e mostrando a evolução do desempenho dos estudantes que ingressaram no vestibular de 2005 da UNICAMP em três anos de curso. Um dos destaques foi a evasão. Entre os estudantes que ingressaram em 2005 pelo programa de ação afirmativa, apenas 13% desistiram e deixaram a universidade – taxa idêntica à dos alunos que ingressaram sem ajuda do bônus na pontuação do vestibular.[3]

As primeiras avaliações do programa de cotas da UNIFESP demostraram exemplos de estudantes que, sem as cotas, jamais teriam ingressado na instituição, pois sua colocação no vestibular estava até 2 mil lugares distante dos ingressantes da lista geral do vestibular. Curiosamente, o desempenho desses estudantes ficou próximo dos demais na maioria dos cursos, mas foram encontradas duas exceções importantes: nos cursos de Engenharia Química e Ciência da Computação, alguns cotistas tiveram problemas, e seu rendimento ficou aquém do restante das turmas.[4]

Segundo pesquisa realizada por Cardoso,[5] na UnB, no grupo de maior prestígio das Humanidades (cursos como, por exemplo, Comunicação Social, Direito e Economia), o rendimento acadêmi-

---

3   Jornal da UNICAMP ([2008] 2009).
4   Marques ([2008] 2009).
5   Cardoso ([2008] 2009).

co dos alunos que ingressaram via sistema universal é maior em 6% que o dos alunos ingressantes por reserva de vagas. Já nos cursos de menor prestígio dessa mesma área (por exemplo, Biblioteconomia, Pedagogia e Serviço Social), os alunos da reserva de vagas ultrapassaram os não cotistas em 1%. Na área de Ciências, os alunos que ingressaram via sistema universal dos cursos de maior prestígio (engenharias) apresentaram rendimento superior em 11% ao dos alunos ingressantes por reserva de vagas, com superação dos ingressantes por reserva de vagas nos cursos de menos prestígio (Geologia e Matemática) em 2%. Na área de Saúde, os alunos que ingressaram via sistema universal em geral tiveram melhor rendimento, de 2% a 4% superior ao dos alunos da reserva de vagas.

Ainda, segundo a mesma autora, as diferenças consideráveis entre os dois conjuntos de alunos (alunos ingressantes pelo sistema universal e ingressantes por reserva de vagas) são, na maioria, favoráveis aos alunos do sistema universal, e as maiores diferenças estão nos cursos de Relações Internacionais (22%), Letras-Português Bacharelado e Licenciatura (35%) e Letras-Tradução Inglês (41%). Os ingressantes por reserva superaram os alunos do sistema universal com uma diferença considerável apenas em História (10%). Com relação aos cursos menos prestigiados, as diferenças consideráveis foram quase sempre favoráveis aos ingressantes por reserva. Os alunos da reserva de vagas superaram os alunos do sistema universal em mais de 75% dos nove cursos em que tais diferenças são encontradas, variando de 10% em Pedagogia a 19% em música. Em Ciências Contábeis, diurno e noturno, os ingressantes por reserva superaram os ingressantes pelo sistema universal dentro do curso em 32% e 14%, respectivamente. Em mais da metade dos cursos há diferenças consideráveis, e todas são favoráveis aos alunos ingressantes pelo sistema universal. Como exemplos, podem ser citados os cursos de Engenharia Civil (41%) e Engenharia Mecatrônica (32%).

Segundo Matos,[6] para cursos como Engenharia e Medicina, o ensino de ciências da natureza e exatas ofertado no ensino médio e

---

6   Matos (2006).

avaliado no vestibular provê o aluno de uma base que lhe permite acompanhar, em seguida, esses cursos; já para as Humanidades, o ensino médio contribui pouco, por conta da sua frágil contribuição para uma formação humanística dos jovens.

Os jornais e a mídia constantemente divulgam polêmicas sobre o sistema de reserva nas universidades. A seguir, alguns fatos relevantes.

Universidade Federal do Espírito Santo: o vestibulando Saul Dalla de Oliveira, de 19 anos, fez 131,88 pontos no vestibular de 2008 para o curso de Medicina, e teria conseguido uma das 80 vagas se a instituição não tivesse adotado o sistema de cotas em 2007. Saul, que hoje estuda Medicina numa faculdade particular, integra um grupo de 18 jovens que pretendem processar a universidade. Eles querem que a instituição crie vagas extras para atender cotistas, permitindo assim a matrícula de quem tirou nota alta o suficiente para entrar pelo sistema anterior.[7]

Universidade Federal do Paraná: a vestibulanda Aline Cristina Izepão entrou na Justiça, pois, se não fosse o sistema de reserva de vagas, teria conseguido uma das vagas na instituição no curso de Odontologia. Contudo, o desembargador Luiz Carlos de Castro Lugon negou o pedido de matrícula, justificando: "O interesse particular não pode prevalecer sobre a política pública. [...] Não se poderia sacrificar a busca de um modelo de justiça social apenas para evitar prejuízo particular".[8]

Universidade Federal de Santa Catarina: o vestibulando Raone Acorsi dos Santos entrou com um pedido na Justiça, pois, se não fosse o sistema de reserva de vagas, teria conseguido uma das vagas no curso de Engenharia Mecânica da instituição. O juiz convocado, Marcelo de Nardi, decidiu numa liminar reduzir pela metade os percentuais de reserva de vagas no curso de Engenharia Mecânica da universidade, com a seguinte justificativa: "Um sistema que, a título de promover Ações Afirmativas, impõe percentuais elevados de reserva de vagas flagrantemente distanciados da finalidade a que

---

7   Weber ([2008] 2009).
8   Id. ibid.

se propõe por certo não é razoável e acaba constituindo, em efeito inverso, fator de discriminação".[9]

Universidade Federal do Rio Grande do Sul: a vestibulanda Juliane Gering entrou na Justiça, pois, se não fosse o sistema de reserva de vagas, teria conseguido uma das vagas no curso de Psicologia da universidade. Contudo, a desembargadora Marga Inge Barth Tessler decidiu, em liminar, permitir a matrícula da candidata no curso, afirmando que a vestibulanda somou mais pontos do que os cotistas, tendo merecido a vaga.[10]

Universidade de Brasília: a UnB possuía um processo que exigia que o candidato tirasse uma foto, no momento da inscrição, para posterior avaliação de uma comissão especial, que decidia se o candidato ao vestibular podia ou não concorrer no vestibular pelas cotas raciais. Porém, no vestibular de 2007, essa comissão recusou a inscrição de um rapaz que pleiteava fazer vestibular pelas cotas e aceitou a de seu irmão, gêmeo idêntico. Após o ocorrido, a UnB mudou seu método de reconhecer os candidatos às vagas reservadas: no vestibular de 2008, mudou a seleção para entrevistas com os candidatos, as quais ocorrem depois das provas, com o intuito de reduzir o número de entrevistados. O candidato deve informar, na hora da inscrição, se deseja concorrer como cotista. O candidato que tiver a requisição recusada depois da entrevista estará automaticamente excluído do concurso, sem direito a concorrer pelo sistema universal.[11]

4. Conclusão

De acordo com o levantamento bibliográfico, os ingressantes por reservas de vagas das diferentes instituições federais tiveram, na média, rendimento acadêmico próximo ao dos demais graduandos. As estatísticas mostram diversos números. Na área de Ciências

---

9   Id. ibid.
10 Id. ibid.
11 Geraque ([2008] 2009).

observou-se que os alunos ingressantes pelo sistema universal foram superiores aos alunos do sistema de reserva de vagas. Por exemplo, na UnB, as maiores diferenças foram observadas nos cursos de Engenharia Civil (41%), Letras-Tradução Inglês (41%), Letras-Português Bacharelado e Licenciatura (35%) e Mecatrônica (32%). No curso de História, a média das notas dos ingressantes pelo sistema de reserva de vagas foi 10% superior, assim como nos cursos de Pedagogia, Música e Ciências Contábeis diurno, em 10%, 19% e 32%, respectivamente. A pesquisa realizada pela UNICAMP, embora não tenha demonstrado em números, divulgou que os alunos do programa de ação afirmativa (PAAIS) apresentaram uma evolução no desempenho acadêmico após o terceiro ano cursado. Isso pode ser devido, em parte, ao fato de, nesse estágio da vida acadêmica, as disciplinas serem específicas de cada curso de graduação, sendo necessários conhecimentos adquiridos nos anos cursados na universidade, e não sendo mais essenciais os conhecimentos adquiridos durante o ensino médio e fundamental.

As disciplinas em que os cotistas apresentam maiores dificuldades são as relacionadas com Matemática. Observou-se também que a taxa de desistência dos ingressantes por reserva de vagas não difere da dos demais graduandos. Com a inserção das Ações Afirmativas, as universidades vêm mostrando um aumento na quantidade de estudantes de escolas públicas que participam da prova do vestibular. Nenhum impacto negativo referente à adoção do Sistema de Ações Afirmativas foi divulgado pelas universidades.

Referências

CARDOSO, C. B. *Universidade de Brasília*: efeitos da política de cotas na universidade de Brasília: uma análise do rendimento e da evasão. 132 f. Tese (Mestrado em Educação em Políticas Públicas e Gestão da Educação Superior) – Faculdade de Educação, Universidade de Brasília, Brasília, 2008. Disponível em: <http://repositorio.bce.unb.br/bitstream/10482/1891/1/2008_ClaudeteBatistaCardoso.pdf>. Acesso em: 16 jul. 2009.

COTAS nas universidades brasileiras: contra ou a favor? *Revista Mundo e Missão*, n. 3, out. 2006. (Em Debate, parte integrante da *Revista Mundo e Missão*, n. 106). Disponível em: <http://www.pime.org.br/mundoemissao/educacaocotas.htm>. Acesso em: 20 set. 2009.

GERAQUE, E. A polêmica das cotas. *Agência de notícias da Fundação de Amparo à Pesquisa do Estado de São Paulo (FAPESP)*, 2008. Disponível em: <http://www.agencia.fapesp.br/materia/2039/especiais/a-polemica--das-cotas.htm>. Acesso em: 16 ago. 2009.

JORNAL DA UNICAMP. *UNICAMP na mídia*, ed. 391, 7-13 abr. 2008. Disponível em: <http://www.unicamp.br/unicamp/unicamp_hoje/ju/abril2008/ju391pag10d.html>. Acesso em: 23 ago. 2009.

MARQUES, F. Ações Afirmativas em três universidades. *Pesquisa FAPESP*, on-line, 30 abr. 2008. Disponível em: <http://revistapesquisa.fapesp.br/?art=4696&bd=2&pg=1& lg=>. Acesso em: 24 set. 2009.

MATOS, B. T. *Programa de avaliação seriada (PAS)*: balanço de uma década. Brasília: UnB, maio 2006. (Relatório de pesquisa).

WEBER, D. Cotas dividem o Judiciário. *Jornal o Globo*, 2008. Disponível em: <http://www.ufg.br/htdocs2/uploads/files/Acoes-dividem-Judiciario.pdf>. Acesso em: 15 set. 2009.

Uma nova perspectiva de futuro através da possibilidade de ingresso na universidade pública e seu significado na vida de pessoas de classes sociais menos favorecidas

Tatiane Souza Silva
Hylio Laganá Fernandes

1. Introdução

O exame vestibular associado à precariedade de ensino em geral, verificada nas redes públicas de educação, tem sido apontado como responsável pela frequência relativamente baixa de estudantes de classes sociais menos privilegiadas nas universidades públicas. Infelizmente, no Brasil, a população mais pobre está associada também a uma questão étnico-racial, e sua marginalização social tem raízes históricas. Assim, o que verificamos é que a seleção para o ensino superior acaba sendo influenciada pela classe social e, indiretamente, pela questão racial, já que no ensino básico de qualidade em escolas particulares geralmente há apenas os estudantes de classe média e alta, em sua maioria, brancos. O vestibular acaba atuando, dessa forma, como um filtro social, racial e étnico.[1]

Buscando minimizar as diferenças sociais e fazer justiça a povos de raças e etnias excluídas e exploradas ao longo de sua história, o Ministério da Educação (MEC) instituiu em 2004 um projeto de lei pelo qual as universidades deveriam reservar um percentual de vagas a estudantes oriundos de escolas públicas; dentro desse percentual, seria definida a reserva para negros e indígenas de acordo com a composição da população do local em que a Instituição de Ensino

---

1 Pinto ([2004] 2009).

Superior (IES) está inserida.² A adesão a políticas de inclusão das universidades públicas é de extrema importância para que se minimize a injustiça social secularmente posta, uma vez que, sendo a universidade "a instituição mais bem preparada para reorientar o futuro da humanidade",³ é possível reduzir as disparidades, proporcionando igualdade de oportunidades a todos e propiciando às pessoas maior autonomia no direcionamento de sua própria vida por ter garantidos seus direitos, como a Declaração Mundial dos Direitos Humanos diz, no artigo 26, parágrafo 1º:

> [...] a admissão à educação superior deve ser baseada no mérito, capacidade, esforço, perseverança e determinação mostradas por aqueles que buscam o acesso à educação e pode ser desenvolvida na perspectiva de uma educação continuada no decorrer da vida, em qualquer idade, considerando devidamente as competências adquiridas anteriormente. Como consequência para o acesso à educação superior não será possível admitir qualquer discriminação com base em raça, sexo, idioma, religião ou em considerações econômicas, culturais e sociais, e tampouco em incapacidades físicas.⁴

Há um intenso debate sobre essa questão, não sendo consensual nem mesmo tranquila a aceitação de cotas. Há quem defenda que a política de cotas coloca em risco o nível acadêmico das universidades, contudo, segundo plenário realizado em 2004 em Brasília,⁵ 47% de alunos não cotistas apresentam desempenho escolar com média acima de 7, enquanto, entre alunos cotistas, esse índice é de

---

2   Id. ibid.
3   Buarque (2003, p. 3).
4   Declaração Mundial sobre Educação Superior (1998).
5   Brasil (2004).

48,9%. Contudo, não se deve ser ingênuo: não é suficiente apenas estabelecer reserva de vagas para determinados grupos sem que haja investimento no cerne do problema, ou seja, na educação básica de qualidade para todos; a política de cotas deveria, então, ser entendida como um paliativo para amenizar uma situação injusta, mas não como uma solução para esse problema.

Além do tradicional vestibular, as universidades públicas começaram a utilizar em 2009 o desempenho dos estudantes no ENEM (exame criado em 1998, com o objetivo de avaliar o desempenho dos estudantes ao fim de seus estudos no ensino médio). Para isso, o MEC criou o Sistema de Seleção Unificado (SiSU), que se trata de um site destinado à inscrição de estudantes em universidades e institutos públicos federais, com o uso da nota obtida no ENEM. As universidades utilizam essas notas integral ou parcialmente para a seleção dos candidatos. Essa nova forma de seleção pode de alguma forma incentivar a participação de estudantes de escolas públicas em processos seletivos de IES públicas, já que esse exame é obrigatório e gratuito para estudantes do terceiro ano do ensino médio, o que não é o caso dos exames vestibulares tradicionais.[6]

Embora um diploma de curso superior possa proporcionar oportunidades de melhoria de vida para pessoas das classes sociais menos favorecidas, é possível que exista falta de informação sobre esta realidade justamente para tal parcela da população. Por essa razão, este trabalho teve como meta investigar quais as perspectivas de estudantes de uma escola de periferia, com relação a alcançarem o nível superior de ensino e seus conhecimentos sobre as instituições públicas de ensino e as Ações Afirmativas que se propõem. O campo de pesquisa foi a Escola Estadual Jardim Vazame II, situada num bairro periférico de Embu das Artes-SP, frequentada por estudantes de baixa renda e, portanto, representativa da realidade que pretendemos investigar.

O presente trabalho é resultado de uma pesquisa desenvolvida por uma estudante de Ciências Biológicas, que foi beneficiada pelo

---

6   INEP (2010).

programa de Ações Afirmativas promovido pela UFSCar, e estudou na escola que escolheu como campo da pesquisa. A investigação ganha, portanto, um significado particular, pois não se trata de um pesquisador "de fora", mas sim de uma pessoa que participa da comunidade e conhece a sua realidade "de dentro".

Foi justamente esse profundo conhecimento da realidade social local que permitiu formular as questões-problema que direcionam este estudo: Que conhecimento das Ações Afirmativas têm as parcelas da população que seriam por elas favorecidas? Quais perspectivas de ensino superior têm essas pessoas? O que sabem sobre as instituições públicas de ensino superior?

Essas questões ganham especial interesse na medida em que ampliam a relação simplista habitualmente apresentada para a relação: ensino superior gratuito-exame vestibular-baixa qualidade de ensino público fundamental e médio-Ações Afirmativas.

2. Metodologia

Para ter um panorama de como as universidades públicas no Estado de São Paulo se posicionam diante dessa situação, realizamos o levantamento das Ações Afirmativas promovidas por essas instituições. O acesso a estas informações se deu por meio de manuais e editais dos concursos vestibulares abertos em 2008 (para ingresso em 2009) pelas universidades UNESP, UNICAMP, USP, UFSCar, UFABC, UNIFESP e FATEC.

Nosso primeiro passo foi fazer um levantamento preliminar na EE Jardim Vazame II sobre o número de estudantes que iriam prestar vestibular em 2008, tanto em universidades públicas como privadas, para termos uma ideia aproximada de nosso universo de investigação quanto à perspectiva de educação superior. Estes dados foram obtidos por meio de duas perguntas diretas feitas oralmente para cada turma de terceiro ano de ensino médio:

1) Quem havia prestado ou prestaria algum concurso vestibular em 2008? e

2) Quem o faria em instituições públicas e quem o faria nas instituições privadas?

Considerou-se que os estudantes que levantaram a mão deram resposta a cada uma das situações questionadas, sendo anotado apenas o número de respondentes em cada categoria. Não foram pedidos detalhes sobre quais instituições nem comprovantes das inscrições.

Posteriormente elaboramos um questionário que buscou esclarecer, em relação aos estudantes do terceiro ano do ensino médio, em 2009, qual a perspectiva que tinham para seu futuro depois do término de sua educação básica, como também seu nível de informação quanto às universidades públicas de São Paulo e as Ações Afirmativas que oferecem (seus conhecimentos sobre cotas e/ou reserva de vagas), assim como informações adicionais sobre cor/etnia e renda familiar, uma vez que esses dados mantêm estreita relação com as Ações Afirmativas. O questionário continha as seguintes questões:

1. O que pretende fazer quando terminar o ensino médio?
( ) Trabalhar   ( ) Universidade/faculdade   ( ) Curso técnico
( ) Não decidi   ( ) Outros

2. Que tipo de instituição superior de ensino pretende cursar?
( ) Pública   ( ) Privada   ( ) Nenhuma

3. Quais instituições de ensino superior você conhece no Estado de São Paulo?

4. Você sabe do que se trata as cotas/reserva de vagas?
( ) Sim   ( ) Não
Se a resposta for positiva, descreva em uma linha o objetivo das cotas/reserva de vagas.

5. Qual sua cor/etnia:
( ) Preta ( ) Parda ( ) Branca ( ) Indígena

6. Qual sua renda familar?
( ) Até um salário mínimo ( ) De 1 a 3 salários mínimos ( ) Mais de 3 salários mínimos

Quantas pessoas moram em sua residência: _____

De posse dos resultados obtidos com a entrega dos questionários, fizemos uma apresentação aos estudantes sobre as universidades públicas e as Ações Afirmativas promovidas por essas instituições. A apresentação foi oral, e não houve auxílio de vídeo e/ou slides.

A divulgação da abertura de inscrição para pedido de isenção ocorreu principalmente em julho, pois foi o período em que as universidades UFSCar, UNIFESP e USP começaram a receber os pedidos. A UNICAMP abriu inscrição para pedido de isenção em maio, e essa informação foi divulgada aos estudantes pela própria direção. A UNESP teve sua inscrição aberta até o início de agosto, e a FATEC, em setembro. A divulgação dessas datas ocorreu por e-mail, pelo site de relacionamento Orkut e pessoalmente.

O calendário dessas universidades foi divulgado por e-mail e por avisos anexados em um painel que a escola disponibilizou. Além disso, à medida que as universidades publicavam a abertura de inscrição em vestibulares, essas informações eram levadas novamente aos estudantes de modo virtual e pessoalmente.

Para o levantamento dos estudantes que prestaram vestibular em 2009 para ingresso em 2010 em universidades públicas, perguntamos oralmente quantos estudantes haviam prestado vestibular em universidades públicas e privadas. Em resposta a essa questão, consideramos os estudantes que levantaram a mão e apenas anotamos o número de respondentes em cada categoria. Não foram pedidos detalhes sobre quais instituições nem comprovantes das inscrições.

3. Resultados e discussões

As Ações Afirmativas promovidas pela Unesp, Unicamp, USP, UFSCar, UFABC, Unifesp e Fatec estão descritas na Tabela 1.

Tabela 1 Ações Afirmativas promovidas pelas universidades públicas do Estado de São Paulo e divulgadas em editais de 2008.

Universidades	Cotas			Acréscimo de pontos	
	Escolas públicas	Pretos/ pardos	Indígenas	Escola pública	Pretos/ pardos
Fatec	–	–	–	3%	10%
UFABC	50%	28,3% das vagas reservadas	0,1% das vagas reservadas	–	–
UFSCar	20%	35% das vagas reservadas	1 vaga por curso	–	–
Unesp	–	–	–	–	–
Unicamp	–	–	–	30 pontos	10 pontos
Unifesp	–	10% (desde que sejam egressos da escola pública)	Concorrem aos 10%	–	–
USP	–	–	–	3%	–

Embora a Unesp não adote reserva de vagas ou acréscimo de pontos, em 2008 concedeu desconto na inscrição do concurso vestibular a estudantes de escolas públicas do último ano do ensino médio. O aluno pagou apenas R$ 25,00 para efetuar a inscrição no vestibular, sendo que o valor praticado para inscrição em 2008 era de R$ 105,00. Além disso, candidatos que recebiam até dois salários mínimos mensais ou estavam desempregados tiveram um desconto de 50% na taxa de inscrição. É possível que muitas pessoas não prestem vestibular devido ao alto valor cobrado pelas instituições públicas para a realização do concurso, podendo ser essa redução de tarifas outro paliativo importante. Além da UNESP, todas as instituições constantes na Tabela 1 abrem inscrições para solicitação de isenção da taxa do vestibular mediante apresentação de documentos especificados por elas.

O resultado do levantamento dos candidatos ao vestibular em 2008 para ingresso em 2009 está discriminado na Tabela 2.

Tabela 2 Estudantes do último ano do ensino médio candidatos ao vestibular em IES públicas e privadas, 2008.

Tipo de vestibular	% de estudantes
Candidatos ao vestibular em IES particulares	10,66%
Candidatos ao vestibular em IES públicas	5,74%

Segundo a Tabela 2, podemos verificar que apenas 5,74% dos estudantes declararam ter se inscrito em vestibulares de IES públicas em 2008, e 10,66% dos estudantes declararam ter se inscrito em vestibulares de IES privadas.

Os dados levantados por meio dos questionários entregues aos estudantes no início de 2009, antes de qualquer intervenção de nossa parte para esclarecimento sobre universidades públicas e Ações Afirmativas, mostram-nos o seguinte:

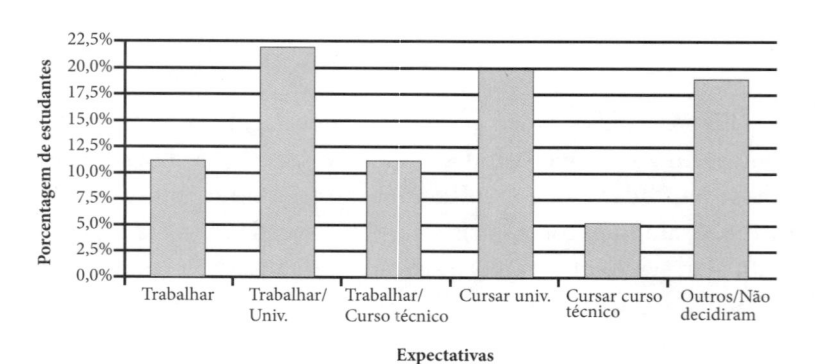

Gráfico 1 Expectativa dos estudantes depois de concluírem o ensino médio, 2009.

Segundo pudemos observar, 11% dos estudantes, depois de concluírem o ensino médio, pretendiam somente trabalhar; 20% tinham a intenção de trabalhar e cursar uma universidade ao mesmo tempo; 11% pretendiam trabalhar e concomitantemente fazer um curso técnico; 20% pretendiam cursar somente a universidade; apenas 5% dos estudantes pretendiam dedicar-se somente ao curso técnico; e 19% não haviam decidido o que fazer após concluir o ensino médio regular.

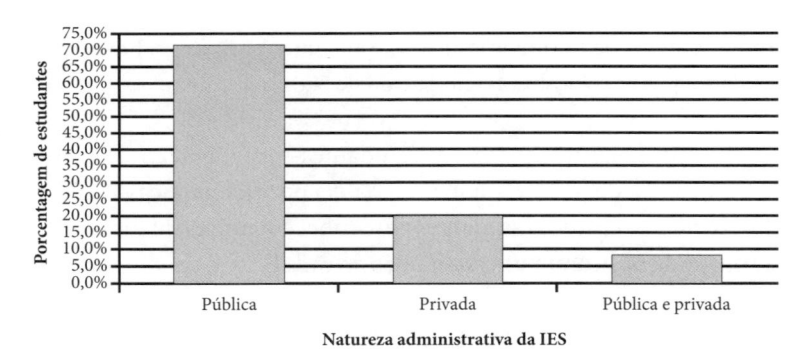

Gráfico 2 Expectativa da natureza administrativa da IES para os estudantes que pretendiam cursar uma universidade, 2009.

Esse gráfico mostra que 72% dos estudantes que pretendiam cursar uma universidade manifestaram opção pelas IES públicas; 25% optaram por IES privadas e 8% dos estudantes pretendiam prestar vestibular em universidades públicas e/ou privadas.

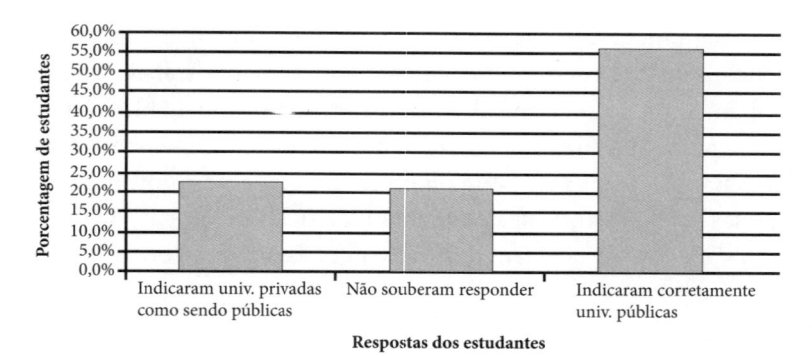

Gráfico 3 Nível de informação que os estudantes possuem sobre as universidades públicas localizadas no Estado de São Paulo, 2009.

Apesar de grande parte dos estudantes com intenção de cursar uma universidade ter declarado preferência por IES públicas (Gráfico 2), pelo menos 44% dos estudantes desconhecem universidades públicas, ou ainda indicaram universidades privadas como sendo públicas.

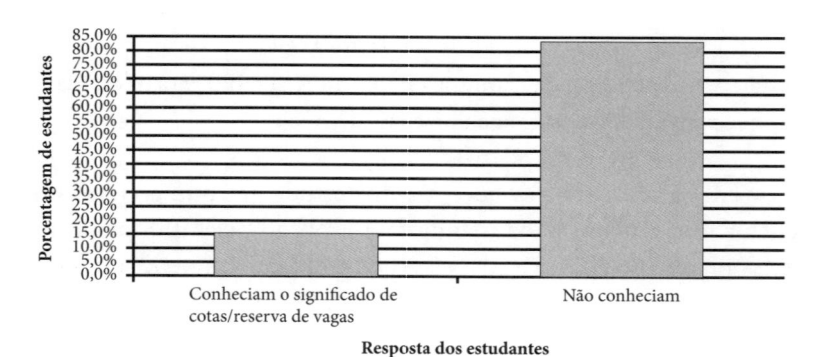

Gráfico 4 Conhecimento dos estudantes sobre cotas e/ou reserva de vagas, 2009.

Os resultados apontaram que 84% dos estudantes não sabiam o que eram cotas/reserva de vagas e que somente 16% deles conheciam e responderam corretamente sobre seu objetivo. A média de pessoas por domicílio dos estudantes era de cinco pessoas por residência. A renda mensal encontra-se descrita na Tabela 3.

Tabela 3 Renda familiar dos estudantes do terceiro ano do ensino médio, 2009.

Renda	% de estudantes
Menos de 1 salário mínimo	23%
Entre 1 e 3 salários mínimos	65,5%
Acima de 3 salários mínimos	11,5%

Nessa tabela podemos observar que 65,5% dos estudantes do terceiro ano do ensino médio possuíam renda familiar entre 1 e 3 salários mínimos, 23% possuíam renda familiar abaixo de 1 salário mínimo e 11% dos estudantes possuíam renda familiar acima de 3 salários mínimos. Podemos considerar que cerca de 90% dos estudantes dessa escola têm renda familiar abaixo de 3 salários mínimos, enquadrando-se nas classes econômicas baixas da sociedade brasileira.

Tabela 4 Cor/raça/etnia dos estudantes do terceiro ano do ensino médio, 2009.

Cor/raça/etnia	% de estudantes
Negro (pardo/preto)	57%
Índio	8%
Branco	35%

Segundo a Tabela 4, 57% dos estudantes se autointitularam negros (pretos/pardos), 35% brancos e 8% declararam ter origem indígena.

Os resultados obtidos com o levantamento do número de estudantes que haviam se inscrito em vestibulares de universidades públicas e particulares encontram-se na Tabela 5.

Tabela 5 Percentual de estudantes que se inscreveram em vestibulares para ingresso em 2009-2010.

Natureza administrativa da IES	% de estudantes
Pública	1,87%
Privada	4,67%

Segundo a Tabela 5, apenas 1,87% dos estudantes declarou ter se inscrito em vestibulares de universidades públicas, enquanto 4,67% inscreveram-se em universidades privadas. O atraso na aplicação das provas do ENEM pode ter interferido nesse resultado, adiando, assim, a divulgação dos resultados que seriam usados por algumas universidades públicas em substituição às provas dos vestibulares ou como parte da nota final para classificação dos ingressantes em 2010.

4. Conclusão

Instituições privadas de ensino superior investem pesado em propaganda, e por meio delas os estudantes conhecem as diversas universidades privadas que, atualmente, inclusive oferecem cursos de curta duração e cursos com valores mais acessíveis do que os praticados há algum tempo, o que acaba atraindo "clientes" de baixa renda, com o sonho de ingressar em uma universidade. As diversas propagandas de universidades privadas contrapõem-se à ausência de propaganda de universidades públicas, tornando as IES privadas mais conhecidas entre pessoas cujo acesso à informação limita-se à grande mídia. Talvez por isso, pelo menos 44% dos estudantes da EE Jardim Vazame II não conheciam universidades públicas ou indicaram universidades privadas como sendo públicas.

O percentual de candidatos ao vestibular em 2008 foi maior do que o verificado em 2009, porém é possível que muitos estudantes de 2008 não soubessem diferenciar IES públicas de IES privadas, assim como foi verificado entre os estudantes de 2009, e, nesse caso, o percentual de candidatos ao vestibular de IES públicas em 2008 seria menor do que o declarado pelos estudantes. Sendo assim, é possível que em 2009 o percentual de candidatos que se inscreveram em vestibulares de universidades públicas, ainda que pequeno, seja maior em relação ao percentual de candidatos que realmente se inscreveram nesse tipo de instituição em 2008. O baixo percentual de candidatos ao vestibular de universidades públicas verificado em 2009 também pode ser explicado pelo atraso na aplicação das provas do ENEM, o que gerou o adiamento da divulgação do desempenho dos estudantes nesse exame. Dessa forma, os estudantes só puderam se inscrever em algumas universidade e institutos públicos federais pelo site do SiSU no início de 2010.

Grande parte dos estudantes do terceiro ano da Escola Estadual Jardim Vazame II, de Embu das Artes-SP, tem renda familiar abaixo de um salário mínimo, mais da metade dos estudantes se autointitularam negros e pelo menos 44% dos alunos não conheciam as universidade públicas de São Paulo e o significado e/ou propósito das cotas e reservas de vagas. Esse perfil, revelado com a entrega dos questionários, reforçou a necessidade de se divulgar as Ações Afirmativas promovidas pelas universidades públicas, visto que todos esses estudantes podem se beneficiar delas e, com isso, mudar seu quadro social, adquirindo conhecimentos que poderão ser usados em benefício próprio e/ou de sua comunidade.

A falta de informação, além de outros fatores, dificulta ou até mesmo exclui a possibilidade de acesso desses estudantes ao ensino superior gratuito. Não cabe aqui sermos ingênuos; sabemos que, além da falta de informação, os estudantes não possuem preparo suficiente para concorrer justamente a uma vaga em uma IES pública com a elite, que, além de ter acesso à informação, é preparada durante sua vida escolar básica para concorrer às vagas das universidades públicas ou particulares de excelência. Fica evidente que a divulgação das Ações Afirmativas é apenas um primeiro passo para que esses estudantes possam transformar suas expectativas de futuro.

Referências

BRASIL. *Acesso e permanência no ensino superior*: cotas raciais e éticas. Brasília: Câmara dos Deputados, 2004.

BUARQUE, C. *A universidade numa encruzilhada*. Brasília: UNESCO; Ministério da Educação, 2003.

DECLARAÇÃO MUNDIAL SOBRE EDUCAÇÃO SUPERIOR. *Declaração mundial sobre educação superior no século XXI*: visão e ação. Marco referencial de ação prioritária para a mudança e o desenvolvimento da educação superior. Piracicaba: Editora UNIMEP, 1998.

FACULDADE DE TECNOLOGIA (FATEC). *Manual do candidato*. São Paulo. Disponível em: <http://www.vestibularfatec.com.br/vestibular/manual/>. Acesso em: 25 out. 2008.

INSTITUTO NACIONAL DE ESTUDOS E PESQUISAS EDUCACIONAIS ANÍSIO TEIXEIRA (INEP). *Exame nacional do ensino médio*. Disponível em: <http://www.enem.inep.gov.br/enem.php>. Acesso em: 01 maio 2010.

PINTO, J. M. R. O acesso à educação superior no Brasil. *Educ. Soc.*, Campinas, v. 25, n. 88, out. 2004. Disponível em: <http://www.scielo.br/php?script=sci_arttext&pid=S0101-73302004000300005&lng=en&nrm=iso>. Acesso em: 16 fev. 2009.

UNIVERSIDADE DE SÃO PAULO (USP). *Manual do candidato*. São Paulo, 01 ago. 2008. Disponível em: <http://www.fuvest.com.br/vest2009/informes/ii042009.stm>. Acesso em: 22 out. 2008.

UNIVERSIDADE ESTADUAL DE CAMPINAS (UNICAMP). *Programa de ação afirmativa e inclusão social (PAAIS)*. Campinas. Disponível em: <http://www.comvest.unicamp.br/paais/paais.html>. Acesso em: 25 out. 2008.

UNIVERSIDADE ESTADUAL DE SÃO PAULO (UNESP). *Manual do candidato*. São Paulo, ago. 2008. Disponível em: <http://www.vunesp.com.br/vestibulares/vnsp0805/vnsp0805_manual.pdf>. Acesso em: 22 out. 2008.

UNIVERSIDADE FEDERAL DE SÃO CARLOS (UFSCar). *Manual do candidato*. São Carlos, jun. 2008. Disponível em: <http://www.vunesp.com.br/vestibulares/ufsc0802/manual/reserva.htm>. Acesso em: 22 out. 2008.

UNIVERSIDADE FEDERAL DE SÃO PAULO (UNIFESP). *Manual do candidato*. São Paulo, set. 2008. Disponível em: <http://www.vunesp.com.br/vestibulares/ufsp0801/ufsp0801_manual.pdf>. Acesso em: 21 out. 2008.

UNIVERSIDADE FEDERAL DO ABC (UFABC). *Manual do candidato*. São Bernardo do Campo, ago. 2008. Disponível em: <http://www.vunesp.com.br/vestibulares/uabc0801/manual/cotas.html>. Acesso em: 20 out. 2008.

Um estudo sobre integração de ingressantes ao ensino superior

Luiz Nicolosi Rodrigues
Tânia Maria Santana de Rose

1. Introdução

O presente estudo examinou os aspectos psicológicos envolvidos no processo de integração de um grupo de ingressantes pelo sistema de reserva de vagas ao contexto universitário em uma instituição de ensino superior pública.

No âmbito da Psicologia, verifica-se um crescente interesse pela realização de investigações sobre as maneiras como os estudantes lidam com os novos desafios, mudanças e exigências presentes no primeiro ano da universidade, bem como de seus efeitos sobre a permanência dos estudantes no ensino superior e o seu sucesso acadêmico.

O processo de resolução de desafios e de desenvolvimento de competência para lidar com novas tarefas acadêmicas é conceituado como integração à universidade. Trata-se de uma variável de características multifacetadas envolvendo dimensões: pessoais (condições psicológicas e físicas); relacionais (com colegas, professores e família); acadêmicas (aprendizagem, envolvimento com as tarefas e atividades), associadas ao contexto e de comprometimento com o curso, a carreira e a instituição.[1]

Considera-se que a integração se constrói no cotidiano das relações estabelecidas entre o estudante e a instituição, pela troca entre as expectativas, características e habilidades próprias dos estudantes,

---

1 Almeida e Ferreira (1999), Almeida e Soares (2004).

de um lado, e, de outro, a estrutura, as normas e os contextos acadêmicos que compõem a universidade.[2]

Um processo pleno e bem-sucedido de integração à universidade requer que o estudante solucione os desafios propostos pelas vivências acadêmicas em cinco domínios principais: acadêmico, social, pessoal, carreira/vocacional e institucional. No domínio acadêmico, é requerido que o aluno realize adaptações constantes às novas exigências de estudo, responsabilidades, ritmos e estratégias de aprendizagem, bem como adaptações às diferentes formas de ensino e avaliação. O domínio social envolve o desenvolvimento de padrões de relacionamento interpessoais mais maduros com os colegas, com os professores e a família. O domínio pessoal compreende o estabelecimento de um sentido de identidade mais forte, fortalecimento da autoestima, de conhecimento de si próprio e de uma visão pessoal de mundo. O domínio da carreira envolve o desenvolvimento da identidade vocacional, conhecimento da carreira e o comprometimento com objetivos vocacionais. O domínio institucional envolve o estabelecimento de compromisso de permanecer e prosseguir os estudos na instituição que frequenta, sentimento de pertencimento e valorização da instituição.

Estudantes que se integram acadêmica e socialmente desde o início de seus cursos têm possivelmente mais chances de crescer intelectual e pessoalmente do que aqueles que enfrentam mais dificuldades na transição à universidade. Quando esse processo de integração não é alcançado, o aluno investe menos, e, consequentemente, aumentam as suas probabilidades de insucesso.

Os pesquisadores brasileiros têm oferecido contribuições para melhor compreensão da adaptação à universidade.[3] Uma das linhas de pesquisa tem sido a elaboração e validação de instrumentos para avaliar as dimensões relevantes da integração ao contexto universitário. Como resultado desses estudos, foi disponibilizada uma versão do instrumento Questionário de Vivências Acadêmi-

---

2   Almeida, Soares e Ferreira (2002), Polydoro et al. (2001).
3   Mercuri e Polydoro (2004), Santos e Suehiro (2007).

cas reduzida (QVA-r), adaptada socioculturalmente aos estudantes brasileiros.[4] Esse instrumento vem sendo utilizado amplamente em pesquisas realizadas em diversos países.

Os estudos têm demonstrado que o sucesso na integração acadêmica dos estudantes, especialmente no primeiro ano, representa um forte indício da perseverança e da qualidade do percurso e rendimento acadêmico dos alunos ao longo da sua frequência universitária.

Em recente estudo conduzido junto a universitários brasileiros verificaram-se as percepções dos ingressantes de uma universidade particular e de uma universidade pública relativas à integração acadêmica e ao rendimento acadêmico. Os resultados são coincidentes com os encontrados em estudos internacionais. As melhores notas obtidas no final do primeiro semestre associam-se a percepções mais positivas de integração acadêmica (exceto no que se refere à dimensão interpessoal).[5]

Têm sido demonstradas diferenças de gênero nos padrões de integração dos alunos no contexto universitário. Os estudantes do sexo feminino tendem a apresentar melhor rendimento acadêmico e demonstram resultados mais favoráveis nas dimensões carreira, estudo e institucional do que os do gênero masculino.

Considerando que as contribuições teóricas empíricas sobre o tema podem auxiliar na melhor elucidação do processo de integração dos alunos na universidade, objetivou-se acompanhar como ocorre esse processo de integração entre alunos participantes de um Programa de Ações Afirmativas implementado em uma universidade pública de alto padrão de qualidade.

Os objetivos desta pesquisa foram: caracterizar o processo de integração à universidade nos domínios acadêmico, pessoal, social, vocacional e institucional de um grupo de ingressantes pelo sistema de reserva de vagas para alunos de escolas públicas; e examinar os níveis de integração à universidade avaliados pelo QVA-r, segundo o rendimento acadêmico e o gênero dos alunos.

---

4 Granado et al. (2005).
5 Id. ibid.

2. Método

2.1 Participantes

Participaram da pesquisa 16 ingressantes de uma universidade pública pelo sistema de reserva de vagas para alunos oriundos do ensino médio público. A amostra foi formada por estudantes que aceitaram o convite feito pela administração da universidade aos calouros integrantes do Programa de Ações Afirmativas da instituição, para que colaborassem com a realização do estudo. Os estudantes manifestaram o interesse de participar da pesquisa por meio de contato eletrônico estabelecido com o pesquisador responsável.

A maioria dos participantes foi do gênero feminino (75%), apenas quatro eram do sexo masculino. A distribuição dos estudantes em função das áreas de conhecimento nas quais os cursos de graduação se inseriam foi: 37,5% estavam na área de Ciências Exatas; 31,25% na área de Ciências Humanas; e 31,25% dos estudantes não forneceram informações sobre o curso frequentado.

2.2 Instrumentos

Para a obtenção dos dados sobre a integração dos estudantes à vida acadêmica, foi utilizada uma versão eletrônica do Questionário de Vivências Acadêmicas em sua versão reduzida (QVA-r), adaptada e validada por Granado et al.[6]

O instrumento é composto de 54 questões de autorrelato, com cinco possibilidades de resposta, consoante com o grau de acordo dos alunos. Os itens foram distribuídos em cinco dimensões: *pessoal* (formada por 14 itens que avaliavam o bem-estar físico e psicológico dos alunos, seu equilíbrio emocional e sua autoconfiança, por exemplo, "Nos estudos, não estou conseguindo acompanhar o ritmo dos meus colegas de turma", "Sinto-me em forma e com um

---

6   Id. ibid.

bom ritmo de trabalho"); *interpessoal* (formada por oito itens que avaliavam as relações com os colegas, o estabelecimento de amizade e a procura de ajuda, por exemplo, "Sou visto como uma pessoa amigável e simpática", "Acredito possuir bons amigos na universidade"); *carreira* (compreendendo 12 itens que visavam avaliar os sentimentos relacionados com o curso, as perspectivas de carreira e os projetos vocacionais dos alunos, por exemplo, "Sinto-me envolvido com o meu curso", "Acredito que meu curso possibilitará a realização profissional"); *estudo* (formado por nove itens que avaliavam os hábitos de estudo, a gestão do tempo e a preparação para os testes, por exemplo, "Faço boas anotações das aulas", "Sei estabelecer prioridades no que diz respeito à organização do meu tempo"); e *institucional* (composta de sete itens que avaliavam o desejo de permanecer ou mudar de instituição, o conhecimento e a apreciação da infraestrutura existente, por exemplo, "Conheço bem os serviços oferecidos pela minha universidade", "Gostaria de concluir meu curso na instituição que frequento").

A pontuação atribuída às respostas dadas às questões foi: 1 ponto para a resposta *Nada a ver comigo*, totalmente em desacordo, nunca acontece; 2 pontos para *Pouco a ver comigo*, muito em desacordo, poucas vezes acontece; 3 pontos para *Algumas vezes de acordo comigo* e outras não, algumas vezes acontece, outras não; 4 pontos para *Bastante a ver comigo*, muito de acordo, acontece muitas vezes; 5 pontos para *Tudo a ver comigo*, totalmente de acordo, acontece sempre. As informações sobre rendimento acadêmico dos alunos foram obtidas mediante a apreciação dos alunos acerca do próprio rendimento no segundo semestre. Foi solicitado que os alunos classificassem as notas como boas, médias e baixas.

3. Procedimentos

Inicialmente, os estudantes que atenderam ao convite para participarem do estudo foram contatados por correio eletrônico pelo pesquisador responsável, para manifestarem-se quanto à aceitação do Termo de Consentimento Livre e Esclarecido. Para garantir o sigilo das informações e a confidencialidade, o contato com os participantes ocorreu por meio de um correio eletrônico de acesso exclusivo do pesquisador responsável, com a finalidade exclusiva de uso para este estudo.

Depois da obtenção da concordância com o Termo de Consentimento Livre e Esclarecido, os participantes receberam a versão eletrônica do QVA-r, com instruções para seu preenchimento e devolução. A coleta de dados ocorreu no final do segundo semestre letivo.

4. Resultados

Procurando caracterizar como se apresenta a adaptação à universidade, foram calculadas as médias das pontuações relativas a cada uma das cinco dimensões e a pontuação total englobando todas as dimensões avaliadas. A Tabela 1 apresenta os resultados referentes às cinco dimensões do QVA-r, diferenciados de acordo com apreciação dos alunos quanto ao rendimento acadêmico. Verificou-se que 11 alunos (66%) consideraram as notas obtidas boas (satisfatórias), que 2 alunos (13%) as consideraram médias e 3 alunos (20%), baixas.

A comparação das pontuações médias obtidas pelos alunos com rendimento satisfatório e médio apresentadas na Tabela 1 mostra que os valores para a dimensão estudo foram iguais; que foram altas para as dimensões pessoal e interpessoal, que as pontuações dos alunos com rendimento médio foram levemente mais elevadas que a dos que tiveram rendimento considerado bom (satisfatório) e que, para as dimensões carreira e institucional, os alunos com bom rendimento tiveram pontuações levemente mais elevadas do que os alunos com rendimento médio.

Tabela 1 Resultados no QVA-r segundo o rendimento acadêmico dos alunos.

Dimensão/rendimento	Carreira	Pessoal	Interpessoal	Estudo	Institucional	Total
Bom	52,60	55,22	42,90	35,00	29,60	215,32
Médio	51,00	57,00	48,00	35,00	25,50	216,50
Baixo	32,37	36,67	41,67	25,67	28,33	164,71
Pontuação mínima e máxima da escala	12 ~ 60	14 ~ 70	12 ~ 60	9 ~ 45	7 ~ 35	54 ~ 270

Verifica-se que os alunos com rendimento bom e médio obtiveram pontuações acentuadamente mais elevadas do que as dos alunos com rendimento baixo nas dimensões carreira, pessoal e estudo. As pontuações médias relativas às dimensões interpessoal e institucional pelos alunos com bom rendimento e com rendimento baixo foram semelhantes. Os alunos com rendimento médio obtiveram pontuações levemente superiores à dos alunos com rendimento insatisfatório na dimensão interpessoal e levemente mais baixas na dimensão institucional. Em relação à dimensão institucional, pode-se observar que a pontuação dos três grupos de alunos compostos em função do rendimento não se diferencia.

Pode-se verificar que as pontuações globais que integram as cinco dimensões dos alunos com rendimento acadêmico bom e médio foram próximas (215,32 e 216,50) e mais altas do que a dos alunos com rendimento acadêmico baixo (164,71). As diferenças entre os grupos decorrem principalmente das baixas pontuações obtidas pelos alunos com rendimento baixo nas dimensões carreira, pessoal e estudo.

Pode-se observar na Tabela 2 que os participantes do sexo feminino apresentaram pontuações mais altas nas dimensões carreira, estudo e institucional do que os estudantes do sexo masculino. Na dimensão pessoal, estudantes de ambos os gêneros obtiveram pontuações altas e iguais. Os estudantes do sexo feminino apresentaram médias levemente mais elevadas na dimensão interpessoal do que os do sexo masculino.

Tabela 2 Resultados no QVA-r segundo o gênero dos alunos.

Dimensão/gênero	Carreira	Pessoal	Interpessoal	Estudo	Institucional	Total
Masculino	43,25	50,00	45,67	28,50	27,75	195,17
Feminino	50,67	49,81	43,00	34,50	29,50	207,48
Pontuação mínima e máxima da escala	12 ~ 60	14 ~ 70	12 ~ 60	9 ~ 45	7 ~ 35	54 ~ 270

A diferença a favor das estudantes é verificada na nota global de integração, os estudantes obtiveram pontuação 195,17 e as estudantes, 207,48. As diferenças entre os grupos decorrem principalmente das baixas pontuações obtidas pelos estudantes do sexo masculino nas dimensões carreira e estudo.

5. Considerações finais

Pode-se observar que a maioria dos participantes da amostra estudada no final do segundo semestre percebia-se bem adaptada ao contexto universitário e demonstrava estar sendo bem-sucedida academicamente. Entre todos os participantes integrantes do Programa de Ações Afirmativas mantido pela instituição, verifica-se ser baixo o nível de insatisfação e baixa a incidência de dificuldades acadêmicas acentuadas e de desadaptação severa.

A maioria dos alunos da amostra parece apresentar condições psicológicas e físicas adequadas, estabelecer relacionamentos positivos com os colegas, estar cumprindo as exigências de aprendizagem e demonstrar envolvimento com as tarefas e atividades acadêmicas, comprometimento com o curso e a carreira escolhidos e sentir-se pertencente à instituição de ensino superior que frequenta. A maioria dos estudantes demonstrou competência para lidar com os desafios próprios desse período de iniciação à vida universitária, não mencionando encontrar dificuldades insuperáveis no primeiro ano de estudos universitários.

Reconhece-se o caráter exploratório e as limitações do estudo na medida em que envolveu uma amostra reduzida, que representava aproximadamente 10% do total de ingressantes pelo sistema de reserva de vagas.

Estudos com uma amostra maior poderiam auxiliar a elucidar a extensão em que a adaptação bem-sucedida na universidade ocorre entre os alunos ingressantes e alunos não ingressantes pelo sistema de reserva de vagas na instituição de ensino superior, na qual o estudo foi realizado.

Novas pesquisas são necessárias para explorar de modo mais aprofundado os aspectos envolvidos na integração à universidade pública alvo deste estudo. No entanto, apesar das limitações apontadas, pode-se verificar que os resultados do presente estudo mantêm certa semelhança com os resultados encontrados em outros estudos quanto às características do processo de integração apresentado pela maioria dos calouros, quanto à associação positiva entre integração e rendimento acadêmico e quanto às diferenças nas vivências acadêmicas conforme gênero.

Neste estudo, verificou-se que pequena parcela dos alunos com baixo rendimento acadêmico avalia-se como tendo dificuldades acentuadas nas dimensões estudo, pessoal e carreira. Percebem-se pouco competentes para o estudo, mostram-se menos competentes em termos de habilidades de estudo e de organização de tempo, apresentam percepção mais baixa de bem-estar psicológico, condições emocionais e pessoais, indicam ter dificuldades para tomar decisões, sentem-se menos otimistas, percebem-se tendo baixa autonomia e autoconceito acadêmico. Na pontuação global de integração, essa diferença também se mantém, indicando um processo de integração menos facilitado entre esses alunos.

Apesar das limitações apontadas, verifica-se que os resultados deste estudo são coincidentes com estudos que utilizaram análises estatísticas examinando a relação entre níveis de integração e rendimento acadêmico.

No estudo de Granado et al.,[7] compararam-se grupos de alunos com médias iguais ou menores que 5,9 e alunos com média igual ou superiores a 8: verificou-se que as pontuações nas dimensões pessoal, estudo, carreira e institucional foram mais baixas para os alunos com piores níveis de rendimento acadêmico. Os alunos com melhor aproveitamento escolar apresentaram um processo de integração mais facilitado em quatro dimensões.

As diferenças na vivência acadêmica em função de gênero indicam que as estudantes do presente estudo são mais integradas nas dimensões investimento na carreira, estudo e institucional. Os resultados dos estudantes do sexo masculino sugerem um nível mais baixo de habilidades de estudo e de comprometimento com o curso e com a universidade. Destaca-se que os resultados do estudo relativos às dimensões carreira e estudo são coincidentes com os resultados obtidos no estudo de Granado et al.[8] Verificou-se que em relação às dimensões interpessoal e institucional, os alunos com diferentes graus de rendimentos não se diferenciaram.

Esses resultados indicam que praticamente todos os estudantes da amostra do presente estudo têm uma percepção positiva da infraestrutura da instituição de ensino superior que frequentam, bem como manifestam desejo de nela prosseguirem os estudos; demonstram relacionarem-se bem com os pares, tanto academicamente como fora do âmbito institucional, e mostram-se capazes de procurar ajuda, percebendo-se como habilidosos socialmente.

Em estudos anteriores, tem-se destacado que as variáveis mais decisivas para o rendimento acadêmico no primeiro ano foram as mais relacionadas com o estudo, com as bases de conhecimento para o curso, com a percepção das competências cognitivas e com a adaptação ao próprio curso. Neste estudo, pôde-se observar esse tipo de tendência.

Novas pesquisas são necessárias para explorar de modo mais aprofundado os aspectos envolvidos na adaptação à universidade

---

7   Id. ibid.
8   Id. ibid.

evidenciados neste estudo, no sentido de superar as dificuldades de representatividade dos alunos participantes do Programa de Ações Afirmativas, bem como visando obter uma melhor compreensão dos processos de integração à universidade de alunos não participantes desse programa.

Referências bibliográficas

ALMEIDA, L. S.; FERREIRA, J. A. Adaptação e rendimento acadêmico no ensino superior: fundamentação e validação de uma escala de avaliação de vivências acadêmicas. *Psicologia*: Teoria, Investigação e Prática, Braga, v. 1, n. 1, p. 157-170, 1999.

ALMEIDA, L. S.; SOARES, A. P. C. Os estudantes universitários: sucesso escolar e desenvolvimento psicossocial. In: MERCURI, E.; POLYDORO, S. A. J. *Estudante universitário*: características e experiências de formação. Taubaté: Cabral Editora e Livraria Universitária, 2004. p. 15-40.

ALMEIDA, L. S.; SOARES, A. P. C.; FERREIRA, J. A. G. Questionário de Vivências Acadêmicas (QVA-r): avaliação do ajustamento dos estudantes universitários. *Avaliação Psicológica*, Itatiba, v. 2, n. 1, p. 81-93, 2002.

GRANADO, J. I. F. et al. Integração acadêmica de estudantes universitários: contributos para a adaptação e validação do QVA-r no Brasil. *Psicologia e Educação*, Covilhã, v. 12, n. 2, p. 31-42, 2005.

MERCURI, E.; POLYDORO, S. A. J. Compromisso com o curso no processo de permanência/evasão no ensino superior: algumas contribuições. In: _____. *Estudante universitário*: características e experiências de formação. Taubaté: Cabral Editora e Livraria Universitária, 2004. p. 219-236.

POLYDORO, S. A. J. et al. Desenvolvimento de uma escala de integração ao ensino superior. *PsicoUSF*, Itatiba, v. 6, n. 1, p. 11-17, jun. 2001.

SANTOS, L.; ALMEIDA, L. S. Vivências acadêmicas e rendimento escolar: estudo com alunos universitários do 1º ano. *Análise Psicológica*, Lisboa, v. 1, n. 1, p. 205-217, 2001.

Santos, A. A. A.; Suehiro, A. C. B. Instrumentos de avaliação da integração e da satisfação acadêmica: estudo de validade. *Revista Galego-Portuguesa de Psicologia e Educación*, Coruña, v. 14, n. 1, p. 107-119, 2007.

Inserção acadêmica de alunos oriundos de escolas públicas na UFSCar-Sorocaba

Yuri Souza Padua
Siovani Cintra Felipussi
Waldemar Marques

1. Introdução e justificativa

Desde meados da década de 1980 tem-se verificado a diminuição do ingresso de jovens oriundos das escolas públicas na UFSCar. Esse não é um fenômeno observado apenas na UFSCar, é mais amplo, indicando que os mecanismos de acesso ao ensino público superior, aliados às deficiências do ensino médio público, têm restringido as oportunidades educacionais de amplas camadas da população.

Visando o enfrentamento desse quadro, a UFSCar, por meio do Programa de Ações Afirmativas, vem desenvolvendo um conjunto de ações que visam ampliar o acesso à universidade de jovens de escolas públicas. De 2008 a 2010, 20% de seus ingressantes são de escolas públicas, e em 2016 esse coeficiente será de 50%.

Contudo, a democratização do acesso, um esforço de especial relevância, requer um passo adicional e igualmente importante que assegure a permanência desse aluno, prevenindo a reprovação e a consequente evasão. Para que esse passo aconteça, faz-se necessário que sejam criadas formas que permitam o acompanhamento e a avaliação da inserção acadêmica desses alunos. Este trabalho se justifica plenamente frente a essa nova situação, objetivando criar no *campus* Sorocaba essas formas de acompanhamento.

2. Objetivos

Criar uma sistemática de trabalho e banco de dados que permitam o acompanhamento e a avaliação do processo de inserção dos alunos da rede pública ingressos na UFSCar, *campus* Sorocaba, pelo Programa de Ações Afirmativas.
Especificamente, são objetivos deste projeto:

1. Identificar o desempenho acadêmico desses alunos;
2. Identificar o grau de inserção sociocultural desses alunos;
3. Realizar, por meio de recursos computacionais, várias comparações entre o desempenho desses alunos e o desempenho dos alunos que ingressam na universidade pelo sistema convencional;
4. Desenvolver um software que permita que essas comparações possam ser realizadas no futuro.

3. Metodologias, resultados e discussão

O presente projeto baseia-se em diversas atividades principais, quais sejam:

1. Modelar computacionalmente o problema, aplicando estratégias de média complexidade; obter os dados junto à ProGrad;
2. Realizar reuniões com os orientadores dos projetos, assistentes sociais e os técnicos em assuntos educacionais;
3. Empregar estratégias para dividir as tarefas automatizadas em subtarefas menores;
4. Após a fase de implementação dos programas (emprego do Hypertext Preprocessor (PHP) e de planilhas eletrônicas) e da concomitante utilização paralela de aplicativos *frees*, os dados entrarão em processo de vali-

dação de acordo com sua correlação com a natureza do problema, por meio de gráficos e estudos estatísticos básicos que possibilitam melhor visualização das políticas de inserção/permanência dos alunos na UFSCar-Sorocaba.

Para tais atividades, algumas fases bem-definidas foram realizadas:

4. Fase de aquisição de dados

Nessa fase, foram capturados de cada aluno do *campus* Sorocaba, via site da ProGrad Web, os seguintes dados:

1. RA (Registro Acadêmico)
2. IRA (Índice de Rendimento Acadêmico)
3. Nome
4. Sexo
5. Nome de cada disciplina
6. Código de cada disciplina
7. Frequência
8. Nota
9. Semestre no qual a disciplina foi ministrada
10. Quantidade de créditos referentes à disciplina
11. Resultado – aprovado, reprovado.

5. Organização dos dados

De posse dos dados no formato de planilhas eletrônicas (a utilização desse formato permite a manutenção da integridade dos dados), realizou-se sua organização. Para tal, alguns programas de conversão de dados em massa foram utilizados, alguns desenvolvidos e implementados pelo bolsista (por exemplo, para remoção de inconsistências nos arquivos) e outros provenientes da internet, para conversão das planilhas eletrônicas em arquivos .csv (Comma separated value – arquivo de valores separados por vírgula). Esse formato de arquivo pode ser usado posteriormente para estabelecer um banco de dados livre de ruídos e inconsistências. Os dados foram reunidos em três arquivos principais.

6. Elaboração do banco de dados

Utilizando-se uma ferramenta para a elaboração das tabelas que armazenam os dados, os três arquivos .csv foram convertidos no formato de um banco de dados SQL.

7. Mineração de dados

Com o banco de dados devidamente montado, faz-se necessário realizar uma considerável quantidade de cruzamentos de dados com diversas comparações e correlações. Essa fase está em desenvolvimento.

8. Próximos passos

Assim que a etapa anterior for concluída, será elaborado um software para a visualização dos relatórios utilizando-se estatísticas e gráficos comparativos, permitindo a análise dos dados conforme os objetivos do presente projeto.

9. Discussão

Os dados já foram reunidos, manipulados, separados, e o processo de mineração está em curso. Considerando-se a fase atual de uso do banco de dados, a finalização desse projeto dar-se-á de forma acelerada.

10. Conclusão

As Ações Afirmativas abrem as portas de uma nova era nas instituições públicas de ensino. E, como parte dela, surge também a necessidade de um estudo aprofundado sobre o grau de inserção sociocultural e acadêmico destes alunos ingressantes por esse novo sistema.

Desde as primeiras reuniões, focando sempre o objetivo final do projeto, percebemos que desenvolver um software que possibilitasse todo o manuseio de dados, como comparações gráficas entre as notas, frequência e IRA, de cada um dos estudantes do *campus* Sorocaba seria um desafio.

Convém ressaltar que reuniões com outros coordenadores e bolsistas BAIP do *campus* Sorocaba permitiram a definição de dados comuns, e esse ato contribuiu sobremaneira para o desenvolvimento em paralelo de demais projetos que têm alguma aderência com este.

Foram várias reuniões para discutir quais seriam os melhores caminhos para obtermos os melhores resultados. Desde as primeiras reuniões até o produto presente, estabeleceu-se uma metodologia que se demonstrou eficiente na mineração dos dados. Estes dados estão formatados apropriadamente para o rápido e fácil emprego das técnicas computacionais abordadas; desta feita, será possível, após a completa finalização do projeto, comprovar e evidenciar se as Ações Afirmativas necessitam atribuir atenção especial aos estudantes que ingressaram por meio de seu sistema, para que o acesso à universidade seja completo e universal, evitando assim possíveis falhas nesse novo cenário da universidade pública brasileira.

Salientamos que este projeto pode e deve ser ampliado, para servir, posteriormente, de modelo a outras instituições de ensino público que também fazem programas de Ações Afirmativas. Assim, cada região poderia fazer seu próprio mapeamento, identificando onde devem investir para que essa política proporcione bons frutos, garantindo a inclusão dos estudantes e dando a eles total apoio para superar possíveis dificuldades na inclusão acadêmica.

Componentes da identidade étnica de jovens universitários brancos, pardos e pretos

Marlon Alexandre de Oliveira
Tânia Maria Santana de Rose

1. Introdução

A identidade étnica é essencial para o bem-estar psicológico da população, em especial aos que pertencem a minorias étnicas, que muitas vezes lidam com conflitos, dissociações e aculturações de sua identidade. Assim, a formação da identidade étnica é um aspecto que adquire especial relevância quando estão em pauta grupos étnicos minoritários ou desvalorizados, que possuem a difícil tarefa de conciliar duas identidades diferentes (a de seu grupo e a do grupo dominante), além de enfrentar o preconceito e a discriminação.[1]

Apesar de a identidade étnica ser um de vários componentes que constituem uma identidade global do indivíduo, nota-se que esse componente é o único positivamente relacionado com a autoestima dos indivíduos. Se o grupo dominante numa sociedade detém traços ou características de um grupo étnico com baixa estima, então membros do grupo étnico são potencialmente confrontados com uma identidade social negativa.

Em termos de análise do contexto social e de sua influência na etnia, é importante considerar que os indivíduos "vivem embutidos em vários contextos que em conjunto influenciam as experiências individuais".[2]

---

[1] Phinney (1990).
[2] Bronfenbrenner (1989 *apud* Umaña-Taylor, 2004, p. 142).

Na pesquisa psicológica sobre o desenvolvimento da identidade étnico-racial, têm-se destacado como principais componentes as atitudes étnicas, o senso de pertencimento, autoidentificação e etnicidade, incluindo a exploração e resolução de questões ligadas a identidade, comportamento ou práticas étnicas.[3]

Na sociedade atual, as populações da maior parte dos países estão cada vez mais diversificadas etnicamente, e é essencial compreender o impacto psicológico dessa diversidade.[4]

No caso do grupo étnico negro (constituído, segundo o IBGE, por pretos e pardos), ao qual pertence uma grande parcela da população no país, ele é considerado minoria étnica pela elite branca, que historicamente afirmou seus valores e padrões, principalmente no ambiente acadêmico, pensado em um modelo europeu de ensino.

Uma ideologia propagada em meados do século XIX e no início do século XX pela elite branca no Brasil, e que persiste atualmente como forma de pressão aos valores da etnia negra, é a do "branqueamento", em que o fenótipo e os valores europeus do branco são considerados superiores e necessários para a manutenção de uma nação forte pelo aumento numérico dos não negros, em que havia o desejo de branqueamento da população.

Conforme afirma Ferreira:

> No Brasil, o branqueamento é frequentemente considerado um problema do negro, que, descontente e desconfortável com sua condição de negro, procura miscigenar-se para diminuir suas características raciais.[5]

Logo, a desqualificação sistemática dos afrodescendentes, apesar de serem uma etnia marcante na formação da sociedade brasileira, levou à veiculação de representações sociais articuladas

---

3   Nakao (2008).
4   De Rose (2006 *apud* NAKAO, 2008).
5   Ferreira (2000, p. 25).

a valores, crenças e sentimentos negativos sobre os negros. Nesse contexto, o afrodescendente desde cedo "aprende", mediante mecanismos eficazes de reprodução ideológica, que a identidade positivamente construída é a do "branco" e que o que lhe cabe é a imitação do "padrão ideal" para que possa ser socialmente aceito, mesmo sabendo da incoerência desse padrão, nitidamente preconceituoso.

Normalmente, os indivíduos de uma sociedade apresentam uma marcante necessidade de pertencimento social: a forte ligação emocional com o grupo ao qual pertencemos nos leva a investir nele nossa própria identidade. Ou seja, a imagem que temos de nós mesmos encontra-se vinculada à imagem que possuímos de nosso próprio grupo, e isso nos induz a defendermos nossos valores.[6]

Evidencia-se uma relação positiva entre a autoestima dos jovens e o nível de estágio e/ou grau de estado de identidade étnica. A autoestima é definida como o sentimento, o apreço e a consideração que uma pessoa sente por si mesma, ou seja, o quanto ela gosta de si, como ela se vê e o que pensa sobre si mesma.[7]

Uma das possíveis definições da autoestima pode ser o sentimento que se tem por si mesmo, ou seja, o quanto a pessoa gosta dela mesma. A autoimagem é o centro da vida subjetiva do indivíduo, determinando seus pensamentos, sentimentos e comportamentos.[8]

Recentemente, um tema que ganhou especial relevância no contexto social e político brasileiro foi a implementação de políticas de ação afirmativa para grupos minoritários, voltadas para o acesso ao ensino superior. A universidade conta com um sistema de reserva de vagas para alunos oriundos de escolas públicas que se autoidentifiquem como negros ou pardos e indígenas.[9]

---

6   Id. ibid.
7   Phinney (1990).
8   Dini et al. (2004), Romano, Negreiros e Martins (2007).
9   Comissão de Ações Afirmativas (*apud* NAKAO, 2008).

Considerando que o fortalecimento da identidade étnico-racial seja um dos vários desafios e condições relevantes para a integração, na universidade, dos alunos participantes nos Programas de Ações Afirmativas provenientes de grupos étnicos minoritários e/ou desvalorizados, o presente subprojeto visa caracterizar como se apresentam os principais componentes da identidade étnica de alunos negros (pretos e pardos) e de alunos brancos ingressantes em uma universidade pública.

No presente estudo, pretende-se verificar como os componentes psicológicos definidores da identidade étnico-racial se apresentam para os alunos universitários negros e não negros participantes do Programa de Ações Afirmativas de uma universidade pública do interior de São Paulo (sua autoidentificação e etnicidade, comportamentos e práticas étnicas, afirmação e pertencimento e aquisição da identidade étnica).

2. Método

2.1 Participantes

Participaram 17 alunos ingressantes pelo sistema de reserva de vagas em uma universidade pública.

Em relação às áreas de conhecimento dos cursos, os alunos da amostra eram 39% da área de Humanidades, 39% da área de Exatas, 11% da área de Biológicas e 11% não responderam.

Em relação ao gênero, observou-se que 56% dos integrantes eram do sexo feminino e 44%, do masculino.

Em relação à autorrotulação étnico-racial, 65% classificaram-se como brancos, 18% como pardos e 18% como pretos.

2.2 Coleta de dados

A Escala de Identidade Étnica foi utilizada como instrumento de coleta de dados para grupos variados,[10] adaptada para uso na realidade brasileira por Nakao.[11] A escala avalia as componentes Afirmação e pertencimento, Aquisição da identidade étnica e Comportamentos e práticas étnicas (ela é composta de 14 itens, sendo sete referentes à subescala aquisição da identidade étnica – itens 1, 3, 5, 8, 10, 12 e 13 – exemplo: "Eu tenho tentado conhecer mais sobre o meu grupo étnico, sua história, tradições e costumes", cinco itens relativos a afirmação e pertencimento – itens 6, 11, 14, 18 e 20 – exemplo: "Eu tenho muito orgulho do meu grupo étnico e de suas realizações" – e dois itens relativos à subescala comportamentos e práticas étnicas – itens 2 e 16 – exemplo: "Eu participo de práticas culturais do meu grupo, como comidas típicas, música e costumes" –, e há uma quarta subescala relacionada a orientação em relação a outros grupos étnicos, composta de seis itens – 4, 7, 9, 15, 17 e 19 – exemplo: "Eu gosto de estar entre pessoas de grupos étnicos diferentes do meu").

2.3 Resultados

As diferenças na identidade étnica relacionadas às autorrotulações étnicas dos estudantes foram consideradas com base na comparação dos valores dos escores médios, uma vez que o número reduzido da amostra não favorece outros tipos de comparação.

Os quatro escores de identidade étnica apresentados pelos alunos negros foram mais elevados do que os obtidos pelos alunos pardos e brancos. Os quatro escores apresentados pelos alunos pardos foram mais baixos que os obtidos entre os alunos negros e brancos. Os quatros escores apresentados pelos alunos brancos foram mais

---

10 Phinney (1992).
11 Nakao (2008).

elevados do que os dos alunos pardos e mais baixos do que os dos alunos negros.

Os escores relativos à escala de identidade étnica e componentes da afirmação e pertencimento e aquisição da identidade indicam que a amostra de alunos pretos concorda parcialmente que os itens dessas escalas se aplicam a eles, no entanto verifica-se que discorda parcialmente que os itens da escala de comportamentos e práticas étnicas se apliquem a eles.

Os escores relativos à escala de identidade étnica e os componentes de afirmação e pertencimento indicam que a amostra de alunos pardos discorda parcialmente que os itens dessas escalas se aplicam a eles; os escores relativos às escalas de aquisição da identidade e comportamentos e práticas étnicas indicam que discordam totalmente no sentido de que os itens dessas escalas se apliquem a eles.

Os escores relativos à escala de identidade étnica e componentes da afirmação e pertencimento e aquisição da identidade indicam que a amostra de alunos brancos discorda parcialmente que os itens dessas escalas se aplicam a eles. Em relação à escala comportamentos e práticas étnicas, verifica-se que esses escores discordam totalmente no sentido de que os itens da escala se apliquem a eles.

Tabela 1 Médias e desvio-padrão da escala de identidade étnica.

Dimensões da escala	Pretos (n=3)		Pardos (n=3)		Brancos (n=11)	
	Média	Desvio-padrão	Média	Desvio-padrão	Média	Desvio-padrão
Identidade étnica	3,044	0,657	2,022	0,806	2,575	0,729
Afirmação e pertencimento	3,533	0,503	2,866	0,986	2,963	0,763
Aquisição da identidade étnica	3,095	0,786	1,571	0,755	2,571	0,832
Comportamentos e práticas étnicas	2,166	0,763	1,500	0,500	1,909	0,768
Orientação a outros grupos	3,200	0,509	3,388	0,509	3,666	0,341

Os escores do grupo autointitulado pretos foram superiores aos dos grupos pardos e brancos. Os alunos pretos concordaram parcialmente que os itens da escala identidade étnica e das subescalas afirmação e pertencimento e aquisição da identidade étnica se aplicam a eles, indicando um senso de identidade seguro.

Os escores dos grupos pardos e brancos indicam que ambos tenderam a discordar parcialmente dos itens da escala de identidade étnica e subescala de aquisição da identidade étnica e comportamentos e práticas étnicas.

Os escores obtidos pelos sujeitos pretos relativos à escala de comportamentos e práticas étnicas indicam que eles discordaram parcialmente, e os demais grupos discordaram totalmente.

3. Considerações finais

O estudo buscou verificar como os componentes psicológicos definidores da identidade étnico-racial (autoidentificação e etnicidade, comportamentos e práticas étnicas, afirmação e pertencimento e aquisição da identidade étnica) se apresentam para os alunos universitários negros e não negros participantes de Programa de Ações Afirmativas de uma universidade pública.

Apesar do número reduzido de sujeitos, os resultados parecem indicar que os três componentes da identidade étnica se apresentam diferentemente para os diferentes grupos. Os negros apresentam escores elevados para a identidade étnica (3,044), em comparação aos brancos (2,575) e pardos (2,022). Tal resultado parece refletir o senso de pertencimento dos negros, que, apesar de historicamente discriminados, parecem ter apurada formação da identidade étnica.

Conforme cita Ferreira, "a identidade é um elemento-chave para construção do sujeito, em que as especificidades das experiências pessoais determinam a maneira pela qual as referências de mundo são construídas".[12]

---

12   Ferreira (2000, p. 186).

Logo, as experiências pessoais dos pretos são relevantes na construção da identidade desse grupo. Observando-se os altos escores das subescalas afirmação e pertencimento (3,533) e aquisição da identidade étnica (3,095), os dados corroboram fortes ligações de sua etnia com orgulho a respeito de suas origens e que se sentem bem por pertencer a um determinado grupo étnico.

Os escores dos pardos para a identidade étnica (2,022) são mais baixos do que os observados entre os pretos e brancos, indicando baixa definição da identidade étnica. A subescala comportamentos e práticas étnicas apresenta o mais baixo escore em comparação aos brancos e pretos (1,5), o que mostra que a situação da identidade étnica do grupo pardo, ao menos no Brasil, é delicada, pois há baixa procura por costumes e práticas do grupo com que a pessoa se identifica.

Os dados indicam que os comportamentos frente às práticas étnicas, tais como engajamento sociocultural com tradições e costumes, são baixos junto aos pardos, assim como no que diz respeito à formação de sua identidade; é interessante notar que os pardos usufruem, em geral, de acesso educacional inferior ao de que usufruem os brancos, cerca de 8,2%, e talvez, no ambiente acadêmico, a busca por uma identidade não possa vir a ser totalmente desenvolvida por não haver identificação com grupos minoritários.

Apesar de preconceito e discriminações raciais poderem exercer influência na estrutura da identidade étnica de jovens que se classificam como pretos e pardos,[13] deve-se atentar que, pelos escores na subescala de afirmação e pertencimento dos jovens pardos (2,866), que foram mais baixos que os dos negros nesta mesma subescala (3,533), uma resposta de identidade diferente revela-se entre esses dois grupos.

A pouca afirmação étnico-racial dos pardos pode estar relacionada ao "branqueamento", ao menos de forma indireta, pois ocorreu uma desvalorização de valores e crenças do grupo étnico negro, ao qual pertencem os pretos e pardos. Por não estarem fortemente

---

13   Nakao (2008).

ligados ao grupo negro, e ao menos no Brasil não haver busca por crenças e costumes pelo grupo branco, os pardos podem estar distantes de sua identidade étnica, pois os brancos apresentam pouca procura por práticas culturais, ao contrário do que se observa no grupo negro, nos escores de comportamentos e práticas étnicas (1,909 e 2,571, respectivamente).

Portanto, apesar da pequena amostra, foram colhidos dados que revelam importantes questões sobre o desenvolvimento da identidade étnica dos universitários, em especial dos que se identificaram como pardos. Esses dados são de suma importância para as investigações posteriores de percepções de discriminação, de como a identidade étnica se apresenta a esses jovens.

Referências bibliográficas

DINI, G. M. et al. Adaptação cultural e validação da versão brasileira da Escala de Autoestima de Rosenberg. *Rev. Soc. Bras. Cir. Plást.*, São Paulo, v. 19, n. 1, p. 41-52, jan./abr. 2004.

FERREIRA, R. F. *Afrodescendente*: identidade em construção. São Paulo: EDUC, 2000. 186 p.

NAKAO, R. T. *Identidade étnica e autoestima de adolescentes brasileiros brancos e negros*. São Carlos: UFSCar/Departamento de Psicologia, 2008. 44 f. Trabalho de Conclusão de Curso.

PHINNEY, J. S. Ethnic identity in adolescents and adults: review of research. *Psychological Bulletin*, Washington, D.C., v. 108, n. 3, p. 499-514, 1990.

_____. The Multigroup ethnic identity measure: a new scale for use with diverse groups. *Journal of Adolescent Research*, Thousand Oaks, v. 7, n. 2, p. 156-176, abr. 1992.

ROMANO, A.; NEGREIROS, J.; MARTINS, J. Contributos para validação da Escala de Autoestima de Rosenberg numa amostra de adolescentes da região interior norte do país. *Psicologia, Saúde e Doenças*, Lisboa, v. 8, n. 1, p. 109-116, 2007.

UMAÑA-TAYLOR, A. J. Ethnic identity and self-esteem: examining the role of social context. *Journal of Adolescence*, Cambridge, v. 27, p. 139-146, nov. 2004.

A influência da Biblioteca Comunitária da UFSCar sobre os alunos ingressantes pelo Programa de Ações Afirmativas*

ARDALA PONCE KOCHANI

1. Introdução

O presente estudo, realizado na UFSCar e financiado pelo Fundação Ford por meio de bolsa à aluna de iniciação científica, propôs-se a verificar a influência da Biblioteca Comunitária (BCo) na vida acadêmica dos alunos ingressantes por meio do Programa de Ações Afirmativas (PAA).

O Programa de Ações Afirmativas, segundo o catálogo do Núcleo de Estudos Afro-Brasileiros (NEAB) da UFSCar, pode ser entendido como um conjunto de políticas, ações e orientações públicas ou privadas, de caráter compulsório (obrigatório), facultativo (não obrigatório) ou voluntário, que tem como objetivo corrigir as desigualdades historicamente impostas a determinados grupos sociais e/ou étnico-raciais com um histórico comprovado de discriminação e exclusão.[1]

O Programa entrou oficialmente em vigor em 2007, e, segundo o NEAB, tornou disponíveis, no ano de 2008, 20% das vagas de cada curso de graduação a egressos do ensino médio cursado integralmente em escolas públicas. Desse percentual, 35% serão ocupados por candidatos/as negros/as. Para candidatos indígenas será

---

* Artigo redigido sob orientação da Profa. Dra. Eliane Serrão Alves Mey.
1 NEAB-UFSCar (2008, p. 8).

disponibilizada uma vaga por curso de graduação, além do número total de vagas.[2]

Na UFSCar, para participar do PAA é preciso ter cursado integralmente o ensino médio em escola pública, seja ela da rede municipal, estadual ou federal, e optar, na inscrição do vestibular, pelo ingresso por reserva de vagas.

A Biblioteca Comunitária da UFSCar, apesar de possuir no seu título a palavra comunitária, também faz parte de um ambiente acadêmico, possuindo assim um caráter misto de unidade de informação. Portanto, a BCo atende tanto as necessidades do ambiente universitário quanto à comunidade.

Os objetivos da BCo são atender os âmbitos educacional, informacional e cultural. Por ser uma biblioteca mista, seu acervo é formado por: coleção de literatura científica e tecnológica; banco de livros-texto; coleção de literatura didática e paradidática de ensino de 1º e 2º graus; coleção de literatura infanto-juvenil; coleção de literatura brasileira; coleções especiais Luís Martins e Florestan Fernandes; coleção de multimídia; videoteca.

Os serviços oferecidos pela BCo são: catálogos, empréstimos e devoluções, referência, orientação para a normalização de trabalhos acadêmicos, orientação sobre seus serviços e seu uso, caixa de devolução, correção de referências e citações, visitas monitoradas, empréstimos entre bibliotecas, serviço de reserva e renovação on-line e comutação bibliográfica.

Este estudo apresentou como objetivo geral verificar a influência da Biblioteca Comunitária da UFSCar na vida dos alunos ingressantes pelo Programa de Ações Afirmativas. Para atingir esse propósito, buscou identificar o uso que os alunos fazem da biblioteca e suas dificuldades; a interferência de experiências anteriores em bibliotecas de modo geral; a possível relação dessas experiências com o uso da BCo; a noção que o grupo estudado tem a respeito de uma biblioteca universitária; mudanças na vida acadêmica, social e pessoal oriundas do uso da BCo e verificadas pelo grupo estudado; os

---

2   *Idem*, p. 18.

pontos favoráveis e menos favoráveis, segundo o grupo estudado, na acessibilidade ao acervo e aos recursos oferecidos pela BCo.

Para consecução de tais identificações, utilizou-se como procedimento metodológico a pesquisa de levantamento, cumprida por meio de questionário. Inicialmente aplicou-se um pré-teste para detecção de falhas e aperfeiçoamento do instrumento; em etapa posterior, aplicou-se o questionário definitivo. O universo abrangido foi a totalidade dos alunos ingressantes por meio do Programa de Ações Afirmativas. O número de respondentes gerou amostra bastante significativa desse universo (28%), embora não o total de alunos. Na fase de envio do questionário definitivo, empregou-se o meio eletrônico. Quando o número de respostas não se mostrou suficiente, os coordenadores dos cursos foram procurados para a obtenção de um percentual mínimo de alunos de cada curso. Cabe ressaltar que se efetivou ao Comitê de Ética em Pesquisa em Seres Humanos da UFSCar um pedido de autorização para a pesquisa de campo, tendo sido emitido um parecer autorizando este estudo.

Organizaram-se os dados coletados em categorias e estabeleceram-se correlações entre as perguntas, de modo a responder aos objetivos propostos. O tópico 3 deste trabalho apresenta os resultados obtidos e as relações encontradas, ou não.

A pesquisa demonstrou sua importância na medida em que se pôde oferecer à BCo as propostas e sugestões apresentadas pelo grupo. Do mesmo modo, salientou-se o papel da biblioteca na vida dos alunos do PAA. Sabe-se que cabe a uma biblioteca universitária, entre outros universos de usuários, possibilitar o crescimento pessoal, cultural e acadêmico dos alunos. No caso do grupo em estudo, por suas características, tais possibilidades se encontram ainda reforçadas, uma vez que a biblioteca universitária pode tornar-se uma das poucas fontes de acesso aos registros do conhecimento. Ao receber os resultados obtidos pela pesquisa, a BCo poderá implementar melhorias no atendimento, que com certeza se ampliarão a toda a comunidade acadêmica.

2. Resultados e análise dos dados

A partir do método aplicado neste estudo, apresentaremos a seguir os resultados e análises dos dados coletados. Todos os resultados apresentados foram aproximados, ou seja, não utilizamos casas decimais, para facilitar a compreensão.

Ao total de 282 alunos contemplados pelo PAA da UFSCar, foram enviados 187 questionários, tendo sido respondidos 52, o que corresponde aproximadamente a 28% do total de questionários enviados. A Tabela 1 apresenta a porcentagem de respondentes em cada centro acadêmico da UFSCar.

Tabela 1 Alunos do PAA nos centros acadêmicos e universo da pesquisa.

Centros acadêmicos	Alunos indígenas		Total (PAA)		Sem comunicação		Enviados		Recebidos	
	Nº	%	Nº	%	Nº	%	Nº	%	Nº	%
Ciências Biológicas e da Saúde	5	42	48	18	10	3	43	15	14	8
Educação e Ciências Humanas	4	33	88	32	17	6	75	28	26	14
Ciências Exatas e da Tecnologia	3	25	134	50	67	24	69	23	12	6
Total	12	100	270	100	94	33	187	66	52	28

Dos dados apresentados, podemos observar que a quantidade de respondentes foi bem significativa, sendo que o índice de resposta foi maior no Centro Acadêmico de Educação e Ciências Humanas.

As questões relativas à avaliação pessoal do respondente foram apresentadas em escala de seis pontos: de excelente a péssimo, de muito a nenhum, de muito a nada, de ótimo a péssimo.

A primeira pergunta do questionário – Avalie suas experiências anteriores em relação às bibliotecas escolares ou públicas – teve como objetivo identificar as experiências anteriores dos alunos PAA em bibliotecas. Notamos que, dos 52 respondentes, apenas um não teve nenhuma experiência anterior em biblioteca. Observamos ainda que não houve diferença significativa entre a quantidade de respostas relativas a experiências boas e ruins; a maioria (35%) sinalizou boas experiências.

A segunda questão – Assinale o item (ou itens) que, para você, caracterize(m) uma biblioteca universitária – visava identificar as funções de uma biblioteca universitária para o respondente. Ou seja, o que o respondente conhece sobre biblioteca universitária.

Identificamos que, para os respondentes, a maior característica de uma biblioteca é o atendimento ao usuário (83% das respostas), depois, o auxílio aos departamentos da universidade (65%), de onde se conclui que se dá maior importância ao Serviço de Referência da biblioteca.

A partir das informações obtidas, confirmamos, também, a importância dos aspectos físicos e geográficos para o usuário, uma vez que grande parte dos respondentes considerou importante a preservação e o acesso aos materiais físicos (83%), o que vai ao encontro de estudos sobre o sentido comum, espacial, material, do termo biblioteca. Ao mesmo tempo, as sugestões apresentadas, como o empréstimo de livros e o ambiente para estudos, reforçam essa ideia.

A questão 3 – Indique a sua frequência no uso da BCo (de diária a nunca) – demonstrou que esta, por parte dos alunos ingressantes pelo PAA, é muito boa – cerca de 70% dos respondentes vão à biblioteca, no mínimo, uma vez por semana; a baixa frequência à BCo é mínima (mensal – 6%), e não houve respondente para o "nunca".

A questão 4 – Você utiliza a BCo para: estudo, lazer, lazer e estudo, outro (empréstimo de material, trabalho) – resultou em 91% de respostas para estudo. As demais não se mostraram significativas. De acordo com os resultados, a biblioteca é pouco usada para o prazer, ou seja, a biblioteca é um lugar de auxílio, o que reforça as informações obtidas com a questão 2, sobre as características da biblioteca universitária.

As questões 5 e 6 dizem respeito ao papel da BCo para a vida e o desenvolvimento do aluno. A questão 5 – Avalie o grau de mudanças ocorridas em sua vida acadêmica proporcionadas pelo uso da BCo – produziu os resultados explicitados na Tabela 2. Podemos observar que o uso da Biblioteca Comunitária é muito importante para os respondentes, ou seja, ela tem impacto sobre a vida dos alunos do PAA.

Tabela 2 Mudanças na vida acadêmica proporcionadas pelo uso da BCo.

Muitas		Bastantes		Suficientes		Poucas		Muito poucas		Nenhuma		Brancos	
Nº	%	Nº	%	Nº	%	Nº	%	Nº	%	Nº	%	Nº	%
9	17	14	27	12	23	12	23	5	10	0	–	0	–

A questão 6 – Avalie a contribuição da BCo para seu desenvolvimento pessoal e intelectual – também apontou a importância da BCo, principalmente na vida pessoal e intelectual dos alunos.

Tabela 3 Contribuição da BCo ao desenvolvimento pessoal e intelectual.

Muita		Bastante		Suficiente		Pouca		Muito pouca		Nenhuma		Brancos	
Nº	%	Nº	%	Nº	%	Nº	%	Nº	%	Nº	%	Nº	%
11	21	18	35	14	27	8	15	1	2	0	–	0	–

A questão 7 – Quanto aos serviços oferecidos pela BCo, assinale **S** para os que utilizou; **N** para os que não utilizou; e **D** para os que desconhece – procurou estabelecer se o respondente usava, ou não, um serviço da biblioteca e se o não uso se devia à falta de interesse ou ao desconhecimento. A Tabela 4 expõe os dados.

Tabela 4 Conhecimento e uso dos serviços oferecidos pela BCo.

	S	%	N	%	D	%	Branco	%	N. I.	%
Orientação sobre a BCo e seus serviços	30	57	14	27	5	10	3	6	0	–
Comut	1	2	14	27	35	67	2	4	0	–
Catálogos	18	35	26	50	6	11	2	4	0	–
Empréstimo e devolução	50	96	0	–	0	–	0	–	2	4
Serviço de referência	24	46	19	37	7	13	0	–	2	4

Tabela 4 *Continuação...*

	S	%	N	%	D	%	Branco	%	N. I.	%
Orientação para normalização de trabalhos acadêmicos	6	11	35	67	8	15	3	6	0	–
Caixa de devolução	26	50	18	35	6	11	1	2	1	2
Reserva e renovação on-line	34	65	15	29	1	2	0	–	2	4
Correção de referências e citações	5	10	29	55	15	29	3	6	0	–
Visitas monitoradas	13	25	28	54	8	15	3	6	0	–
Empréstimo entre bibliotecas	3	6	40	77	6	11	3	6	0	–

Legenda: S = Já utilizou; N = Não utilizou; D = Desconhece; N. I. = Resposta não identificada.

Verifica-se, desse modo, que o serviço de empréstimo de materiais é o mais utilizado entre os respondentes e, em seguida, o serviço de reserva on-line. Também é significativo o índice de utilização do serviço de referência da biblioteca. Entendemos que os serviços mais utilizados são aqueles indispensáveis ao usuário, o que vai ao encontro das informações obtidas em outras questões acima.

Nota-se também que o maior não uso, entre os serviços oferecidos, refere-se às atividades que dependem de um atendimento personalizado, ou seja, a orientação para normalização de trabalhos acadêmicos, correção de referências e citações e visitas monitoradas. Confirma-se, assim, que todos os altíssimos índices de resposta são para serviços que independem da orientação do bibliotecário. Contrariamente a essa confirmação, o catálogo, que deveria ser o instrumento fundamental à maior independência do usuário, apresenta 50% de não uso e 11% de desconhecimento, o que serve de alerta para algum problema de entendimento do catálogo, ou sinaliza para algo que precisa ser aprimorado. No entanto, a resposta à questão 8 contradiz, de certo modo, o resultado da questão 7 e sugere pesquisa mais aprofundada sobre esse aspecto.

Revela-se, por fim, que o mais alto índice de não uso foi o do serviço de empréstimo entre bibliotecas, o que será corroborado pela resposta da questão 8, à qual voltaremos. A partir dos dados, verificamos que o serviço de COMUT é majoritariamente desconhecido pelos respondentes.

A questão 8 – Conceitue os seguintes aspectos no uso da BCo – objetivou identificar os pontos favoráveis e menos favoráveis da biblioteca. Para tanto, foram separados os resultados da Tabela 5 em quatro grandes grupos, para sua melhor compreensão: aspectos altamente positivos, os que poderiam melhorar, os menos positivos e aqueles polêmicos, sem uma tendência definida. Não houve percentual significativo de avaliações correspondentes a "péssimo".

- Aspectos altamente positivos: aproximadamente 83% dos respondentes indicaram facilidade no uso da BCo; de modo geral, o atendimento oferecido pela biblioteca é ótimo; o acesso ao prédio e a qualidade dos serviços da biblioteca também foram majoritariamente considerados muito bons ou ótimos.
- Aspectos que podem ser melhorados: sinalização, acessibilidade ao acervo, uso dos catálogos em base de dados e diversidade nos serviços.
- Aspectos menos positivos: adequação do acervo da biblioteca aos cursos da universidade. Para os respondentes, a quantidade e a qualidade dos materiais disponíveis não estão, de certo modo, atendendo a demanda dos usuários.
- Aspecto com divergência acentuada de opiniões: adequação do ambiente.

Tabela 5 Avaliação dos serviços da BCo.

	Ótimo		Muito bom		Bom		Regular		Ruim		Péssimo		Brancos	
	Nº	%	Nº	%	Nº	%	Nº	%	Nº	%	Nº	%	Nº	%
Facilidade no uso	27	52	16	31	5	10	3	6	1	2	0	–	0	–
Acessibilidade ao acervo	1	2	15	29	33	63	2	4	0	–	1	2	0	–
Uso dos catálogos em base de dados	17	33	25	48	7	13	2	4	1	2	0	–	0	–
Atendimento	47	84	0	–	2	4	1	2	2	4	2	4	2	2
Adequação do ambiente	9	17	13	25	17	33	7	13	4	8	1	2	1	2
Sinalização	5	10	33	63	10	19	3	6	0	–	1	2	0	–
Adequação do acervo	24	42	18	35	7	13	1	2	1	2	2	4	1	2
Acesso ao prédio	18	35	19	37	14	27	0	–	0	–	0	–	1	2
Diversidade nos serviços	4	8	28	54	16	31	4	8	0	–	0	–	0	–
Qualidade dos serviços prestados	12	23	28	54	8	15	3	6	1	2	0	–	0	–

A questão 9, aberta – Sugestões para a melhoria da BCo –, foi reservada para as sugestões dos respondentes. Suas respostas foram indexadas, classificadas e divididas em quatro grupos:

- Sinalização: identificação de códigos nas estantes; melhoria na sinalização e exposição de um *banner* no térreo da biblioteca, mapeando todos os setores da unidade.
- Ambiente: volta da campanha do silêncio; novas cabines de estudos e cabines 24 horas; melhoria em todos os ambientes da biblioteca.
- Serviços: preocupação com os materiais disponíveis na base de dados, porém não localizados no acervo da

unidade; outra maneira de organizar os livros; disponibilizar um espaço para sugestões e reclamações; diminuição do valor da cópia de materiais; colocação na contracapa dos livros da data de sua devolução; campanhas mais frequentes para apresentar o ambiente da biblioteca e seu uso correto; aumento do horário de atendimento ao público e maior divulgação dos serviços da BCo.

- Outras sugestões: aumento da quantidade de acervo, com materiais específicos dos cursos de Terapia Ocupacional, Matemática, Letras, Engenharia Química, Engenharia Física, Enfermagem, Biblioteconomia e Ciência da Informação e Ciências Biológicas; criação de bibliotecas setoriais.

O campo reservado às sugestões teve como objetivo mapear algumas necessidades sentidas pelos alunos do PAA, e podem subsidiar, de certa maneira, a Biblioteca Comunitária da UFSCar no aprimoramento de seus serviços para total satisfação dos usuários.

Apontam-se, a seguir, algumas relações estabelecidas a partir do cruzamento de questões. A primeira relação (Tabela 6), entre a frequência do estudante à BCo e o Centro Universitário de seu curso, indicou maior uso por parte dos alunos do Centro de Ciências Biológicas e da Saúde; seguem-se, muito próximos, os respondentes do Centro de Ciências Exatas e de Tecnologia, embora com maior percentual de respostas para uso semanal. Observa-se, também, que os alunos dos cursos do Centro de Educação e Ciências Humanas são os que menos frequentam a BCo. Cabe aprofundamento sobre fatores que levam à menor frequência pelo CECH. Entre as prováveis causas, ressaltam-se a distância, a adequação do acervo e do ambiente, o horário ou, até mesmo, a falta de hábito, que podem influenciar no uso da biblioteca.

Tabela 6 Respondentes por centro acadêmico e frequência à BCo.

	CCBS		CCET		CECH	
	Nº	%	Nº	%	Nº	%
Diariamente	1	7	4	31	2	7
Duas vezes por semana	7	55	1	7	4	15
Semanalmente	4	31	5	39	9	35
Quinzenalmente	-	-	2	16	9	35
Mensalmente	1	7	1	7	1	4
Nunca	-	-	-	-	1	4
Total	13	100	13	100	26	100

Em seguida, verificou-se a relação entre a frequência à biblioteca e o grau de mudanças na vida acadêmica do aluno. Observou-se que apenas o fato de frequentar a biblioteca não influencia significativamente o grau de mudanças ocorridas na vida acadêmica dos respondentes, ou seja, mesmo aqueles alunos que mais frequentaram a BCo indicaram a ocorrência de poucas mudanças. Por exemplo, na frequência diária, dos 15 respondentes, o que corresponde a 100%, 20% apontaram muitas mudanças; 20%, bastantes mudanças; e 53%, poucas mudanças. Existe apenas um dado significativo que peca pela obviedade: aqueles que menos frequentam a biblioteca são os menos influenciados por ela em sua vida acadêmica.

Ao estabelecer-se a comparação entre uso dos serviços e frequência, verifica-se também não haver uma relação estrita entre as duas questões, uma vez que determinados serviços não exigem a presença do aluno, ou não exigem assiduidade, como, por exemplo, a renovação on-line e o empréstimo de livros.

Por fim, verificou-se a existência ou não de relações entre experiências anteriores em bibliotecas públicas ou escolares e o uso da BCo, ou a frequência a ela. Pôde-se constatar que as experiências anteriores dos alunos do PAA não influenciaram no uso da biblioteca da universidade. Mesmo os respondentes que indicaram experiências péssimas com outras bibliotecas não deixaram de frequentar a BCo e dela fazem uso, não apenas para estudos, mas também para o lazer.

Do mesmo modo, experiências anteriores não interferem na frequência à biblioteca. Ainda que tenham existido experiências ruins e péssimas na vida dos respondentes, a frequência à BCo é muito relevante, ou seja, a utilização do espaço da biblioteca pelos alunos que passaram por essas situações é de, no mínimo, uma vez por semana.

Com esses resultados podemos afirmar que, ao ingressar na universidade, experiências ruins com bibliotecas não interferem no uso de novas bibliotecas e na participação em novas vivências: uma outra realidade pode ser construída.

3. Conclusão

Ao se considerar a proposta inicial da pesquisa, qual seja, analisar a influência da Biblioteca Comunitária (BCo) da UFSCar sobre os alunos ingressantes por meio do Programa de Ações Afirmativas (PAA), este capítulo buscou contribuir para melhor compreensão do papel da BCo e sugerir alguns aspectos que a tornarão ainda mais significativa na vida daqueles alunos.

Em síntese, conclui-se que os dados obtidos e analisados contemplaram os objetivos propostos no início deste capítulo. Ressalte-se que o único aspecto menos positivo, no dizer dos alunos, consiste na questão da necessidade de silêncio e de melhor adequação dos espaços. Verificou-se que, apesar de existirem dificuldades no uso da Biblioteca Comunitária, ela influencia a vida pessoal, intelectual e acadêmica dos alunos ingressantes por meio do Programa de Ações Afirmativas da UFSCar e, de um modo geral, fornece-lhes subsídios bibliográficos em seus estudos. A maioria também considera, de modo muito positivo, seus serviços, em especial o atendimento.

Acredita-se que este trabalho tenha demonstrado a importância de um estudo dessa ordem para toda a comunidade acadêmica e acredita-se que poderá contribuir para futuras pesquisas e para algum aprimoramento nos serviços prestados pela Biblioteca Comunitária da UFSCar aos alunos do Programa de Ações Afirmativas.

Referências

CARVALHO, M. C. R. *Estabelecimento de padrões para bibliotecas universitárias*. Fortaleza: Edições UFC; Brasília: Associação dos Bibliotecários do Distrito Federal, 1981. (Coleções Biblioteconomia, 1).

CARVALHO, M. S.; MARCONDES, H. C.; MENDONÇA, A. M. Serviços via web em bibliotecas universitárias brasileiras. *Perspectivas em Ciência da Informação*, Belo Horizonte, v. 11, n. 2, p. 174-186, maio/ago. 2006. Disponível em: <http://www.cinform.ufba.br/vi_anais/docs/CarlosMarcondesMariliaMendoncaSuzanaCarvalho.pdf>. Acesso em: 08 dez. 2008.

CONGRESSO INTERNACIONAL DE ARQUIVOS, BIBLIOTECAS, CENTROS DE DOCUMENTAÇÃO E MUSEUS, 1., 2002, São Paulo. *Integrar*: textos. São Paulo: Imprensa Oficial do Estado, 2002. 698 p. il.

CUNHA, M. B. Construindo o futuro: a biblioteca universitária brasileira em 2010. *Ciência da Informação*, Brasília, v. 29, n. 1, p. 71-89, jan./abr. 2000. Disponível em: <http://revista.ibict.br/index.php/ciinf/article/view/269/237>. Acesso em: 05 dez. 2008.

FERREIRA, L. S. *Bibliotecas universitárias brasileiras*: análise de estruturas centralizadas e descentralizadas. São Paulo: Pioneira, 1992.

FONSECA, E. N. *Introdução à biblioteconomia*. São Paulo: Pioneira, 1992.

FUJITA, M. S. L. Aspectos evolutivos das bibliotecas universitárias em ambiente digital na perspectiva da rede de bibliotecas da UNESP. *Informação & Sociedade*, João Pessoa, v. 15, n. 2, p. 97-112, jul./dez. 2005. Disponível em: <http://www.cinform.ufba.br/vi_anais/docs/MariangelaFujita.pdf>. Acesso em: 14 nov. 2008.

GOLDENBER, M. *A arte de pesquisar*: como fazer pesquisa qualitativa em Ciências Sociais. 10. ed. Rio de Janeiro: Record, 2007.

LAKATOS, E. M.; MARCONI, M. A. *Técnicas de pesquisa*: planejamento e execução de pesquisas, amostragens e técnicas de pesquisas, análise e interpretação de dados. São Paulo: Atlas, 2007.

LANCASTER, F. W. *Avaliação de serviços de bibliotecas*. Brasília: Briquet de Lemos Livros, 1996.

LEITÃO, B. J. M. *Avaliação qualitativa e quantitativa numa biblioteca universitária*: grupos de foco. Niterói: Intertexto; Rio de Janeiro: Interciência, 2005.

LIMA, A. B. *Aproximação crítica à teoria dos estudos de usuários de biblioteca*. Londrina: EMBRAPA-CNPSo; Brasília: EMBRAPA-SPI, 1994. 94 p. (EMBRAPA-CNPSo. Documentos, 76; dissertação de mestrado apresentada à PUCCAMP).

LIMA, A. C.; BARROSO-HOFFMANN, M. Povos indígenas e Ações Afirmativas no Brasil. *Boletim PPCor*, n. 28, 2006. Disponível em: <http://www.acoesafirmativas.ufscar.br/arquivos/boletim-ppcor-programa-politicas-da-cor-na-educacao-brasileira-laboratorio-de-politicas-publicas>. Acesso em: 13 jan. 2009.

LITTON, G. *Arte e ciência da biblioteconomia*. São Paulo: McGraw-Hill, 1975.

MATTOS, A. L. O.; PINHEIRO, M. O perfil das novas bibliotecas escolares universitárias (bibliotecas mistas) nas instituições de ensino privado no estado de Santa Catarina. *Revista ACB*: Biblioteconomia em Santa Catarina, Florianópolis, v. 11, n. 1, p. 171-184, jan./jul. 2006. Disponível em: <http://www.acbsc.org.br/resvits/ojs/onclude/getdoc.php?id=639&articl e=177&mode=pdf>. Acesso em: 20 nov. 2008.

MEY, E. S. A. *Biblioteconomia envergonhada*. 2009. Disponível em: <http://www.ofaj.com.br/textos_conteudo.php?cod=264>. Acesso em: 27 jul. 2009.

MEY, E. S. A. et al. *Ética, etiqueta e cia*: rumos para o incentivo à leitura. 2008. Disponível em: <http://www.ofaj.com.br/textos_conteudo.php?cod=184>. Acesso em: 26 jul. 2009.

MILANESI, L. *O que é biblioteca*. São Paulo: Brasiliense, 1983.

MINAYO, M. C. S. (Org.). *Pesquisa social*: teoria, método e criatividade. 6. ed. Rio de Janeiro: Vozes, 1996.

NÚCLEO DE ESTUDOS AFRO-BRASILEIROS (NEAB-UFSCar). *Ações Afirmativas*: afirmando direitos, reconhecendo diferenças. São Carlos: NEAB-UFSCar, 2008.

PÁDUA, S. I. D.; CAZARINI, E. W.; INAMASU, R. Y. Modelagem organizacional: captura dos requisitos organizacionais no desenvolvimento de sistemas de informação. *Gestão & Produção*, São Carlos, v. 11, n. 2, p. 197-209, 2004.

RAPOSO, M. F. P.; SANTO, C. E. Biblioteca universitária proativa. *Revista Digital de Biblioteconomia*, v. 4, n. 1, p. 87-101, jul./dez. 2006. Disponível em: <http://server01.bc.unicamp.br/seer/ojs/include/getdoc.php?id=324&article=83&mode=pd>. Acesso em: 21 nov. 2008.

RODRIGUES, C. I.; WAWZYNIAK, J. V. *Inclusão e permanência de estudantes indígenas do Paraná*: reflexões. Disponível em: <http://www.acoesafirmativas.ufscar.br/arquivos/reflexoes-sobre-inclusao-e-permanencia-de-estudantes-indigenas-no-ensino-superior-publico-no-parana-por-isabel-cristina-rodrigues-e-joao-valentin-wawzyniak>. Acesso em: 03 fev. 2009.

SELLTIZ, C.; WRIGHTSMAN, L. S.; COOK, S. W. *Métodos de pesquisa nas relações sociais*. Tradução de Maria Martha Hübner D'Oliveira e Miriam Marinotti Del Rey. 2. ed. São Paulo: EPU, 1987. v. 1.

TARDÓN, E. La biblioteca electrónica universitaria: un modelo de gestión. *El Profissional de la Información*, Barcelona, v. 9, n. 6, p. 18-24, jun. 2000. Disponível em: <http://www.ingentaconnect.com/content/routledg/epri/2000/00000009/00000006/art00002>. Acesso em: 16 dez. 2008.

UNIVERSIDADE FEDERAL DE SÃO CARLOS (UFSCar). *Biblioteca Comunitária*: histórico. Disponível em: <http://www.bco.ufscar.br/bco/pag02.html>. Acesso em: 13 fev. 2009.

_____. *Comissão de Ações Afirmativas*: proposta de programa de Ações Afirmativas para a Universidade Federal de São Carlos. 2006. Disponível em: <http://www.acoesafirmativas.ufscar.br/arquivos/proposta-de-programa-de-acoes-afirmativas-para-a-ufscar-versao-final>. Acesso em: 09 jan. 2009.

_____. *Pró-Reitoria de Pesquisa*. Disponível em: <http://www2.ufscar.br/pesquisa/proreitoria.php>. Acesso em: 18 set. 2009.

Universalidade e particularidade: a compreensão dos valores universais e as Ações Afirmativas

Amanda Cristina Murgo
José Eduardo Marques Baioni

1. Contexto do estudo

No Brasil contemporâneo há uma defasagem de grande ordem no que se refere a questões sociais; as desigualdades são múltiplas e encontram-se no cotidiano de todo cidadão carente de recursos básicos, como educação formal, atendimento médico, emprego digno que lhe garanta a subsistência, condições ideais de moradia, alimentação, segurança, entre tantos outros.

As carências mais elementares para uma vida digna encontram-se pela periferia das grandes e pequenas cidades do País. O cidadão, que por princípio possui *direitos* assegurados pela Constituição, contraditoriamente se vê desamparado em vários campos da vida social, uma vez que essa mesma Constituição, que deveria assegurar aquilo que todo cidadão necessita, é ineficaz, isto é, não realiza seu papel de garantir ao cidadão condições mínimas para reencontrar sua *igualdade* e *dignidade*, bem como para desempenhar suas atividades familiares e sociais, para que possa, enfim, assegurar sua sobrevivência econômica e cultural na sociedade em que está inserido.

Dentro desse contexto social, entendemos que um dos fatores que fomentam o problema da desigualdade entre classes sociais é a atual conjuntura da educação pública de primeiro e segundo graus no Brasil. A baixa qualidade do ensino, a falta de investimentos públicos na área e a falta de condições de trabalho adequadas para o corpo docente, bem como sua baixa qualificação, culminam inevitavelmente com a privação de um direito fundamental a muitos dos jovens cidadãos brasileiros que estão em fase de formação educacional e cultural: o direito à educação pública e de qualidade, o que pode ser facilmente verificado pelo baixo número de alunos oriundos do ensino público de primeiro e segundo graus admitidos nas melhores universidades públicas do país.

Sabemos que isso se dá pela insuficiente preparação escolar do aluno da escola pública, uma vez que, não possuindo a mesma preparação escolar de alunos das redes particulares de ensino, voltadas exclusivamente a formar seus alunos para enfrentarem os processos seletivos (vestibulares) das diversas instituições públicas de ensino superior, encontram-se, em sua generalidade, despreparados para concorrer a essas vagas de forma igualitária. Ademais, os alunos oriundos das redes públicas de ensino fundamental e médio, por estarem em sua maioria também inseridos em um contexto social de carências, tais como as descritas inicialmente, de forma geral não possuem perspectivas de uma formação escolar de nível superior, pois necessitam trabalhar em tempo integral para auxiliar a salvaguardar o sustento de sua família e casa, sendo a universidade pública muitas vezes apenas um sonho inalcançável, um instrumento de qualificação profissional e de ascensão social do qual não se julgam dignos, considerando-a, apesar de ser "pública", um instrumento de qualificação apenas acessível às classes sociais mais privilegiadas.

Nesse sentido, nossa pesquisa teve por objetivo contribuir com reflexões para a efetividade da política de Ações Afirmativas, política essa adotada em nossa Universidade, que tem por objetivo principal contribuir, pelo método de *reserva de vagas*, para a minimização das desigualdades sociais histórica e culturalmente constituídas. O intento principal, portanto, consistiu em compreender como e se a reafirmação necessária das diferenças mencionadas *pode ser confrontada* com os valores e direitos universais que fundaram a moderna sociedade democrática e que se apresentam ainda hoje como socialmente desejáveis, visando à realização concreta de uma maior igualdade e justiça sociais. Assim sendo, a referida pesquisa teve por objetivo primordial *avaliar o quanto existe de harmonia e/ou tensão teórica e prática* entre a afirmação, de um lado, dos valores e direitos humanos universais e, de outro, das particularidades de grupos sociais e/ou étnicos que constituem as diferenças mesmas que legitimam as atuais Ações Afirmativas.

Finalmente, o objetivo desta pesquisa foi discutir se há ou não relevância para a política de Ações Afirmativas, no sentido de já começar a retraçar caminhos que remontem aos ideais de igualdade e justiça sociais de caráter universalista, desde há muito aspirados nas sociedades ocidentais modernas, tal como discutidos por filósofos na modernidade, como J.-J. Rousseau (cujo pensamento filosófico-político orientou em parte esta pesquisa), de modo que possamos, por meio de uma reflexão lúcida acerca dos problemas sociais que têm sua gênese concreta na falta de estrutura e atenção política à educação básica e pública, percorrer caminhos que auxiliem a concretização mais efetiva de tais ideais e, num sentido lato, principalmente no que se propôs esta pesquisa, que possamos pensar em políticas públicas que tenham em vista a concretização de uma universidade pública socialmente responsável: aquela que abriga e reconhece as *particularidades e diversidades étnico-culturais* da população que constitui nossa nação e não as rejeita em nome de uma *universalidade abstrata*, que pode até mesmo ser mobilizada em argumentos jurídicos formais e discursos de teor segregacionista.

2. Metodologia

Do ponto de vista *metodológico*, a pesquisa se desenvolveu em duplo registro:

1. Uma orientação *teórica* e *historiográfica* seguiu as diretrizes vigentes no campo das investigações filosóficas, ou seja, leitura crítica de obras filosóficas, fontes primárias e secundárias, com ênfase nas áreas de ética e filosofia política, que versou sobre a temática geral do projeto. Tomou-se por base partir da obra de

J.-J. Rousseau (1712-1778), em especial de duas obras fundamentais da filosofia política do autor, *Discurso sobre a origem e os fundamentos da desigualdade entre os homens* (1754) e *Do contrato social* (1762). O pensamento de Rousseau exposto nessas obras teve importante influência no movimento social que culminou com a reestruturação política da França, sendo que diversos traços de seu pensamento filosófico-político serviram de inspiração para a compilação dos diversos valores e princípios universais contidos na *Declaração dos Direitos do Homem e do Cidadão*, de 1789, cuja gênese histórica examinamos, assim como obras de história sobre o período das revoluções europeias.

2. Uma orientação de *investigação teórica*, no sentido de obter uma reflexão a partir das fontes filosóficas e do alcance político-social dos princípios estabelecidos na *Declaração dos Direitos do Homem e do Cidadão*, de 1789, e da *Declaração Universal dos Direitos Humanos*, de 1948, para servirem de subsídio para o estudo da tensão teórica e prática nos dias de hoje entre a afirmação e defesa das *particularidades*, necessárias à realização das Ações Afirmativas, e a compreensão da validade e atualidade dos valores e princípios *universais* dos direitos humanos e da cidadania política.

3. Resultados alcançados

3.1 Fontes filosóficas e históricas dos direitos universais do homem e do cidadão

O século XVIII caracteriza-se para a filosofia como um dos períodos de grande relevância para compreendermos os traços principais do pensamento ético-político e social do homem moderno. Tendo a Revolução Americana como gênese principal para a eclosão do período revolucionário ocidental, tal como nos aponta J. Godechot, uma fase histórica marcada por revoluções em toda a Europa, sendo a Revolução Francesa a mais relevante, delineia-se como um momento em que se manifesta um conflito peculiar ao homem desse período: a liberdade tolhida pela autoridade. Mais do que nunca, um momento propício configura-se frente ao pensamento do indivíduo que articula e almeja resolver teórica e praticamente tal embate e a partir de então passa a incluir a problematização do par antitético *liberdade* e *autoridade* nas ideias que constroem o pensamento ético-político do período moderno. J. Godechot afirma a respeito:

> A Revolução foi um esforço gigantesco dos habitantes do hemisfério ocidental para apressar a libertação do homem, a fim de que ele pudesse desfrutar de mais "felicidade" sobre a terra. Não foi em vão que Saint-Just pronunciou as célebres palavras: "A felicidade é uma ideia nova na Europa".[1]

É nessa conjuntura que vemos surgir a *Declaração da Independência* dos Estados Unidos (1776) e também a *Declaração dos Direitos do Homem e do Cidadão*, na França (1789), nas quais podemos verificar a ressonância teórica e a idealizada eficácia prática no pensamento ético-político contemporâneo, explicitamente verificável por meio dos termos em que foi redigida a *Declaração Universal dos Direitos Humanos*, promulgada pela ONU em 1948.

Sendo também o século XVIII um período fecundo para a filosofia, é de imensa relevância que se compreenda a influência efetiva do pensamento filosófico-político moderno nas ideias políticas do referido momento histórico. Nesse sentido, propusemos a análise das obras do grande filósofo de Genebra, Rousseau, de modo a compreendermos a gênese filosófica de princípios universais posta

---

[1] Godechot (1976, p. 265-266).

em questão por esse autor clássico do pensamento francês do século XVIII.² Nas conclusões gerais de seu trabalho acerca do período revolucionário entendido entre os anos de 1770 a 1799, o historiador J. Godechot deixa claro que as agitações decorrentes do período marcado pelas grandes revoluções instauraram no homem reflexões profundas:

> [...] o homem se libertava dos velhos conceitos, das antigas formas de pensamento. E a revolução intelectual, caracterizada pela expansão das "luzes", o êxito dos filósofos e de seus livros.³

A filosofia política rousseauniana possui elementos-chave que propiciaram o entendimento acerca dos conflitos sociais, políticos e até mesmo ético-morais que culminaram em um período revolucionário no qual o homem deixa registrado na História um itinerário de mudanças, caracterizado pela nova estruturação política que tem em vista a instituição de um Estado Republicano Moderno, onde a figura de um Rei Soberano é destituída para que vigore a *vontade geral do povo*, configurada pelo sistema republicano do governo político estatal e, principalmente, respeitando aquilo que constituiu no período moderno a principal referência para caracterizar a cidadania: o respeito aos direitos individuais e universais do homem. Ora, a obra de Rousseau, nesse contexto, deixa registrada na história claramente sua importância e influência, uma vez que, como já foi dito, instaura-se um momento em que a *liberdade* passa a fazer parte de maneira efetiva do pensamento e das aspirações do homem moderno. Acerca disso, Godechot assevera:

---

2   Apesar de termos examinado atentamente as obras de Rousseau acima mencionadas, em razão do limite de páginas deste capítulo deixaremos de apontar aqui as elaborações conceituais do autor que influenciaram a elaboração da Declaração de 1789.

3   Godechot (1976, p. 255).

Diante desses progressos, por que não poderia o homem libertar-se da tirania? Os "filósofos" exaltavam a liberdade. A busca dessa liberdade foi o objetivo da revolução política. Mas não poderia também se libertar da dominação dos ricos, estabelecendo para isso a igualdade? Alguns filósofos pensavam nisso. As primeiras tentativas de revolução social tiveram lugar entre 1770 e 1799.[4]

Por meio da compreensão do contexto filosófico-histórico da gênese histórica do estabelecimento dos princípios e valores universais, é possível analisarmos seus desdobramentos no decorrer do tempo, até a contemporaneidade, e verificarmos por fim qual a importância e necessidade que o homem contemporâneo ainda possui de ver afirmados, por meio de preceitos universais, os seus direitos individuais, de modo a compreendermos as controvérsias da sociedade atual no que concerne às limitações ético-políticas, para que tais direitos sejam assegurados.

O movimento revolucionário francês, e em sentido lato também podemos dizer ocidental, teve grande influência do período de revoluções iniciado pela Revolução Americana, que culminou com a independência das colônias inglesas na América. Em 1789, data oficial segundo o consenso dos historiadores do período, instaura-se o início da Revolução Francesa, 13 anos depois da *Declaração de Independência* norte-americana. Norberto Bobbio afirma: "Um grande historiador da Revolução, Georges Lefebvre, escreveu: 'Proclamando a liberdade, a igualdade e a soberania popular, a Declaração foi o atestado de óbito do Antigo Regime, destruído pela Revolução'".[5] No entanto, a *Declaração dos Direitos do Homem e do Cidadão* possui algo peculiar com relação à declaração americana: é universalista. Sobre esse aspecto, J. Godechot assevera:

---

4   Id. ibid., p. 255-256.
5   A Revolução Francesa e os direitos do homem (BOBBIO, 2004, p. 99).

> [...] há uma diferença bastante grande entre a Declaração Francesa dos direitos do homem e do cidadão, cuja redação terminou a 29 de agosto, e as declarações americanas. Essas últimas, mesmo a maior, a da Virgínia, continuavam individualistas [...]. Os deputados franceses, ao contrário, quiseram trabalhar pela humanidade. Desde 1789, a revolução francesa se distingue das que a precederam no ocidente por sua característica universalista. Com efeito, a declaração francesa é redigida em termos que se possa aplicar em todos os países, em todos os tempos. Ela é válida tanto para uma monarquia como para uma república. Ela é verdadeiramente universal, o que constitui sua grandeza e lhe garantiu seu prestígio.[6]

A universalização de direitos e princípios proposta pela Declaração francesa em 1789 atinge a partir de então um patamar certamente visível aos olhos do mundo ocidental, de modo a ecoar até à contemporaneidade, instaurando entre as épocas moderna e contemporânea um debate em que podemos identificar pontos claros de convergência, como a necessidade de afirmação e salvaguarda de princípios que garantam ao homem dignidade e igualdade de condições e também direito de divergir explicitado pelas diferentes conjunturas histórico-sociais e também pelo conflito recorrente ocasionado pela constante indagação acerca da efetividade de tais princípios e consciência social dos mesmos. Nesse sentido, a historiadora Lynn Hunt comenta:

> A longa lacuna na história dos direitos humanos, de sua formulação inicial nas revoluções americana e francesa até a Declaração Universal das Nações Unidas em 1948, faz qualquer um

---

6   A Declaração dos Direitos do Homem e do Cidadão (GODECHOT, 1976, p. 45).

parar para pensar. Os direitos não desapareceram nem no pensamento nem na ação, mas as discussões e os decretos agora ocorriam quase exclusivamente dentro de estruturas nacionais específicas.[7]

Os Direitos Universais certamente não poderiam desaparecer; como o próprio curso da História nos mostra, a necessidade de lembrar e reafirmar direitos de um modo geral surge em momentos em que há conflitos de grande ordem para a vida humana, conflitos que colocam em questão a própria condição e noção de "humanidade".

Ora, do século XVIII, caracterizado como o estopim dos movimentos revolucionários e do pensamento filosófico voltado às questões de seu tempo, que culminaram em declarações que tinham em vista salvaguardar a dignidade de condições do homem, estende-se para meados do século XX uma nova reflexão pós-guerra. Nasce daí a *Declaração Universal dos Direitos Humanos*, de 1948.

Quando há a necessidade, para o homem, de instaurar no curso de sua própria história um desejo de mudança, a manifestação de um descontentamento e, principalmente, a aspiração definitiva de assegurar efetivamente que haja respeito e condições suficientes para o restabelecimento geral das condições de *dignidade humana*, reúnem-se essas aspirações sob a forma de uma *Declaração*. É importante notar que tal como a Declaração Universal dos Direitos do Homem e do Cidadão, de 1789, a Declaração Universal dos Direitos Humanos de 1948 expõe também em um preâmbulo os motivos pelos quais era necessário reafirmar essa noção de Direitos Universais do Homem, iniciada desde há muito, pelo menos no que concerne à sua integração nas constituições políticas das modernas nações europeias e americanas. Mais de um século e meio depois dos movimentos revolucionários americano e europeu, nos quais o desejo pela *liberdade* era latente, e, também, que era necessário romper com uma conjuntura político-econômica cerceadora da *liberdade* e até mesmo da

---

7 A força maleável da humanidade (HUNT, 2009, p. 177).

igualdade, que assinalava tantos desequilíbrios sociais e que relegava o povo à miséria em detrimento da riqueza e exploração de poucos, temos então uma necessidade de reafirmação de direitos, que tinha em vista considerar universalmente a condição *humana* dos indivíduos. Bobbio, quando se refere aos *direitos do homem hoje*, reafirma o que foi posto até agora, no que concerne a considerar de maneira universal a condição humana, efeito consequente e duradouro do movimento revolucionário do século XVIII:

> É verdade que a ideia da universalidade da natureza humana é antiga, apesar de ter surgido na história do Ocidente com o cristianismo. Mas a transformação dessa ideia filosófica da universalidade da natureza humana em instituição política (e nesse sentido podemos falar em "invenção"), ou seja, em um modo diferente e de certa maneira revolucionário de regular as relações entre governantes e governados, acontece somente na Idade Moderna através do jusnaturalismo e encontra sua primeira expressão politicamente relevante nas declarações de direitos do fim do século XVIII.[8]

Apesar disso, se a Declaração francesa em seu preâmbulo afirma que "*a ignorância, a negligência ou o menosprezo dos direitos do homem são as únicas causas dos males públicos e da corrupção governamental*", não era mais possível que o homem ignorasse a noção desses direitos, tal como Hunt afirma, uma vez que já eram desde há muito do conhecimento do homem aqueles princípios contidos na *Declaração* do já findo século XVIII. Ora, se são do conhecimento do homem a noção e princípios que asseguram a ele direitos que tenham em vista o respeito à condição humana, então a Declaração de 1948 se faz necessária porque o lugar da consciência do dever de res-

---

8   Os Direitos do Homem Hoje (BOBBIO, 2004, p. 222).

peitar esses direitos é substituído e usurpado pelo efetivo desrespeito constante a eles, tal como é posto em um trecho do preâmbulo da Declaração de 1948, quando ela justifica sua necessidade tendo em vista que "*o desrespeito e o desprezo pelos direitos humanos têm resultado em atos bárbaros que ofenderam a consciência da humanidade*".

Infelizmente, o destino da última declaração universalista dos direitos do homem não tomou rumos tão distintos das que a precederam e a originaram cerca de um século e meio antes. São comuns as contradições e tensões no que se refere ao cumprimento daqueles artigos contidos na *Declaração* proclamada pelas Nações Unidas, ou seja, apesar do asseguramento de direitos em âmbito universal, pelo menos como princípio jurídico-político desejável de ser instituído em todas as constituições democráticas, o que temos é o *desrespeito* e o *desprezo* desses mesmos direitos na prática efetiva e cotidiana de vários governos autoritários e despóticos, quando não apenas aparentemente democráticos. De certo modo, pode-se pensar em uma dificuldade acerca da preservação e legitimidade de tais direitos, justamente por trazerem sempre essas contradições e tensões quando se está agindo no plano da efetividade. No entanto, é importante que, tal como Hunt afirma, tenhamos sempre em vista a seguinte questão quando se trata de analisar e pensar medidas que solucionem o problema posto.

> As declarações – em 1776, 1789 e 1948 – providenciaram uma pedra de toque para esses direitos da humanidade, recorrendo ao senso do que "não é mais aceitável" e ajudando, por sua vez, a tornar as violações ainda mais inadmissíveis. O processo tinha e tem em si uma inegável circularidade: conhecemos o significado dos direitos humanos porque nos afligimos quando são violados. As verdades dos direitos humanos talvez

sejam paradoxais nesse sentido, mas apesar disso ainda são autoevidentes.[9]

Entendemos que é sob esse aspecto que devemos ter em vista a problemática das controvérsias entre possuir um direito e garantir meios para que ele seja assegurado.

3.2 Universalidade e particularidade nas Ações Afirmativas hoje

Voltamos aqui à questão posta desde o início deste capítulo: tendo em vista que no Brasil há desigualdades múltiplas e de grande ordem, desigualdades sociais, étnicas, econômicas e especialmente desigualdades de condições educacionais, entendemos ser necessário e, também, um dever de cada cidadão contribuir para que sejam atenuados ou minimizados os problemas dessa ordem, tendo em vista, como exposto por Hunt, que as violações de direitos inevitavelmente causam aflição e prejuízos e devem por esse mesmo motivo ser evitadas e combatidas para que haja efetivamente maiores condições de igualdade.

Tendo em vista essa problemática acerca da tensão de assegurar os direitos ditos universais dos homens, agindo nesse sentido contra tudo o que possa vir a contribuir para tantas discrepâncias sociais, é necessário observar o intento da política de Ações Afirmativas, meio pelo qual alunos oriundos de condições socioeconômicas deficitárias e até mesmo condições históricas de discriminação étnico-social têm a oportunidade de efetivar seu ingresso em instituições de ensino superior públicas. Sabemos que os grupos aos quais as Ações Afirmativas são voltados são grupos inseridos na sociedade brasileira carentes de recursos básicos, que deveriam ser assegurados pelo cumprimento dos direitos sociais reservados a todos pela Constituição nacional, regulamentada jurídica e poli-

---

9   Os limites da empatia (HUNT, 2009, p. 226).

ticamente por meio de ações de estado empreendidas pelos órgãos do poder executivo.

O princípio da *universalidade* considera que deve haver uma igualdade quando se pensa no âmbito da *humanidade*, ou seja, a condição *humana* é o ponto de convergência entre os indivíduos que compõem uma sociedade e nela devem agir tendo em vista o cumprimento de seus deveres e o asseguramento de seus direitos.

A política de Ações Afirmativas, no entanto, vem nos mostrar as controvérsias que pode gerar uma noção de *universalidade abstrata*, a qual pode ser deturpada a ponto de servir a discursos segregacionistas, uma vez que o princípio da universalidade é utilizado como um pressuposto legal para intensificar as diferenças e desigualdades, que culminam não raro com a desfiguração da própria condição digna de um ser humano, pois se baseiam no pressuposto abstrato e limitado de que todos, sendo iguais entre si por natureza, têm também condições igualitárias de acesso a quaisquer recursos. Sabemos, no entanto, que embora se deva, por um lado, considerar a igualdade de acesso a quaisquer recursos necessários para o desenvolvimento intelectual, econômico e social como um fim ao qual devam tender todos os cidadãos, por outro lado não se pode opor a *igualdade* à *diferença*, uma vez que há uma divergência muito bem delineada entre uns e outros, que acreditamos ser a *diferença de oportunidades* resultantes das deficiências socioeconômicas historicamente constituídas.

Reconhecer as *particularidades e diversidades humanas* que o curso da história produziu e as estruturas vigentes nas sociedades, nas quais se encontram desigualdades de todas as ordens, é um indicador de que é preciso um princípio orientador que permita restituir ao cidadão aquilo que as políticas *universalistas* não têm tido êxito em assegurar. Quando pensamos em políticas de valorização da diferença e das particularidades, devemos entender que estas são apenas ações que se situam no final de um longo processo: o processo de frustração da *universalização* de direitos. Se assim fosse, não haveria, pois, a necessidade de políticas particularistas se as políticas universalistas vigessem sem tensão e no sentido de promover uma maior justiça distributiva no que concerne ao acesso aos bens educacionais e culturais públicos promovidos pelo Estado. Isso nos faz refletir que, no limite, temos presentemente como que uma "perda da aspiração" ao *universal*, justamente pelas enormes diferenças e diversidades de ordem educacional e cultural de nossa população, para não nos referimos às diferenças de ordem econômica e política, para a concretização da *universalidade*.

Devemos ressaltar ainda que, apesar da aparente contradição, dada a atual conjuntura econômica e social do País, a tão almejada *universalidade de condições e direitos* só pode ser concretizada se entrarem em exercício pleno ações políticas *particularistas*, uma vez que não se pode abrir mão do reconhecimento das diferenças e diversidades (particularismos), para que, enfim, se possa estabelecer uma noção mais lúcida e justa de igualdade social, que então compreenda um aspecto da *universalidade* num âmbito mais amplo e plural, se adote a compreensão do princípio da universalidade de maneira mais efetiva, histórica e culturalmente, relacionando-o a humanidade. Humanidade cujo significado inclui tanto a diversidade de modos de ser e viver próprios a cada comunidade como a particularidade de cada indivíduo.

Tal como os princípios contidos nas Declarações de Direitos célebres da História, aspirados por cidadãos de todo o mundo, acreditamos que a aspiração pelo reconhecimento dessa nova concepção de *igualdade* deve ter início a partir da educação. Nesse sentido, as universidades públicas brasileiras, instituições que possuem a maior relevância para o desenvolvimento do País, por meio dos investimentos em ensino, pesquisas científicas e, principalmente, pela oportunidade ímpar que possuem de colocar os corpos docente e discente em contato contínuo, entrelaçados por meio de tantos saberes e novas descobertas científicas, certamente devem ser o local ideal para a compreensão da necessidade de reconhecer tais diferenças e diversidades, respeitá-las com vistas a assegurar meios para que o diverso se estabeleça sem discriminações e, principalmente, para que a partir do próprio ambiente universitário público se coloquem em prática as Ações Afirmativas, visando contribuir para minimizar gradativamente, até que sejam sanadas em sua totalidade, as deficiências sociais que são fruto das ações históricas e dos meios econômicos e culturais que deram e dão origem à exclusão social. Noutros termos, o horizonte de realização das Ações Afirmativas parece ser a transformação mais particular das diferenças sociais atualmente existentes, sem no entanto perder de vista a dimensão universalista que orienta desde o início da modernidade os ideais éticos e políticos da sociedade democrática contemporânea.

Nesse sentido, vejamos uma passagem de Petronilha Beatriz Gonçalves e Silva, que nos esclarece a importância da política de Ações Afirmativas, bem como o que as universidades devem ter em vista, reiterando o que foi dito acima acerca do papel da universidade pública:

> É importante ter claro, quando a universidade brasileira se propõe a adotar um plano de Ações Afirmativas, que não se encontra tão somente buscando corrigir erros de 500 anos de colonialismo, escravidão, extermínio de povos indígenas e negros, de tentativas de extinção de suas concepções, crenças, atitudes, conhecimentos mais peculiares. Está, isso sim, reconhecendo que, apesar dos pesares, muitos deles não foram extintos e precisam ser valorizados, *reconhecidos não como exóticos, mas como indispensáveis para o fortalecimento político desses grupos, bem como o fortalecimento político e acadêmico da universidade.*[10]

É importante ressaltar que as Ações Afirmativas são voltadas para o público negro, o indígena e também os oriundos de escolas públicas e que elas voltam-se não no sentido simplista de uma política meramente assistencialista, mas sim no sentido de *reconhecer* a

---

10   Silva (2003, p. 43).

importância do papel social e cultural desses grupos na constituição de nossa nação e também no meio universitário/acadêmico, e, mais, reconhecer a própria condição de cidadania desses grupos até então esquecidos pelas políticas públicas, os quais, em função das defasagens sociais, nem sempre são considerados com a devida perspectiva de inserção social. Admitir que sejam necessárias políticas particularistas como a de Ações Afirmativas deve ser antes um exercício de consciência social e cidadã, pois quando esse tema vem à discussão, o pensamento e a reflexão devem reportar-se diretamente às questões anteriores à necessidade de políticas particularistas, o que quer dizer, em outros termos, que se constatam inevitavelmente as tensões da efetividade das políticas e dos direitos ditos *universais*.

Agir de forma cidadã, portanto, é, além de buscar a efetividade de direitos (nesse caso, direitos educacionais) de alguns grupos particulares, saber reconhecer criticamente os motivos pelos quais essa busca se faz necessária como etapa mesma de um percurso que se orienta para uma universalidade pluralista. Finalmente, agir de forma cidadã, além dessa compreensão do contexto geral das problemáticas envolvidas, é também *reconhecer* e *afirmar* o direito de cidadania do outro, encarando, como no caso das Ações Afirmativas, a condição do negro, do indígena e dos alunos defasados educacionalmente, oriundos das escolas públicas – a defasagem social em que perderam tanto e ainda perdem, dadas suas condições de diferenças e carências educacionais, econômicas e políticas, não pode ser motivo de aceitação dessa condição.

Referências

BOBBIO, N. *Teoria geral da política*: a filosofia política e as lições dos clássicos. Tradução de Daniela Beccaccia Versiani. Rio de Janeiro: Campus, 2000.

_____. *A era dos direitos*. Apresentação de Celso Lafer; tradução de Carlos Nelson Coutinho. Rio de Janeiro: Campus; Elsevier, 2004.

BOBBIO, N.; BOVERO, M. *Sociedade e Estado na filosofia política moderna*. Tradução de Carlos Nelson Coutinho. São Paulo: Brasiliense, 1996.

GODECHOT, J. *As Revoluções 1770-1799*. Tradução de Erothildes Milan Barros da Rocha. São Paulo: Pioneira, 1976. (Nova Clio).

GOYARD-FABRE, S. *Os princípios filosóficos do direito político moderno*. Tradução de Irene A. Paternost. São Paulo: Martins Fontes, 2002.

GRIMSLEY, R. *La filosofía de Rousseau*. Tradução espanhola de Josefina Rubio. Madri: Alianza, 1988.

HAMPSON, N. *A primeira revolução europeia 1776-1815*. Tradução de Ana Maria Coelho de Sousa. Lisboa: Verbo, 1969.

HUNT, L. *A invenção dos direitos humanos*: uma história. Tradução de Rosaura Eichenberg. São Paulo: Companhia das Letras, 2009.

MACHADO, L. G. *Homem e sociedade na teoria política de Jean-Jacques Rousseau*. São Paulo: Livraria Martins; EDUSP, 1968.

MAZZUOLI, V. O. Direitos humanos, cidadania e educação. Uma nova concepção introduzida pela Constituição Federal de 1988. *Jus Navigandi*, Teresina, ano 5, n. 51, out. 2001. Disponível em: <http://jus2.uol.com.br/doutrina/texto.asp?id=2074>. Acesso em: 12 set. 2008.

MONDOLFO, R. *Rousseau y la conciencia moderna*. 2. ed. Buenos Aires: Eudeba, 1962.

NASCIMENTO, M. M. *Opinião pública e revolução*: aspectos do discurso político na França revolucionária. São Paulo: EDUSP; Nova Stella, 1989.

ROUSSEAU, J.-J. *Do contrato social*: discurso sobre a origem e os fundamentos da desigualdade entre os homens. Discurso sobre as ciências e as artes. Tradução de Lourdes Gomes Machado; prefácios e notas de Paul Arbousse-Bastide e Lourival Gomes Machado. São Paulo: Abril Cultural, 1978. (Os Pensadores).

_____. *Discurso sobre a origem e os fundamentos da desigualdade entre os homens*. Apresentação e comentários de Jean-François Braunstein. Tradução de Iracema Gomes Soares e Maria Cristina Roveri Nagle. Brasília: Editora UnB, 1985.

SALINAS FORTES, L. R. *Rousseau*: da teoria à prática. São Paulo: Ática, 1976.

SCHNEEWIND, J. B. *A invenção da autonomia*: uma história da filosofia moral moderna. Tradução de Magda França Lopes. São Leopoldo: Editora UNISINOS, 2001.

SILVA, P. B. G. Negros na universidade e produção do conhecimento. In: SILVA, P. B. G.; SILVÉRIO, V. R. (Org.). *Educação e Ações Afirmativas*: entre a injustiça simbólica e a injustiça econômica. Brasília: INEP, 2003.

STAROBINSKI, J. Jean-Jacques Rousseau. In: BELAVAL, Y. (Dir.). *Historia de la filosofía*. v. 6: racionalismo, empirismo, ilustración. 2. ed. Tradução de I. Gómez Romero, J. Sanz Guijarro, P. Velasco Martínez; revisão e bibliografia por Eduardo Bustos. Madri; México: Siglo XXI, 1977. p. 313-336.

_____. *Jean-Jacques Rousseau*: a transparência e o obstáculo. Tradução de Maria Lúcia Machado. São Paulo: Companhia das Letras, 1991.

WEFFORT, F. (Dir.). *Os clássicos da política*. São Paulo, Ática, 2003. 2 v.

A concepção de Foucault sobre as relações de poder: a guerra como essência das relações de força e a forma jurídica como instrumento nas Ações Afirmativas*

David Ferreira Camargo
Débora Cristina Morato Pinto

O poder é responsável pela constituição do indivíduo, ou seja, é pelas relações de poder que o indivíduo se situa na sociedade. O poder tem uma íntima ligação com o saber e é por meio desse complexo que o indivíduo irá ocupar um determinado grupo social ou se posicionar nele, no qual seus interesses serão colocados em questão de acordo com a "autoridade" de seu saber, e, por consequência, o poder em que esse saber está envolvido. Esse saber específico que cada indivíduo pode obter é responsável pela manutenção da sociedade contemporânea. Não se pode reduzir o poder apenas à proibição ou à limitação de liberdade do indivíduo, o poder deve ser interpretado como uma relação capaz de organizar a vida social por meio de políticas pedagógicas e disciplinares. Gérard Lebrun interpreta a concepção de Michel Foucault:

> Deixaremos, então, de representar o poder como uma instância *estranha* ao corpo social e de opor o poder ao indivíduo. Afinal de contas, ainda é muito tranquilizante interpretar o poder apenas como um puro limite imposto à liberdade.[1]

---

* O presente capítulo é naturalmente dividido em dois momentos: o primeiro é o esclarecimento do pensamento foucaultiano sobre as relações de poder e a guerra como seu princípio essencial; o segundo momento consiste em apresentar a hipótese da utilização da forma jurídica como instrumento de luta nas Ações Afirmativas.

1 Lebrun (1983, p. 20).

Dessa maneira, o poder não pode ser definido como uma simples relação entre, de um lado, o dominante e, de outro, o dominado, mas como um agente que se forma e opera nas relações de conhecimento entre os indivíduos.

As relações de poder estão necessariamente presentes nas práticas sociais. Embora ainda não se tenha uma precisão quanto aos limites e às influências nas quais essas práticas estão envolvidas, há grande certeza de que não se pode estar fora das relações de poder. Lebrun esclarece acerca do poder: "É o nome atribuído a um conjunto de relações que formigam por toda a parte na espessura do corpo social (poder pedagógico, pátrio poder, poder policial, poder do contramestre, poder do psicanalista, poder do padre, etc.)".[2] Nesse caso, o poder não se restringe somente ao âmbito político ou estatal: as relações de poder, aparentemente escondidas, se encontram nas relações comuns e cotidianas; nas relações de conhecimento, no intercurso sexual, nas instituições em geral.

Ao ler os autores clássicos, entende-se que o poder é atribuído àquelas formas que têm como propriedade a capacidade de fazer cumprir, organizar, corrigir, proteger. Resumidamente, o poder remete a um exercício. Entretanto, o poder é muito mais que uma pura definição universal, pois há uma complexidade heterogênea nas relações, nos próprios fatos, isto é, o poder é relação entre pessoas.

Na filosofia política moderna, muitos filósofos discorreram sobre a questão do poder. Pode-se observar que, desde Hobbes, atribui-se o poder ao Estado, cuja administração e o controle são autorizados mediante um *acordo* entre os homens.

Para Hobbes, o Estado é "uma pessoa de cujos atos uma grande multidão, mediante pactos recíprocos uns com os outros," institui-se "de modo a ela poder usar a força e os recursos de todos".[3] O Estado pensado por Hobbes admite uma amplitude que abrange tanto o absolutismo quanto a democracia, pois quem o representa pode ser uma única pessoa (o soberano, o príncipe) ou uma assem-

---

2   Id. ibid., p. 20-21.
3   Hobbes (1974, p. 110).

bleia. O Estado, então, é uma forma que detém o poder, autorizado pelos homens a orquestrar sua vida, normalizar ou corrigir suas atitudes. Isso tudo para que as vontades, as paixões e as ideologias dos homens de espíritos diferentes não entrem em conflito entre si e, assim, o convívio social possa ser harmonizado por uma vontade comum, a do Estado.

Poder-se-ia dizer muitas coisas mais sobre o pensamento clássico relativo ao poder. Todavia outro conceito de poder surge a partir das pesquisas de Michel Foucault, que extrapolará o antigo (isso não quer dizer que o invalida, ou que o negligencie). Esse novo conceito de poder foi expandido no âmbito político e social, ou melhor, um poder pensado "além" do Estado. Foucault diz que foi possível pensar o poder à sua maneira "a partir das lutas cotidianas e realizadas na base com aqueles que tinham que se debater nas malhas mais finas da rede do poder".[4] Essa teoria do poder mostrada pelo filósofo só foi possível na medida em que ele se pôs a investigar para além das evidências apresentadas nos discursos da modernidade. Mediante as pesquisas que analisariam os saberes, a história (delimitada em alguns objetos, por exemplo, *O nascimento da clínica*), os testemunhos de pessoas envolvidas e passivas dos procedimentos das instituições, Foucault parte para a apresentação de uma teoria do poder após seus primeiros trabalhos. O que os estudos arqueológicos deixaram claro é que teoria e prática são produzidas concomitantemente. Isso quer dizer que sua teoria do poder foi construída a partir de formas discursivas e não discursivas; a teoria e a prática engendram novas teorias e novas práticas. Dessa maneira, o poder que Foucault concebe não é aquele do Estado, que vem de cima para baixo, mas um poder que surge a partir de "suas bases", das relações do poder que se tornam mais evidentes de baixo para cima. Não um poder de consciência única, de onisciência, mas um poder que se mistura e se relaciona em todo corpo social, e, de certa maneira, esse poder é contingente e imprevisível.

---

4 Foucault (1992, p. 6).

Roberto Machado defende que é um equívoco atribuir à concepção do poder em Foucault uma teoria global, "o que significa dizer que suas análises não consideram o poder como uma realidade que possua uma natureza, uma essência que procuraria definir por suas características universais".[5]

Por outro lado, Gilles Deleuze interpreta os resultados a que Foucault chega e explica como funcionam as relações de poder. O exercício do poder é feito por meio de relações de forças. Há as forças que *afetam*, isto é, que se exercem ao incitar, suscitar, produzir, influenciar. Além de forças que afetam, há forças que *são afetadas*, essas são passivas em relação ao primeiro tipo de força, ou seja, são incitadas, são suscitadas, são produzidas, são influenciadas. Nas palavras de Deleuze,

> o poder de ser afetado é como uma matéria da força e o poder da afetar é como uma *função* da força. Só que se trata de uma pura função, isto é, uma função não formalizada, tomada independentemente das formas concretas em que ela se encarna, dos objetivos que satisfaz e dos meios que emprega: física da ação, é uma física da ação abstrata.[6]

Deve-se atentar para não confundir a força no sentido físico, mas entender a força como algo capaz de afetar abstratamente. A força age sempre em relação com outras forças, ela nunca é singular, de modo que a força já é uma relação. "O poder é uma relação de forças, ou melhor, toda relação de forças é uma relação de poder".[7] As relações de poder são uma interação entre as forças; são funções que afetam o indivíduo, isto é, o poder não está em alguma coisa, mas o poder é efetivamente as relações entre as forças. Em outras

---

5   Id. ibid.
6   Deleuze (2005, p. 79-80).
7   Foucault (1986, p. 78).

palavras, o poder não está em algo, mas é exercido por algo: o exercício da intersubjetividade entre indivíduos.

Para Foucault, o modelo de poder soberano ou qualquer forma de poder é uma maneira de pensar como funciona o poder global e sistemático. Entretanto, para ele, o poder se manifesta de uma maneira muito particular e local; as relações de poder são imprevisíveis e muito particulares. Deve-se, pelo contrário, pensar o poder não de uma maneira geral, nem atribuir às formas a detenção do poder, é preciso pensá-lo como uma relação específica que se manifesta por meio de exercícios dos diferentes tipos de saberes que se articulam e que entram numa relação de forças.

Podem-se contrastar essas considerações também com a noção de potência de Aristóteles, isto é, a potência é o *poder* que uma coisa tem de provocar uma mudança noutra coisa. Assim o poder, para Foucault, não é como para Aristóteles; o poder no sentido foucaultiano se trata apenas de forças e não pertence a uma *coisa*, não está em nenhum ente, em um lugar. Por isso, para Foucault, sobre o poder não se pode afirmar que pertence ao Estado (interpretado com a figura de um príncipe que detém o poder); nada detém o poder, ao contrário, o poder "está" na relação entre as forças.

Foucault se contrapõe à concepção marxista, que reduz o poder a uma funcionalidade do econômico: "o poder teria essencialmente como papel manter relações de produção e reproduzir uma dominação de classe que o desenvolvimento e uma modalidade própria da apropriação das forças produtivas tornaram possíveis".[8] Ora, se se aceita o poder como um exercício, jamais se encontrará sua essência na riqueza ou em qualquer materialidade. Consequentemente, considerando a visão foucaultiana, o poder não está restrito à economia.[9]

O poder como forma de repressão foi definido por Hegel, por Freud e por Reich. Assim, Foucault, em suas investigações

---

8   Id. (1992, p. 174-175).
9   Aqui não se pretende fazer uma crítica ao marxismo, mas somente apontar a visão foucaultiana. Nosso objetivo é, no entanto, a compreensão da impossibilidade de atribuir o poder a apenas uma forma científica ou epistêmica.

em instituições como a penitenciária e até mesmo a clínica e o manicômio, teve como ponto inicial e primeira hipótese o poder como repressão. Entretanto, uma segunda hipótese aparece em *Vigiar e punir*, pois as análises vão além da simples repressão, visto que o adestramento dos corpos é um saber que, além de manter a normalização disciplinar, é uma maneira de produção eficiente. O adestramento e a disciplina, que fazem parte da arte da guerra, são análogos à segunda hipótese, isto é, o poder é guerra. Segundo Foucault,

> é possível que a guerra como estratégia seja a continuação da política. Mas não se deve esquecer que a "política" foi concebida como a continuação senão exata e diretamente da guerra pelo menos do modelo militar como meio fundamental para prevenir o distúrbio civil.[10]

Essas duas hipóteses são articuladas, e como resultado tem-se não mais o poder no modelo do direito político dos discursos dos séculos XVII e XVIII, isto é, "contrato-opressão", ou uma teoria de que o poder é uma ferramenta econômica, mas que o poder é uma relação de forças, assim como se estabelece na guerra. "A repressão seria a prática, no interior dessa pseudopaz, de uma relação perpétua de força".[11] Dessa maneira, pode-se analisar o poder segundo um esquema "guerra-repressão".

Foucault não faz mais do que inverter o aforismo de Carl Von Clausewitz, segundo o qual "a guerra não é mais que a continuação da política por outros meios". Na perspectiva de Foucault, "a política é a guerra continuada por outros meios".[12]

Para Foucault, a essência do poder está na estratégia, isto é, se o poder não está nas formas (instituições ou saberes), forças são

---

10 Foucault (1992, p. 151).
11 Id. ibid., p. 177.
12 Id. (1999, p. 22).

articuladas para que o seu discurso seja verdadeiro. Em *História da loucura*, Foucault fala sobre o surgimento dos asilos e mostra como o discurso sobre o tratamento do louco pôde ser autorizado pela sociedade do século XVIII. Mas o que faz o homem ser considerado louco? Se a essência do homem é ser racional, o louco no século XIX nada mais era que a alienação da razão; a alienação da Verdade, da Moral, da própria Natureza. Por isso, a loucura era considerada como um mal à natureza humana. Argumentava-se que a causa da loucura eram os efeitos que a própria sociedade produzia no indivíduo, assim o *Retiro* seria o melhor remédio para o louco:

> É por conduzir a loucura a uma verdade que é ao mesmo tempo verdade da loucura e verdade do homem, a uma natureza que é natureza da doença e natureza serena do mundo que o *Retiro* recebe seu poder de curar.[13]

O *Retiro* cumpriria um duplo papel ao "curar" o louco. Devolve ao indivíduo louco a capacidade de viver de maneira dócil na sociedade e, também, isola do convívio social aquele que está alienado de sua natureza racional.

O discurso sobre a loucura no século XVIII (que se estendeu até o século XIX) impôs-se como verdade. O saber psiquiátrico passou a ser exercido como discurso verdadeiro e com práticas que funcionavam. O saber sobre a loucura, a legitimação do saber pelo direito, a autorização da família e, enfim, a confiança depositada no tratamento pelo próprio louco se articulam com outras forças que permitem dar continuidade às práticas psiquiátricas. Dessa maneira, a obra *História da loucura* colabora para observar o "funcionamento geral das engrenagens do poder", e isso também se observa em *O nascimento da clínica* e em *Vigiar e punir*.

Em *Vigiar e punir*, Foucault aponta o modelo militar de produzir subjetividade de maneira positiva. O adestramento do soldado

---

13   Id. (1978, p. 471).

como forma de controle de seu corpo e que ao mesmo tempo o utiliza como arma nos campos de batalha. Analogamente, a sociedade caminha segundo um modelo de cidadão que é transmitido pelos diferentes tipos de saberes, ou seja, todos se comportam previsivelmente de acordo com a lei ou a autoridade de uma instituição, ou de um saber capaz de influenciar. Todos os saberes somam forças para que produzam a subjetividade do indivíduo da mesma maneira que a disciplina militar produz o corpo e a mente do soldado.

> O soldado tornou-se algo que se fabrica; de uma massa informe, de um corpo inapto, fez-se a máquina de que se precisa; corrigiram aos poucos as posturas; lentamente uma coação calculada percorre cada parte do corpo, se assenhoreia dele, dobra o conjunto, torna-o perpetuamente disponível e se prolonga, em silêncio, no automatismo dos hábitos.[14]

As formas (como a Psiquiatria, a família, a Medicina, a Pedagogia) se dividem em todo corpo social e cumprem um papel disciplinar, fazendo com que todo indivíduo busque a normalidade, a paz e a tranquilidade.

Há um complexo entre o saber e o poder. Entretanto, deve-se atentar para não se equivocar quanto à pretensão de localizar o poder em um saber, pois as relações de poder são imprevisíveis como saber quem será o vencedor de uma guerra, mas a articulação dos saberes é fundamental para o exercício do poder, assim como um exército bem adestrado e bem armado caminha para a vitória. Os saberes, por sua vez, cumprem um papel de atualizar, modificar ou inverter as relações de poder (lutas, resistências), mas isso não quer dizer que o saber vá conter uma força previsível e que o indivíduo que detém um saber irá deter necessariamente o poder. Deleuze explica como se dá a relação poder-saber:

---

14 Id. (1986, p. 125).

Mesmo o saber da Natureza e, sobretudo, a transposição de um limiar de cientificidade remetem a relações de força entre os homens, mas que se atualizam elas próprias sob esta forma: o conhecimento nunca remete a um sujeito que seria livre face a um diagrama de poder, mas este nunca é livre face aos saberes que o atualizam.[15]

Dessa maneira, nenhum tipo de forma pode obter o poder. Mas Deleuze diz que é necessário que exista o governo, isto é, "o poder de afetar sob todos os aspectos (governar crianças, as almas, os doentes, uma família)", e o governo implica um saber, um saber governar. Assim, no complexo saber-poder, apesar de possuírem naturezas diferentes, eles se articulam de maneira que as relações de poder são estratégias e os saberes são constituídos de técnicas para afetar.

Analogamente à estratégia, o poder pode ser compreendido como as relações que indivíduos têm entre si, e a direção em que apontam os efeitos do poder depende da articulação dos saberes. A força desses saberes dependerá de sua autoridade enquanto considerada como discurso verdadeiro.

A forma jurídica como instrumento de luta nas Ações Afirmativas

Foucault descarta o modelo jurídico de soberania, isto é, aquela concepção hobbesiana segundo a qual o indivíduo é entendido como sujeito que possui direitos naturais ou poderes primitivos. Ao contrário, a nova concepção de poder é entendida e realizada na própria relação entre sujeitos e não depende da sua constituição natural, mas apenas na medida em que o exercício do poder é feito de um indivíduo sobre o outro. Esse exercício é realizado por força de um saber detido por esse indivíduo, saberes que contêm uma

---
15 Deleuze (2005, p. 82-83).

verdade garantida por direito. A ciência [ou saber] articulada com as formas jurídicas permite o exercício do poder de um indivíduo sobre o outro. Dessa maneira, podemos entender a política como uma extensão da guerra, e que os saberes funcionam como armas no combate pelo direito de um indivíduo sobre o outro no meio social.

O Estado é a forma institucional pela qual as relações de forças são articuladas. Assim, o poder é exercido não por ele, mas por todos os indivíduos que utilizam o saber como meio de coagir outros indivíduos. Os saberes são, portanto, o caminho para que se exerça o poder. Mas isso não quer dizer que aquele indivíduo que ainda não detém um saber reconhecido juridicamente (como o saber do médico, ou o saber do advogado, ou até o saber paternal) está condenado a ser alvo do exercício do poder, ou seja, não é por que o indivíduo ainda não possui um saber reconhecido ou participante ativo nas relações de força que ele sempre sofrerá os danos e prejuízos consequentes das relações de poder. A conquista de um saber, principalmente na sociedade contemporânea, pode ser efetivamente realizada. A partir da conquista de um determinado saber é que o indivíduo deixa de ser subjugado e passa a ter o seu espaço na luta contra a coação de outros indivíduos. Deve-se, portanto, estudar de que maneira esses saberes podem ser articulados para que não haja uma resignação de indivíduos por culpa dos efeitos do poder. Junto a isso, Foucault diz:

> [...] em vez de buscar a forma única [o poder do Estado], o ponto central do qual derivariam todas as formas de poder por consequência ou desenvolvimento, deve-se primeiro deixá-las valer em sua multiplicidade, em suas diferenças, em sua especificidade, em sua reversibilidade: estudá-las, pois, como relações de forças que se entrecruzam, remetem umas às outras, con-

vergem ou, ao contrário, se opõem e tendem a anularem-se.[16]

O estudo das relações de força pode ser interpretado em uma instância particular, no nosso caso, a universidade. Pensando nisso, o problema que se levanta consiste em saber como indivíduos cuja cultura, ou saber, foi excluída ao longo da história (particularmente na história do Brasil), por sua etnia, raça, baixa renda monetária, podem de maneira justa medir forças para a conquista do saber. Sabe-se que o saber com autoridade científica encontra-se detido na universidade, dizendo à maneira foucaultiana, é na universidade que se produz um tipo de discurso verdadeiro. Assim, se a opção de adquirir o saber que se encontra na universidade é um caminho para a tentativa de anular os efeitos do poder, então indivíduos em situação de exclusão social têm essa opção de luta, ou melhor, esses indivíduos têm a chance de adquirir o saber como arma para a luta nas relações de poder.

No Brasil, há um programa de reserva de vagas na universidade para pessoas marcadas por uma história de exploração, entre as quais se incluem etnias indígenas, negros e pessoas de baixa renda em geral, que não têm recursos para o acesso à universidade. Na UFSCar, o Programa de Ações Afirmativas é um meio jurídico de garantir o ingresso dessas pessoas, a fim de promover a inclusão social para que, consequentemente, essas pessoas possam obter o saber.

A legislação institucional do Ingresso por Reserva de Vagas no Programa de Ações Afirmativas[17] busca garantir, por intermédio da lei, a promoção da educação para a diversidade e pluralidade social. É importante ressaltar que, de acordo com o artigo 3º, parágrafo IV, a lei garante "a implementação de ações para a correção da desigualdade social", e por isso já está inclusa na meta do Programa de Ações Afirmativas não somente garantir o acesso à universidade, mas também a promoção da vida cultural, social e acadêmica.

---

16 Foucault (1999, p. 319).
17 UFSCar ([2007] 2008).

A criação de leis que garantam a promoção da diversidade social mostra a mudança de um discurso que antes era baseado em um modelo filosófico-jurídico e que agora, aos poucos, ganha a face de um modelo histórico-jurídico. A análise do discurso nesse ponto de vista tem como consequência a inversão da posição do sujeito, isto é, o sujeito que antes era excluído das decisões no modelo jurídico pensado sob a luz de um pensamento filosófico de soberania passa a ser o sujeito que participa com sua história de luta, participa na elaboração de leis a partir dos fatos que ocorreram ao longo da história. Junto a isso, Foucault esclarece:

> Nessa luta geral de que fala, ele [o sujeito] está forçosamente de um lado ou do outro; está no meio da batalha, tem adversários, combate por uma vitória. Sem dúvida, procura valer o direito; mas trata-se de seu direito – direito singular marcado por uma relação de conquista, de dominação ou de ancianidade: direito de raça, direito das invasões triunfantes ou das ocupações milenares.[18]

Na concepção de Foucault, as relações de poder são caracterizadas com base em um padrão belicoso e a política é a guerra por outros meios. Essa maneira de pensar o poder deixa claro o modo de abordar as lutas contra a desigualdade social. Ora, o que fundamenta o direito de luta, a busca pela vitória, não é mais do que se afirmar na história, buscar a dignidade de sujeitos nas relações políticas e sociais. Isso pode ser interpretado como a política vista na perspectiva da guerra.

---

18   Foucault (1999, p. 322).

Referências

DELEUZE, G. *Foucault*. São Paulo: Brasiliense, 2005. 142 p.

FOUCAULT, M. *As palavras e as coisas*: uma arqueologia das Ciências Humanas. Lisboa: Portugália, 1966.

_____. *O nascimento da clínica*. Rio de Janeiro: Forense Universitária, 1977.

_____. *História da loucura na Idade Clássica*. São Paulo: Perspectiva, 1978.

_____. *História da sexualidade*: a vontade de saber. Rio de Janeiro: Graal, 1985.

_____. *Vigiar e punir*. Petrópolis: Vozes, 1986.

_____. *Microfísica do poder*. 10. ed. Rio de Janeiro: Graal, 1992.

_____. *Em defesa da sociedade*: curso no Collège de France. São Paulo: Martins Fontes, 1999.

HOBBES, T. *Leviatã ou matéria, forma e poder de um estado eclesiástico e civil*. São Paulo: Abril Cultural, 1974.

LEBRUN, G. *O que é poder*. São Paulo: Brasiliense, 1983.

UNIVERSIDADE FEDERAL DE SÃO CARLOS (UFSCar). *Portaria GR nº 695/07 de 6 de junho de 2007*. Disponível em: <http://www.acoesafirmativas.ufscar.br/legislacao-institucional>. Acesso em: dez. 2008.

CONHECENDO MELHOR NOSSO PAÍS E OS POVOS QUE O CONSTITUEM

A história das populações indígenas em livros didáticos do ensino fundamental: a experiência na rede pública de São Carlos-SP*

Edinaldo dos Santos Rodrigues[1]
Lúcia Maria de Assunção Barbosa[2]

1. Introdução

Desde o período colonial construiu-se uma História do Brasil na qual o índio comparece como categoria abstrata, na busca pela implantação de uma nacionalidade, conforme motivações do Romantismo europeu. Tentava-se aplicar em terras americanas as narrativas históricas, substituindo heróis medievais por "bons selvagens" cujas características físicas e psicológicas em nada lembravam os "povos indígenas" encontrados em solos brasileiros quando da chegada dos europeus. Os personagens mais típicos desse período estão nos romances *Iracema* e *O guarani*, de José de Alencar.

No início do século XX, a imagem do índio brasileiro passa da condição de bom selvagem para a de indolente, preguiçoso, cuja incapacidade o impedia de realizar tarefas mais elaboradas, "justificando" assim o tráfico de africanos para serem escravizados em solo brasileiro.

Dessa maneira, o imaginário dos não indígenas, sobretudo do meio urbano, tem gerado uma diversidade de representações e de

---

* Este trabalho foi orientado pela Profa. Dra. Lúcia Maria de Assunção Barbosa, docente do Departamento de Letras da UFSCar.
1 Aluno do quinto semestre da graduação em Psicologia/UFSCar, na ocasião em que o artigo foi escrito. Hoje, graduado em Psicologia (2013), psicólogo da Área Técnica de Saúde Mental do Distrito Sanitário Especial Indígena de Pernambuco.
2 Professora do Departamento de Letras da UFSCar.

estereótipos da população indígena, derivada da falta de informação sobre a diversidade indígena brasileira.

Podemos falar do indígena como vítima da saga europeia; o indígena massacrado, distante, uma vez que ele é comumente associado a um passado histórico. As imagens pictóricas que preenchem páginas de livros de história dão provas desses percursos discursivos, num reforço de estereótipos e de exotismos que são retomados sistematicamente nas ocasiões comemorativas (19 de Abril, Dia do Índio, e 22 de Agosto, Dia do Folclore). Entretanto, mais recentemente, não é rara a figura do índio que protesta, que reivindica seu lugar, que denuncia e entra na imprensa pelo viés da violência que sofre (por ser vítima, estar em extinção e ser ignorante ou atrasado, *não civilizado*). Do mesmo modo, a população indígena tem sido associada à natureza em discursos ecológicos.[3]

Na perspectiva das práticas pedagógicas, diferentes faces dos indígenas têm sido vistas em livros didáticos de disciplinas como História, Língua Portuguesa, Geografia e Ciências. Nos livros de literatura infantil há a recorrência sistemática das chamadas "lendas", temário esse também retomado frequentemente em letras de canções brasileiras, ao lado da imagem do índio como partícipe da constituição de uma brasilidade, quando é retomado o mito das três raças.[4]

No dia 10 de março de 2008, foi sancionada pelo Presidente da República, Luiz Inácio Lula da Silva, a Lei 11.465, que torna obrigatório o ensino da história e da cultura indígena (além da afro-brasileira) no currículo de escolas públicas e privadas. A iniciativa visa implementar visões afirmativas dos povos que sobreviveram ao genocídio praticado pelos colonizadores há mais de 500 anos e à exclusão que se perpetuou nos séculos seguintes.

A relevância acadêmica e social desta pesquisa apoia-se no fato de que ensinar às crianças a verdadeira história dos indígenas e mostrar a realidade dos que vivem em aldeias e/ou aqueles que vivem nas cidades são ações relevantes para diminuir o desconhecimento e

---

3 Silva (1987).
4 Id. ibid.

favorecer uma melhor sociabilidade entre índios e não índios, além de preservar a história dos povos brasileiros no seu contexto atual. Os povos indígenas que os portugueses encontraram ao chegar ao Brasil eram numerosos e contavam com uma população de cerca de 5 milhões. Atualmente são contabilizados cerca de 500 mil, representando apenas 0,4% da população brasileira, distribuídos em 215 etnias falantes de mais de 180 línguas diferentes.[5]

As tentativas de fazê-los trabalhar como escravos, conforme a mentalidade então vigente nos países colonialistas, não deu certo, mesmo porque, logo nos primeiros anos da colonização do Brasil, os jesuítas os tomaram sob sua proteção. Hostilizados pelos novos habitantes da terra, eles foram adentrando cada vez mais em direção a regiões do interior do Brasil, o que lhes permitiu conservar costumes e línguas. Os que mantinham algum contato com os europeus eram contaminados e dizimados pelas doenças trazidas do antigo continente. Uma simples gripe matava por falta de imunidade.

As comunidades que ainda se mantiveram distantes dos brancos até a primeira metade do século passado foram as do Amazonas, onde se concentra o maior número de índios, com uma população de 120 mil pessoas, de 66 etnias, falantes de 29 línguas.[6] Alguns se mantêm, nos dias atuais, longe dos centros urbanos, mas mesmo no Amazonas vários povos estão perdendo sua cultura tradicional devido à influência do homem não índio. Em quase todos os estados brasileiros há populações indígenas, as exceções são Rio Grande do Norte e Piauí. Essa diversidade de povos é pouco conhecida e sofre várias formas de discriminação e exclusão.

Contudo, a conscientização dos índios, que conduz à valorização de sua cultura, tem garantido direitos territoriais por meio da luta das lideranças, que se organizam e exigem que os governos cumpram a Constituição brasileira. Vários povos que caminhavam para a extinção também buscam recuperar hábitos antigos e a sabedoria própria para manterem sua identidade, como, por exemplo, os povos

---

5 Brasil (2005).
6 Dado populacional retirado do site <www.portalamazonas.com.br>, acesso em: 22 ago. 2009.

do Nordeste, que somam a quarta maior população de índios do Brasil, com uma diversidade cultural bem diferenciada da dos povos do Amazonas.

A maioria da população brasileira jamais visitou uma aldeia indígena, nem teve contato com qualquer indígena. A representação que cada brasileiro tem do indígena, como regra geral, é aquela que lhe foi transmitida na sala de aula pelo professor, com ajuda do livro didático, e que é reproduzida pela mídia.[7]

Isso significa que os brasileiros desconhecem a história de seus ancestrais, aqueles que primeiro habitaram as terras brasileiras. Cabe enfatizar que os livros didáticos são, muitas vezes, os únicos materiais disponíveis para os alunos, cristalizando para ele e também muitas vezes para o professor parte do conhecimento que eles têm sobre uma determinada cultura.[8]

A confluência de três raças, branca, negra e indígena, na formação do povo brasileiro é sempre lembrada, porém uma leitura mais atenta desses manuais mostra dificuldades em lidar com a existência de diferenças étnicas na sociedade atual.[9]

Atualmente, como são mostrados textos e imagens sobre os povos indígenas brasileiros nos livros didáticos? Normalmente, ainda os apresentam de forma estereotipada. São veiculadas imagens do indígena que não estão de acordo com as realidades distintas que vivem esses povos. É comum encontrarmos, nas publicações, a imagem do indígena como selvagem, representada em caricaturas no meio da selva, junto com animais ferozes. E, em muitos casos, vivendo em ocas, deitados em redes, cena que simboliza muitas vezes a preguiça e a inutilidade de ação desses indivíduos. Além disso, autores ignoram a presença de alguns povos, como é o caso dos povos indígenas que habitam a região Nordeste.

Pesquisas anteriores mostram que os livros didáticos trazem uma imagem única do indígena, o que predomina é uma represen-

---

7   Grupioni (1996).
8   Id. ibid.
9   Id. ibid.

tação, no mínimo, enganadora e equivocada. São afirmações inexatas, detalhes exóticos e incompreensíveis, projeções de valores estranhos, todos eles apresentando o indígena como ser inferior.[10]

Rocha, em seu livro *O que é etnocentrismo*, destinado ao estudo da antropologia, fala dos estudos que realizou sobre a imagem do índio nos livros didáticos de história do Brasil, chegando às seguintes conclusões: alguns livros afirmavam que os índios eram incapazes de trabalhar nos engenhos de açúcar por serem indolentes e preguiçosos; outros traziam como informação primeira o fato de que os índios andavam nus. Para esse autor, o indígena aparece na história do Brasil, por três vezes, em três papéis diferentes.

O primeiro papel que o índio representa é no capítulo do Descobrimento. Ali, ele aparece como selvagem, primitivo, pré-histórico e antropófago. Isso era para mostrar o quanto os portugueses colonizadores eram superiores e civilizados.

O segundo papel do índio é no capítulo da catequese. Nele, o índio é representado pela imagem da criança, inocente, infantil, alma virgem, para indicar que precisava da proteção que a religião podia lhe oferecer.

O terceiro papel é o do indígena engraçado. É o capítulo da "etnia brasileira". Se o indígena já havia aparecido como selvagem ou criança, como iriam falar de um povo formado por portugueses, negros e selvagens? Como alternativa aparece um novo papel para o indígena: num passe de mágica etnocêntrico, torna-se corajoso, ativo, cheio de amor à liberdade. São criados rótulos que guiam para o confronto cotidiano com as diferenças culturais e especificidades dos povos indígenas, desconsiderando-se a identidade deles.[11]

Para Gobbi,[12] os livros ainda transmitem a história do indígena de forma equivocada e estereotipada, em contraposição à maior parte da produção de conhecimento da etnologia da atualidade. Nos livros, os indígenas aparecem, geralmente, como personagens

---

10 Silva (1987).
11 Rocha (1998).
12 Gobbi (2006).

do passado ou do folclore, não havendo um compromisso com a realidade indígena, com a diversidade de suas etnias e culturas.

Na educação infantil, em especial, a temática indígena é comumente lembrada no dia 19 de abril, data que ficou convencionada como Dia do Índio, na qual se evocam igualmente os estereótipos e se associa o índio a uma imagem primitiva da época do Descobrimento, ou seja, repetem-se aí ideias equivocadas passadas pela escola para a sociedade.[13]

2. Metodologia da pesquisa

A pesquisa foi desenvolvida ao longo de 12 meses, apoiando-se no estudo de base qualitativa, aliado à análise de conteúdo de textos, ilustrações e fotos dos livros didáticos de História do Brasil adotados por escolas de São Carlos nos anos letivos 2008/2009, no 5º e no 6º anos do ensino fundamental.

Partimos da hipótese de que os livros didáticos não citam os povos indígenas brasileiros e, quando o fazem, não relatam as realidades heterogêneas e se apoiam em estereótipos negativos.

Num primeiro momento foi realizada uma pesquisa bibliográfica que serviu de base para compreendermos como pesquisadores interpretaram outros livros que tratam a história das populações indígenas. Depois, teve início a escolha dos livros didáticos a serem pesquisados, por indicação da professora orientadora e com base nos contatos com a Diretoria de Ensino da cidade de São Carlos, seguindo o método do projeto.

Foram selecionadas duas coletâneas com livros que, segundo informações obtidas na Diretoria de Ensino, foram os mais adotados nas escolas das redes pública e particular de São Carlos nos anos letivos de 2008 e de 2009.

---

13   Id. ibid.

A primeira avaliação dos livros consistiu na análise do conteúdo, tendo como base o texto verbal e o não verbal, como também o modo como os indígenas são apresentados pelos autores. Foram observadas e avaliadas variantes como: o número de citações das palavras índios e *indígenas* por capítulo; classificação de ilustrações sobre índios, por aparência (nu/vestido), tipo de roupa, função, tipo de atividade explorada na imagem e função social (trabalhador, escravizado ou simplesmente sem exercer atividade); identificação e quantificação de adjetivos atribuídos aos índios; identificação do contexto das histórias relatadas em que os índios são citados; citação de etnias e territórios ocupados pelos nativos; existência de elementos culturais, como práticas religiosas, expressões corporais, língua, atividade produtiva e relação com a natureza.

3. Resultados

Foram analisados quatro volumes, sendo dois livros da coletânea *Brasil, uma história em construção*, de José Raivar Macedo e Mariley W. Oliveira, e outro da coletânea *Projeto Araribá: história*, escrito por Maria Raquel Apolinário Melani, destinados ao 5º e 6º anos do ensino fundamental, da Editora Moderna, com data de 2006. A primeira edição do livro *Brasil, uma história em construção* data de 1996. Para nossa análise, utilizamos a segunda edição, de 2002, publicada pela Editora do Brasil. Como mencionamos, esse livro didático faz parte do conjunto de livros adotados e distribuídos na rede pública estadual de São Paulo.

Analisando esse material, vimos que os autores tratam a História do Brasil de uma forma mais crítica em relação aos demais livros didáticos, aos quais outras gerações tiveram acesso, conforme apontam estudos anteriores. Há uma preocupação com a formação crítica dos alunos e da população jovem cidadã brasileira, com o propósito de assegurar justiça, democracia e cidadania, principalmente na coletânea *Brasil, uma história em construção*.

Tabela 1 Caracterização dos objetos de análise.

Coleção	Autores	Volume/ série	Proposta de trabalho	Temática indígena – número de capítulos
Brasil, uma história em construção	José Raivar Macedo e Mariley W. Oliveira	5º e 6º	História projeto alternativo	Unidade 1, 5º ano, capítulos 3, 4 e 5 Unidade 2, 6º ano, capítulo 2
Projeto Araribá: história	Maria Raquel Apolinário Melani	5º e 6º	História integrada	Unidade 1, nº 6, capítulos 4 e 5

Segundo os autores, os livros foram escritos com o objetivo de não serem panfletários. A produção é da década de 1990, fase em que o Brasil passava por sérias crises, escândalos e corrupção na política, além de recorrentes notícias na mídia relacionadas a chacinas e massacres, que cobriam de vergonha e sangue muitas consciências, enquanto a fome e a miséria invadiam os lares brasileiros.

O primeiro livro analisado foi o do 5º ano, que dedica três capítulos à história dos povos indígenas brasileiros. A publicação fala sobre os povos indígenas, voltando para os modos de vida deles antes da chegada dos europeus e abordando, também, como vivem atualmente. O livro é composto de 18 capítulos e 173 páginas. Nos 15 capítulos restantes, os autores voltam a falar dos índios, quando citam sobre o Período Colonial, a Escravidão e o Folclore.

Analisando todo o conteúdo das duas coletâneas, constatamos que, além dos capítulos que contam a história dos povos indígenas, também aparecem ao longo de toda a obra as palavras índios, *indígena*, além de outros adjetivos nos mais diferentes contextos, ao mesmo tempo em que os autores fazem referência ao real interesse dos portugueses e espanhóis sobre o desenvolvimento do País. Na época colonial, quando começavam as expansões dos negócios por todo o mundo e as conquistas de novas fronteiras, o Brasil não tinha um comércio instalado, era necessário construir tudo isso. O interesse dos colonizadores era explorar os recursos naturais, como madeira e pedras preciosas, aproveitando a fragilidade dos indígenas, que não tinham interesse de se apropriarem das terras com fins de exploração. Desse modo, os colonizadores exploraram tudo o que havia no Brasil. Os autores citam que os indígenas ajudaram com a mão de obra, o que foi um negócio muito bom para os exploradores, que lucravam com as mercadorias sem nenhum custo. Isso durou até que as riquezas naturais ficassem escassas e sua exploração não fosse, mais, bom negócio, o que se deu junto com o extermínio de muitos grupos indígenas.

Observamos também que há uma preocupação em contar a História do Brasil como ela realmente aconteceu nas obras da coletânea *Brasil, uma história em construção*, questionando e fazendo críticas a outros historiadores, desde os primeiros documentos que citam a presença dos nativos, como a carta de Pero Vaz de Caminha, que descreve a chegada dos portugueses. Porém ainda há ausência de informações relevantes sobre os índios, o que demonstra conhecimento limitado dos autores sobre a diversidade dos povos.

4. As imagens

No que se refere a imagens, os livros da coletânea *Brasil, uma história em construção* mostra 22 imagens de índios em toda a obra, com diferentes formas de expressão. A coletânea *Projeto Araribá: história* apresenta nove imagens, entre ilustrações e fotos.

Na capa de um dos livros, por exemplo, uma das três fotos ilustrativas é a de uma índia com um bebê de colo, ambos nus. Ela amamenta um quati (porco do mato). Essa foto apresenta-se, a nosso ver, como forma de reforçar um estereótipo do indígena, com hábitos tidos como selvagens aos olhos de não indígenas. As perguntas que podemos fazer são: Será que são comuns cenas como essa? Ou é apenas uma possível "coincidência" com a maneira como os índios têm aparecido na literatura brasileira escrita e apresentada pelos não indígenas?

É muito comum vermos imagens exóticas dos indígenas, em que aparecem nus em meio a animais selvagens, em total harmonia com a natureza, como se essa ainda fosse recorrente nos dias de hoje, em todas as etnias. Fazemos outra pergunta: Será que são todos que vivem assim? Claro que não. Os que estão em contato constante com o não índio vivem vestidos, têm acesso a tecnologias, acompanham as tendências do mundo moderno. Muitos têm empregos formais em áreas urbanas ou dentro da comunidade, mas também cultivam e valorizam suas tradições. Atualmente há um número significativo de estudantes indígenas que ingressam nas universidades. Há os que permanecem em aldeias mais isoladas da sociedade e vivenciam traços culturais mais fortes.[14]

A realidade é que nem todos vivem nus junto com animais selvagens, nem amamentando animais da selva ou dormindo em rede. Apesar das ameaças, muitos ainda vivem em harmonia com a natureza, pois dependem dela para manterem seus usos, costumes e suas tradições.

Em outras imagens ilustrativas dos livros podemos observar que os autores tiveram a preocupação de retratar os últimos 500 anos de luta pela sobrevivência dos povos indígenas brasileiros. Mostram a busca dos índios por sua cidadania e os massacres que ocorreram com diversos povos, que foram completamente dizimados, na época da colonização, para dar lugar ao desenvolvimento do País. Porém, o que ainda prevalece nas fotos e imagens são os estereótipos a respeito de indígenas.

5. Conclusões

Constatamos com esta pesquisa que os conteúdos presentes nos livros didáticos pesquisados sobre a história dos povos indígenas são ainda muito restritos. Embora reconheçamos que nas duas coletâneas pesquisadas eles estejam mais representados, fica evidente que os autores ainda desconhecem os resultados de estudos mais recentes e atualizados sobre o assunto. Ao abordá-los somente nos capítulos referentes aos tempos da colonização, dei-

---

14   Macedo e Oliveira (1996).

xam a impressão de que os indígenas deixaram de existir. É preciso que os povos indígenas sejam referenciados em outros momentos da história, uma vez que fazem parte da construção da história da nação brasileira e estão ativos nas reivindicações de seus direitos.

Constatamos ainda que, mesmo com um aumento significativo do número de pessoas que escrevem sobre a história dos povos indígenas, o conhecimento sobre suas culturas e a intervenção dos próprios indígenas são insuficientes para mudar a realidade deixada como herança no marco da história étnica e cultural brasileira. Os livros didáticos continuam se mostrando deficientes, empobrecedores, generalizantes, muito desatualizados, marcados por erros conceituais, estereótipos e preconceitos. Os indígenas ainda aparecem representados numa imagem genérica, estereotipados, vivendo nus, morando nas matas, em ocas e tabas, cultuando Tupã e Jaci e falando tupi, características predominantes tanto na escola como nos meios de comunicação.

Todos sabem da importância da escola e do espaço que os livros didáticos ocupam no desenvolvimento do conhecimento dos alunos acerca de temas que fazem parte do cotidiano e sobre a cultura do outro. Por isso é urgente e necessário que possamos reescrever a história dos povos nativos do Brasil a partir de uma abordagem contemporânea, com o objetivo de suprir lacunas na história e mostrar como vivem atualmente os povos indígenas contemporâneos na sua diversidade.

Os equívocos ainda presentes e reproduzidos nos livros didáticos de História do Brasil devem-se ao desconhecimento por parte de quem escreve sobre essas sociedades. O que percebemos é que os manuais são atualizados sem que se faça um estudo profundo sobre os povos indígenas, resultando em estereótipos que se perpetuam ao longo do tempo. Durante o desenvolvimento desta pesquisa, visitei escolas da cidade de São Carlos, ouvi professores e alunos sobre suas visões da imagem dos indígenas e constatei que é preocupante, pois o que está fixado na mentalidade não indígena é que os índios são selvagens que vivem em meio à floresta, sem contato nenhum e como se suas culturas ainda fossem intocadas.

A relevância de pesquisas como esta é indiscutível, sobretudo para o aprimoramento de programas de Ações Afirmativas e para a inclusão social dos povos indígenas brasileiros, em especial na construção de um modelo de troca de conhecimentos entre o modelo escolar tradicional e os modelos escolares indígenas. Conhecer as diferentes realidades das mais de 215 nações indígenas brasileiras é dever de todo cidadão, principalmente para que haja maior respeito mútuo entre todos os que compartilham a cultura brasileira.

Referências bibliográficas

AZAMBUJA, E. B. *Olhares, vozes e silêncios que excluem*: estereótipos de índios. Cáceres: Editora UNEMAT, 2005.

BRASIL. *Diversidade na Educação*: reflexões e experiências. MEC/SEMT/DEM/Programa Diversidade na Universidade. Brasília, 2003.

_____. Ministério da Saúde. Secretaria de Vigilância em Saúde. Programa Nacional de DST e Aids. *Distritos Sanitários Especiais Indígenas*: Diretrizes para implantar o Programa de DST/Aids. Brasília: Ministério da Saúde, Secretaria de Vigilância em Saúde, Programa Nacional de DST e Aids, 2005.

FERNANDES, J. *Índio*: esse nosso desconhecido. Cuiabá: Editora UFMT, 1993.

FREIRE, J. R. B.; MALHEIROS, M. F. *Os aldeamentos indígenas do Rio de Janeiro*. Rio de Janeiro: UERJ, 1997.

GOBBI, I. *A temática indígena e a diversidade cultural nos livros didáticos de história*: uma análise dos livros recomendados pelo programa nacional do livro didático. Dissertação de Mestrado. Universidade Federal de São Carlos, São Carlos, 2006.

GRUPIONI, L. D. B. (Org.). *Índios no Brasil*. Brasília: MEC, 1994.

_____. Imagens contraditórias e fragmentadas: sobre o lugar dos índios nos livros didáticos. *Revista Brasileira de Estudos Pedagógicos*, Brasília, v. 77, n. 186, p. 409-437, maio/ago. 1996.

MACEDO, J. R.; OLIVEIRA, M. W. *Brasil*: uma história em construção. São Paulo: Editora do Brasil, 1996.

MELANI, M. R. A. *Projeto Araribá*: história. São Paulo: Moderna, 2006.

ROCHA, E. *O que é etnocentrismo*. São Paulo: Brasiliense, 1998.

SILVA, A. L. (Org.). *A questão indígena na sala de aula*: subsídios para professores de 1º e 2º graus. São Paulo: Brasiliense, 1987.

SILVA, A. L.; GRUPIONI, L. D. (Org.). *A temática indígena na sala de aula*: novos subsídios para professores de 1º e de 2º graus. Brasília: MEC/MARI/UNESCO, 1995.

Sites de informações sobre povos indígenas consultados no período entre outubro de 2008 e setembro de 2009:

<http://www.funai.gov.br>

<http://www.funasa.gov.br>

<http://www.ibge.gov.br>

<http://www.portalamazonas.com>

<http://www.mec.gov.br>

<http://www.cimi.org.br>

A proteção do conhecimento tradicional: reflexões sobre a elaboração de material didático adequado às necessidades informacionais de comunidades indígenas

Jiene Pio[1]
Maria Cristina Comunian Ferraz[2]

1. Introdução

A área de *propriedade intelectual*, que trata de questões relacionadas à proteção do trabalho intelectual,[3] se divide em duas categorias: a) propriedade industrial (que inclui patentes, marcas, desenho industrial e indicações geográficas); e b) o direito autoral e os direitos conexos. Vários autores dedicaram-se ao estudo desses temas, por exemplo, Macedo e Barbosa, Rodrigues, França, Strenger e Cabral,[4] entre inúmeros outros.

Porém, a temática da proteção do conhecimento tradicional, apesar de ser tratada por diversos autores,[5] é uma preocupação mais recente. O presente capítulo utilizará a definição de Castilho, que identifica conhecimento tradicional como "um corpo de conhecimento construído através de gerações de pessoas que vivem em estreito contato com a natureza".[6] Completa sua definição dizendo:

---

1   Aluna de graduação do curso de Filosofia da UFSCar, de etnia Terena.
2   Professora-associada do Departamento de Ciência da Informação da UFSCar (orientadora).
3   Ferraz e Basso (2008).
4   Macedo e Barbosa (2000), Rodrigues (1998), França (1997), Strenger (1996), Cabral (2000).
5   Wandscheer (2004), Albuquerque e Andrade (2002), Azevedo (2005), German-Castelli e Wilkinson (2002), entre outros.
6   Castilho (*apud* Wandscheer, 2004, p. 20).

> [...] sua reprodução depende dessas pessoas que o atualizam situando-o no presente. É bom lembrar que o termo tradicional não fixa as coisas no passado, mas apenas carrega o acúmulo de experiências já vividas e aprovadas pelos antepassados para aplicá-las no presente, adaptando-as em busca da reprodução de sua eficácia. A tradicionalidade se refere menos à antiguidade e mais à forma pela qual o conhecimento é adquirido e utilizado através das gerações até o presente.[7]

De um conhecimento que era considerado por alguns como patrimônio da humanidade e de acesso livre, passou a ser protegido e sua proteção tornou-se uma preocupação do Brasil e de vários outros países do mundo:

> Até muito recentemente esses recursos foram considerados como uma herança natural e cultural de livre acesso. A chegada das novas biotecnologias gerou pressões para a sua incorporação em transações de mercado e privatização dos recursos genéticos. Essa mudança de paradigma tecnológico implica novos regimes de apropriação e, portanto, a adaptação dos sistemas de Direitos de Propriedade Intelectual (DPI), com vistas a criar mecanismos de proteção relativos às biotecnologias, aos organismos vivos e à informação genética que estes contêm, bem como ao conjunto das aplicações permitidas.[8]

Essa preocupação de proteger o conhecimento tradicional de populações indígenas se destacou ainda mais ante o interesse de diversas

---

[7] Id. ibid.
[8] German-Castelli e Wilkinson (2002, p. 3).

indústrias farmacêuticas e de cosméticos no acesso ao conhecimento tradicional e aos recursos de nossa biodiversidade associados a esse conhecimento. Entretanto, cabe observar que nem tudo o que é gerado pelo conhecimento tradicional é passível de patenteamento:

> Embora uma comunidade possa estar na origem de um conhecimento tradicional, esse conhecimento não tem necessariamente a forma técnica exigida pelo sistema patentário e essa comunidade não poderá, pois, exigir compensação pela inovação.[9]

O presente capítulo, fruto de um projeto de iniciação à pesquisa desenvolvido dentro do Programa de Ações Afirmativas da UFSCar, preocupou-se em levantar informações básicas sobre conhecimento tradicional associado à biodiversidade e apontar questões importantes para disseminar a informação sobre a necessidade de proteção desse patrimônio de comunidades indígenas e não indígenas. Muitos leitores podem acreditar que apenas as comunidades indígenas não têm informações sobre a proteção da propriedade intelectual e sobre o sistema patentário brasileiro, contudo é sabido que grande parte da população brasileira não tem acesso a esse tipo de informação, como mostram Rodrigues Jr. e Polido.[10]

Na apresentação de seu livro, que trata dos novos paradigmas internacionais, conflitos e desafios no âmbito da propriedade intelectual, os autores afirmam que apesar do papel de vanguarda no âmbito internacional desempenhado pelo Brasil, com foco na flexibilização dos patamares de proteção do trabalho intelectual, tornando-os mais adequados às necessidades de nosso país, nossa cultura em propriedade intelectual é "pobre e reflete fortemente uma perspectiva parcial da realidade".[11] Destacam também que os

---

9 Müller (2007, p. 303).
10 Rodrigues Jr. e Polido (2007).
11 Id. ibid., s/p.

novos problemas relacionados a essa área de trabalho passaram a ser objeto de estudo de diversas áreas do conhecimento.

2. Objetivos e metodologia

A presente pesquisa teve como objetivo principal avaliar os principais instrumentos jurídicos que o Brasil possui para a segura proteção do conhecimento tradicional dos povos indígenas. Paralelamente, objetivou avaliar fontes jornalísticas, livros e fontes documentais que tratam do conhecimento dos povos indígenas, levantando os principais problemas para o entendimento dessa temática.

Segundo os objetivos, o presente trabalho pode ser considerado uma pesquisa exploratória, pois busca esclarecer ideias e um primeiro contato com o tema; já ante os procedimentos de coleta e fontes de informação, pode-se considerá-lo pesquisa documental e bibliográfica, pois utiliza fontes primárias para a pesquisa documental e fontes secundárias para a pesquisa bibliográfica.[12]

3. Coleta e análise de dados

Para entender a proteção do trabalho intelectual, estudos sobre propriedade industrial foram realizados simultaneamente aos estudos sobre conhecimento tradicional. Foram levantadas várias fontes de informação, destacando-se: a) textos jornalísticos de jornais on-line; b) legislação brasileira que trata da proteção do trabalho intelectual; c) documentos de patentes; d) documento da Organização Mundial da Propriedade Intelectual (Ompi) sobre as reivindicações das comunidades indígenas brasileiras no que tange à proteção do conhecimento tradicional e de nossa biodiversidade; e) livros básicos sobre o assunto. Depois da coleta de informações em fontes

---

12 Gonsalves (2001).

diversas, foram levantadas algumas questões importantes sobre os problemas relacionados ao entendimento desse assunto.

3.1 Textos jornalísticos

A leitura de textos jornalísticos de jornais on-line,[13] além de fornecer informações atuais sobre as discussões que giram em torno da proteção do conhecimento tradicional, forneceu um conjunto de palavras-chave importantes para a recuperação de informação sobre o assunto. Das palavras coletadas relacionadas à temática estudada destacam-se: biodiversidade; diversidade biológica; biotecnologia; indústria farmacêutica; conhecimento tradicional; recurso genético.

O conjunto de palavras-chave obtido e o desconhecimento por parte das autoras deste capítulo de um conjunto de termos semelhantes em língua terena levantou a discussão sobre a possibilidade da elaboração de um glossário de termos em Língua Terena e em Língua Portuguesa[14] para um entendimento mais aprofundado do assunto.

Pela motivação de se elaborar um glossário, a leitura dos principais instrumentos legais relacionados ao tema foi além do entendimento da norma em si. Buscaram-se novos termos considerados importantes para o entendimento das questões relacionadas à proteção do conhecimento tradicional e do próprio instrumento legal.

3.2 Legislação brasileira

O estudo da legislação foi focado na Convenção sobre Diversidade Biológica[15] e na Medida Provisória nº 2.186-16, de 23 de agosto de 2001.[16] Os termos extraídos desses dois documentos são

---

13 Dentre os jornais estudados destacam-se a *Folha On-line* e o *Estadão On-line*.
14 Vale lembrar que a autora Jiene Pio pertence ao povo Terena, de onde vem a preocupação com o glossário em Língua Terena.
15 Brasil ([2000] 2010).
16 Id. ([2001] 2010).

relacionados a seguir: acesso ao conhecimento tradicional associado, acesso ao patrimônio genético, acesso à tecnologia e transferência de tecnologia, área protegida, autorização de acesso e de remessa, bioprospecção, biotecnologia, comunidade local, condição *ex situ*, condições *in situ*, conhecimento tradicional associado, conservação *ex situ*, conservação *in situ*, contrato de utilização do patrimônio genético e de repartição de benefícios, diversidade biológica, ecossistema, espécie ameaçada de extinção, espécie domesticada ou cultivada, *habitat*, material genético, organização regional de integração econômica, país de origem de recursos genéticos, país provedor de recursos genéticos, patrimônio genético, recursos biológicos, recursos genéticos, utilização sustentável, termo de transferência de material.

Como se pode facilmente observar, alguns termos são de difícil compreensão, não sendo utilizados nem no cotidiano da sociedade indígena nem no da sociedade não indígena.

3.3 Documentos de patentes

O site do Instituto Nacional da Propriedade Industrial (INPI) é mais uma fonte de informação importante para o entendimento da proteção do trabalho intelectual. Este trabalho considera que, para entender a proteção do conhecimento coletivo de um povo (conhecimento tradicional), é necessário o entendimento da proteção da propriedade industrial. Este site traz um número muito grande de informações sobre o sistema patentário brasileiro, além de bases de dados com todos os documentos de patentes depositados no Brasil. Contudo, um público que não tem conhecimentos mínimos sobre o sistema patentário e sobre a padronização documental de um documento de patente encontrará certa dificuldade, principalmente, na utilização da base de patentes.

É necessário, portanto, ter acesso às informações básicas sobre proteção patentária, em especial sobre a estrutura de um documento de patente, para se entender minimamente o sistema de proteção patentária e sua não adequação à proteção do conhecimento tradicional.

3.4 Documentos da OMPI

O site da OMPI traz uma série de documentos para o entendimento dos diversos aspectos relacionados à proteção do trabalho intelectual. Dentre os documentos relacionados à proteção do conhecimento tradicional associado ao patrimônio genético, um deles mereceu maior destaque nesta pesquisa por estar escrito em português e inglês e ter a assinatura de diversas lideranças indígenas brasileiras: *Declaration of Shamans on Intellectual Property and Protection of Traditional Knowledge and Genetic Resources*, denominado em português de Carta de São Luís do Maranhão.[17]

Esse documento apresenta os resultados de um encontro de representantes indígenas ocorrido na cidade de São Luís do Maranhão em 2001. Nele, os líderes indígenas mostram um Brasil "pluriétnico, onde vivem 220 povos, falando 180 línguas distintas entre si, com uma população de 360 mil indígenas, ocupando 12% do território brasileiro". Especial destaque merecem alguns trechos deste belíssimo texto:

> Como representantes indígenas, somos importantes no processo da discussão sobre o acesso à biodiversidade e dos conhecimentos tradicionais conexos porque nossas terras e territórios contêm a maior parte da diversidade biológica no mundo, cerca de 50%, e que têm um grande valor social, cultural, espiritual e econômico. Como povos indígenas tradicionais que habitam diversos ecossistemas, temos conhecimento sobre o manejo e o uso sustentável dessa

---

17   OMPI ([2001] 2010, p. 1).

diversidade biológica. Esse conhecimento é coletivo e não é uma mercadoria que se pode comercializar como qualquer objeto no mercado. Nossos conhecimentos da biodiversidade não se separam de nossas identidades, leis, instituições, sistemas de valores e da nossa visão cosmológica como povos indígenas.[18]

[...]
Recomendamos ao governo federal a criação de cursos de capacitação e treinamento de profissionais na área dos direitos dos conhecimentos tradicionais.[19]

[...]
Recomendamos que o governo adote uma política de proteção da biodiversidade e sociodiversidade destinada ao desenvolvimento econômico sustentável dos povos indígenas. É fundamental que o governo garanta recursos para as nossas comunidades desenvolverem programas de proteção dos conhecimentos tradicionais e a preservação das espécies *in situ*.[20]

Ao final desse documento, os representantes indígenas afirmam que são detentores de direitos, e não apenas interessados:

Neste encontro estão reunidos membros das comunidades indígenas com fortes tradições, bem assim como líderes *experts* para formular essas recomendações e propostas. Preocupados com

---

18 Id., p. 5.
19 Id., p. 5.
20 Id., p. 6.

o avanço da bioprospecção e o futuro da humanidade, dos nossos filhos e dos nossos netos é que reafirmamos aos governos que firmemente reconhecemos que somos detentores de direitos e não simplesmente interessados.[21]

A leitura desse texto, além de proporcionar um conhecimento maior sobre a visão das lideranças indígenas sobre o tema, mostrou mais ainda às autoras deste capítulo que existe a necessidade de se trabalhar com a problemática da capacitação e treinamento de profissionais na área dos direitos de propriedade, mais especificamente da proteção da propriedade coletiva, que é o conhecimento tradicional. Reflexões sobre a elaboração de material didático sobre o assunto são, portanto, plenamente justificáveis.

3.5 Literatura básica

Verificou-se uma grande dificuldade na busca de livros básicos sobre o assunto. A quase totalidade dos livros encontrados é da área jurídica, e que não são destinados ao público leigo. A coleta e organização de material básico sobre a temática da proteção do conhecimento tradicional de populações indígenas frente à problemática da proteção da propriedade industrial se fazem necessárias.

4. Considerações finais

Este trabalho explorou o tema *conhecimento tradicional* por meio da recuperação de informação sobre o assunto em diferentes fontes. Das fontes estudadas destacam-se textos jornalísticos, que fornecem uma visão atual sobre a problemática tratada; instrumentos legais, que tratam da proteção do conhecimento tradicional

---

21 Id., p. 6.

associado ao patrimônio genético; documento da OMPI, que traz recomendações de lideranças indígenas; entre outros. Portanto, o presente trabalho, que não tem a pretensão de refletir sobre todos os problemas relacionados à proteção do conhecimento tradicional, traz algumas reflexões importantes que merecem destaque:

a) A leitura das fontes de informação mostrou que há uma necessidade de elaboração de materiais didáticos sobre o tema que incluam glossários de termos relacionados aos diversos conceitos que surgem principalmente nos instrumentos legais, e se possível em português e em uma língua indígena (relacionada ao público que se quer atingir). Os instrumentos legais utilizam-se de conceitos que não são de uso comum da comunidade não indígena, e muito menos de uso da comunidade indígena. Apesar de trazerem as definições corretas dos termos, elas são de difícil entendimento para um público iniciante no assunto.

b) Outro ponto que merece destaque é a utilização de textos jornalísticos como referências complementares ao entendimento do tema. Esses textos, apesar de não terem uma finalidade instrutiva, trazem elementos importantes para o entendimento dos principais conflitos atuais relacionados à proteção do trabalho intelectual.

c) Muito conhecimento está presente nas várias comunidades existentes no Brasil e deve ser respeitado independentemente de ser indígena ou não indígena. Existem diversas formas de proteção e essas diversas formas devem ser estudadas pela comunidade indígena, pois só entendendo os princípios que regem o sistema de proteção do trabalho intelectual é possível entender os princípios que regem a proteção do conhecimento tradicional e sua não adequação ao sistema de proteção patentário.

Por fim, as autoras destacam a importância de programas de capacitação e treinamento, como bem mencionam as lideranças indígenas na Carta de São Luís do Maranhão. Programas educacionais em todos os níveis, principalmente em cursos de graduação que tenham a presença de alunos indígenas, são indicados. Esses alunos podem levar o conhecimento adquirido na universidade à sua comunidade de origem, permitindo que mais cidadãos brasileiros tenham acesso à informação sobre a proteção do um bem precioso: o conhecimento tradicional do seu povo.

Referências

ALBUQUERQUE, U. P.; ANDRADE, L. H. C. Conhecimento botânico tradicional e conservação em uma área de caatinga, no estado de Pernambuco, Nordeste do Brasil. *Acta Botânica Brasileira*, v. 16, n. 3, p. 273-285, 2002.

AZEVEDO, C. M. A. A regulamentação do acesso aos recursos genéticos e aos conhecimentos tradicionais associados no Brasil. *Biota Neotropica*, v. 5, n. 1, 2005.

BRASIL. Ministério do Meio Ambiente. *Convenção sobre Diversidade Biológica*. 2000. Disponível em: <http://www.mma.gov.br/estruturas/sbf_chm_rbbio/_arquivos/cdbport_72.pdf>. Acesso em: 24 abr. 2010.

_____. *Medida Provisória nº 2.186-16 de 23 de agosto de 2001*. Disponível em: <http://www.planalto.gov.br/ccivil_03/mpv/2186-16.htm>. Acesso em: 24 abr. 2010.

CABRAL, P. *Direito autoral*: dúvidas e controvérsias. São Paulo: Harbra, 2000.

FERRAZ, M. C. C.; BASSO, H. C. *Propriedade intelectual e conhecimento tradicional*. São Carlos: EdUFSCar, 2008. (Série apontamentos).

FRANÇA, R. O. Patente como fonte de informação tecnológica. *Perspectivas em Ciência da Informação*, Belo Horizonte, v. 2, n. 2, p. 235-264, jul./dez. 1997.

GERMAN-CASTELLI, P. G.; WILKINSON, J. Conhecimento tradicional, inovação e direitos de proteção. *Estudos Sociedade e Agricultura*, n. 19, out. 2002.

GONSALVES, E. P. *Conversas sobre iniciação à pesquisa científica*. Campinas: Alínea, 2001.

MACEDO, M. F. G.; BARBOSA, A. L. F. *Patentes, pesquisa & desenvolvimento*: um manual de propriedade intelectual. Rio de Janeiro: FIOCRUZ, 2000.

MÜLLER, A. N. A proteção dos conhecimentos tradicionais por meio das indicações geográficas. In: RODRIGUES JR., E. B.; POLIDO, F. (Org.). *Propriedade intelectual*: novos paradigmas internacionais, conflitos e desafios. Rio de Janeiro: Elsevier, 2007.

ORGANIZAÇÃO MUNDIAL DA PROPRIEDADE INTELECTUAL (OMPI). *Declaration of Shammans on Intellectual Property and Protection of Traditional Knowledge and Genetic Resources*. 2001. Disponível em: <http://www.wipo.int/edocs/mdocs/tk/en/wipo_grtkf_ic_2/wipo_grtkf_ic_2_14.pdf>. Acesso em: 24 abr. 2010.

RODRIGUES, A. O. A nova lei de patentes, a indústria química e a universidade. *Química Nova*, v. 21, n. 2, p. 228-242, 1998.

RODRIGUES JR., E. B.; POLIDO, F. (Org.). *Propriedade intelectual*: novos paradigmas internacionais, conflitos e desafios. Rio de Janeiro: Elsevier, 2007.

STRENGER, I. *Marcas e patentes*: análise sucinta da Lei nº 9.279, de 14 de maio de 1996. Rio de Janeiro: Forense Universitária, 1996.

WANDSCHEER, C. B. *Patentes e conhecimento tradicional*. Curitiba: Juruá, 2004.

Registro audiovisual da Dança do Bate-Pau

Agenor Custódio
Eduardo Nespoli

1. Introdução

Oriundo da aldeia Água Branca, na região de Mato Grosso do Sul, me chamo Agenor Custódio. Sou da etnia indígena Terena. Antes de prestar vestibular na UFSCar, eu era apenas mais um índio que vivia na comunidade, sem expectativa, porém sempre acompanhando a dificuldade do meu povo perante os não índios. Por vezes, reparei que universitários e não índios iam à aldeia para fazer pesquisa sobre nossas histórias, principalmente sobre nossa dança, música, mitos, ervas medicinais, enfim, elementos de nossa tradição. Muitos deles, após realizarem suas pesquisas, vão embora e nunca voltam para agradecer a comunidade, que foi a fonte de sua monografia. Fui percebendo que a nossa história está sendo usada pelos não índios. Foi dessa percepção que decidi fazer um curso superior para ajudar minha comunidade a despertar para essa realidade. Sabendo da oportunidade de ingresso por meio de cotas para os indígenas, prestei vestibular na UFSCar e fui aprovado no curso de Imagem e Som.

Já como estudante da UFSCar, desenvolvi um projeto de iniciação científica para estudar e registrar a Dança do Bate-Pau, evento tradicional da cultura terena do Mato Grosso do Sul.

2. O projeto

O projeto teve por objetivo documentar em vídeo a dança *Hiyokena Kipaê* – Dança do Bate-Pau, realizada pelo povo Terena (MS). O material registrado foi exibido na escola indígena de minha aldeia e serviu como fonte para a realização de debates acerca da importância da dança e da música para a tradição indígena terena. Com esse material, produzi um vídeo sobre essa manifestação, que poderá ser utilizado nas aulas sobre a cultura terena. O vídeo registrou informações culturais e históricas a respeito da Dança do Bate-Pau.

Para conseguir o objetivo, realizei várias entrevistas com índios Terena na minha aldeia, busquei várias informações acerca da Dança do Bate-Pau. Os índios Terena entrevistados foram: Mario Sales, Luis da Silva, Gerósio Pio da Silva e Helio Francisco Faria. Essas pessoas foram as principais fontes de informação desta pesquisa.

Todas as pessoas que foram entrevistadas me perguntaram para que eu estava fazendo este projeto e qual era a proposta. Eu respondia da seguinte forma: que estava elaborando um vídeo da Dança do Bate-Pau para deixar na escola indígena Francisco Faria, para que nossas crianças indígenas estudassem a nossa cultura e passassem a conhecer a tradição de nossa própria história. Depois de explicar para eles, me pediram uma cópia do vídeo assim que terminasse de editar, e garanti para eles que lhes daria uma cópia.

Acreditei nessa iniciativa, pois pensava que as crianças e jovens de minha comunidade passariam a dar maior valor às coisas de nossa cultura. Quando eles crescerem saberão contar as nossas histórias e nunca vão deixar a nossa cultura sumir. Foi por essa razão que foquei meus esforços na realização deste trabalho da Dança do Bate--Pau. E conquistei a confiança dos entrevistados e dos professores dessa comunidade e das crianças também. No decorrer do processo, continuei explicando para eles que no término deste projeto levaria este material para a escola indígena da aldeia Água Branca. Agradeço a todas as pessoas que colaboraram para a realização deste projeto. Fui muito bem recebido pelos professores quando lá estive, para apresentar o vídeo na escola para os alunos da comunidade indígena.

Após passar por muitas dificuldades, principalmente com o domínio dos equipamentos de áudio e vídeo, adquiri muita experiência na área em que atuo profissionalmente: o audiovisual. Antes da entrega do projeto, por exemplo, tive problemas na captura das imagens por causa das fitas Minidv, que não funcionaram no aparelho do Departamento de Artes e Comunicação da UFSCar. Todavia, com muito esforço, resolvi tais situações. Durante a edição do vídeo e do som, meu orientador sempre me acompanhou, e trabalhamos juntos neste projeto.

3. Trajetória

Em minha aldeia, essa dança é realizada no dia 19 de abril. Todavia, minha trajetória de pesquisa iniciou-se antes: em 2008, realizei as primeiras filmagens da dança mencionada na aldeia terena de Bauru, ocasião em que fui conhecer os terena que vivem nessa cidade, com a intenção de observar como eles realizavam a Dança do Bate-Pau.

Em novembro de 2008 e janeiro de 2009, levei essas imagens registradas na aldeia em Bauru para a escola indígena de minha aldeia, Água Branca, ocasião em que mostrei a estudantes e professores da escola indígena tais registros. A minha intenção foi mostrar aos terena de minha aldeia como os índios que migraram para Bauru ainda dançavam a Dança do Bate-Pau, porém de forma diferente. Não tem aquelas gingas dos corpos, o bombo deles é industrializado, os trajes deles são de sapé, e, por fim, constatei que as suas histórias também são diferentes. Para mim, o que filmei posteriormente em minha aldeia é mais original, já que essa dança é oriunda dessa região. Os trajes e cocares são feitos de pena de ema e os arcos e flechas são feitos de árvores nativas da região.

Nas duas viagens, novembro de 2008 e janeiro de 2009, realizei entrevistas com indígenas terena mais velhos, registrando essas entrevistas em vídeo e áudio. Também utilizei caderno de campo para registrar as informações. O foco foi a Dança do Bate-Pau. Nessas entrevistas, busquei levantar informações do processo histórico relacionado com essa dança, as origens e significados relativos a cada uma de suas partes. Também realizei entrevistas com membros da comunidade, busquei informações sobre a música e os instrumentos musicais, sua confecção e uso.

Com essas duas idas à minha aldeia, consegui levantar uma série de informações que pretendi utilizar na produção do vídeo resultante desta pesquisa. Realizei uma pequena análise das partes da dança, considerando as simbologias que estão por detrás de cada uma dessas partes.

No dia 19 de abril de 2009, voltei à minha aldeia e registrei a Dança do Bate-Pau, ocasião em que ocorreu uma grande festa e cuja dança foi realizada coletivamente pelos membros da comunidade.

Em maio, comecei a digitalizar as imagens e áudios registrados e editei as partes da dança. Analisei as falas, as imagens, as entrevistas e os sons da Dança do Bate-Pau registrados, buscando relacioná-los. Depois, montei uma primeira versão do vídeo.

Em julho, retornei à minha aldeia para levar o material em DVD e promovi uma palestra sobre a Dança do Bate-Pau para professores e estudantes da escola indígena, baseada no material audiovisual que desenvolvi. Os professores gostaram da ideia do projeto e agradeceram por essa iniciativa da produção do vídeo da Dança do Bate-Pau.

Em agosto e setembro de 2009, concentrei-me na produção final do DVD, elaborei capa, ficha técnica etc. Também elaborei um pequeno texto, com as partes da dança, que serviu de referência para a edição final do DVD. Nesses meses também redigi o relatório final referente à bolsa.

O projeto me fez conhecer com maior profundidade a história do meu povo Terena. As pessoas que fizeram parte deste projeto, principalmente os entrevistados, se sentiram privilegiadas em participar do vídeo. Aprovaram a ideia de fazer o vídeo para ser utilizado na escola por eu ser alguém que se preocupa em ensinar a história da comunidade. Acharam interessante esse projeto que relata a cultura indígena terena, pois ele será muito útil para as gerações vindouras.

4. A história e o sentido da Dança do Bate-Pau

A Dança de Bate-Pau ou *Hiyokena Kipaê*, como é conhecida na língua Aruak, é realizada pelos Terena desde 1940, como ritual relacionado à reivindicação de direitos. Em 1950, a realização da dança foi oficializada no dia 19 de abril.

A Dança do Bate-Pau apoia os seus significados nos sete passos (partes) de sua execução. Cada passo representa o modo como lutaram os Terena na guerra contra os invasores de seu território. Segundo a pesquisa bibliográfica e as observações que fiz a partir do registro que realizei em 19 de abril de 2009, a Dança do Bate-Pau deve ser compreendida em suas sete partes. A seguir, apresento e descrevo cada uma dessas partes da dança:

Primeira parte: Passo de Tuiuiú chegando bem devagarzinho, à procura dos seus inimigos. Por isso, na hora de começar a dança, os homens começam bem devagar, imitando os passos do tuiuiú. Dão uma volta, e quando chegam perto do tocador, o cacique grita, e aí eles param. É o primeiro passo da dança.

Segunda parte: O cacique grita novamente para começarem a dançar e todos entram na fila para iniciar a dança. Esse segundo passo está relacionado com o confronto com seus inimigos, por isso eles dançam e batem na taquara dos parceiros. Um tocador toca tamborinho e o outro, a flauta de taquara.

Terceira parte: Na terceira parte da dança, os índios seguram a taquara no meio, batem a ponta da taquara no chão e em seguida batem na taquara do parceiro, e a dança fica mais bonita ainda com o som do tamborinho. Essa parte representa os Terena afugentando os inimigos.

Quarta parte: Nessa parte, os dançadores vão usar arco e flecha. Eles vão atirando para fora das duas filas, para o alto, para dentro e para baixo. Essa parte simboliza o confronto direto com o inimigo.

Quinta parte: Os dançadores vão dançando novamente e batem a taquara para dentro e para fora da roda, depois batem na taquara do parceiro, primeiro pelo meio, depois nas duas pontas e mais uma vez no meio. Continuam fazendo assim até o final da dança. Essa parte representa os guerreiros Terena voltando da guerra.

Sexta parte: Nessa parte, os dançadores de uma fila viram de costas para os parceiros, levantando para cima sua taquara. Então, o parceiro bate na taquara levantada e eles continuam dançando. Quando pegam a ponta da taquara dos parceiros, os dançadores vão passando por baixo das taquaras de todos os outros e saem do outro lado. Essa parte representa a volta dos guerreiros, passando por debaixo dos cipós no meio do matagal.

Sétima parte: Esse é momento de o cacique subir na plataforma feita pelas taquaras dos dançadores. Enquanto eles fazem a plataforma, o cacique vai dançando, dando voltas, e, balançando sua taquara com uma das mãos, retorna dançando e sobe na plataforma. Os dançadores então erguem a plataforma o mais alto que podem e dançam, girando a plataforma, enquanto o cacique dá o grito de vitória quatro vezes em cima dela.

5. Instrumentos musicais da Dança do Bate-Pau

A melodia tocada na flauta hoje possui uma pequena diferença em relação à que se tocava antes, segundo o índio terena Gerósio, que entrevistei em julho de 2009. Pedi para ele tocar o trecho desta melodia, como era tocada antigamente e como é tocada hoje em dia na realização da dança. Realmente, pelo que ouvi do toque atual e do toque antigo, considerei mais bonito o segundo. Registrei em vídeo ambas maneiras de ser tocado.

Atualmente, a maioria dos tocadores somente toca a versão atual, não sabem mais tocar como era antes. Quando os organizadores mais idosos da dança ainda estavam vivos, ninguém se interessava em aprender a tocar a flauta com eles, nem em saber acerca das histórias. Quando alguns dos homens resolveram aprender a tocar a flauta da dança, já era tarde demais. Por esse motivo, quase ninguém sabe a versão original da melodia tocada na flauta. Acabaram modificando o ritmo e o som da flauta, mas graças a Gerósio, que ainda conhecia o toque tradicional da música, pude identificar a diferença entre o toque tradicional e o atual da flauta.

Gerósio afirmou que o toque de flauta significava muito para os Terena antigamente. Quando era tocada a flauta, lembravam do fim da guerra, pois esse instrumento era tocado para avisar aos grupos que já tinham vencido. Por isso, os Terena com mais idade respeitam muito quando o pife é tocado dentro da comunidade ou na dança.

O bombo também servia de comunicação para os guerreiros durante a guerra. Na Dança do Bate-Pau, o primeiro toque serve para chamar os homens para entrarem em fila, para ficarem prontos para dançar. No segundo toque, os homens iniciam a dança com passos vagarosos, os passos de tuiuiú. No terceiro toque, começam a dançar. Daí em diante o toque já não muda mais, indo até o final do sétimo passo da mesma forma. Os toques das taquaras também seguem o ritmo do tambor, porém executam variações em cada uma das partes da dança.

6. As entrevistas

As entrevistas foram realizadas no dia 22 de janeiro de 2009. Esses senhores que foram entrevistados colaboraram muito, e as informações que consegui foram suficientes para a elaboração do projeto e do vídeo deste projeto.

Em fevereiro de 2009, consegui uma entrevista sobre esse assunto, da Dança do Bate-Pau, com o pastor Jonas, da aldeia Limão Verde, de Mato Grosso do Sul, numa ocasião em que ele veio à UFSCar para acompanhar a realização do vestibular indígena. Aproveitei para entrevistá-lo porque soube que ele conhece a história dessa dança, e ele me cedeu diversas informações acerca da importância dela.

Outro entrevistado, Mario Sales, comentou como era o início da dança dentro da Comunidade Terena. A entrevista que fiz com ele foi organizada da seguinte forma: pensava em fazer na casa dele, embaixo de uma árvore, sentado num banco de madeira e fazendo as perguntas, assim foi feito. Mario Sales disse que a Dança do Bate-Pau era realizada pelos Terena desde 1940, como ritual relacionado à reivindicação de direitos. Em 1950, a realização da dança foi oficializada no dia 19 de abril. Ele explicou que em 1950 foi feita uma reunião com as lideranças Terena e que, aí, se oficializou a Dança do Bate-Pau na comunidade.

Outro entrevistado foi Luis da Silva, que também relatou coisas interessantes, até porque foi um dos caciques da Dança do Bate-Pau. Ele explica da seguinte forma: "*essa nossa dança na verdade significa guerra. Todos os passos usados na dança simulam como enfrentamos nossos inimigos naquela época*". A dança também fala da pintura corporal e das cores vermelho e azul. Vermelho significa que os Terena são guerreiros, valentes e astutos; azul significa que são mansos e que não são valentes. Por isso, quando dançam há uma rivalidade entre eles.

O cacique da dança é o homem que a organiza antes do dia 19 de abril. Esse cacique deve ser diferenciado da autoridade da comunidade, que é conhecida como capitão. O capitão é o líder da comunidade.

Na hora em que o cacique sobe, ele faz o possível para não cair, pois se cair da plataforma é como se tivesse perdido a dança. A maneira de dançar dos dançadores, que vão para frente e para trás, é uma simulação de como se confrontavam com seus inimigos. A dança mostra o quanto foi sofrido ganhar a batalha, e a cada intervalo da dança o cacique grita *hooo noyooo*. Esse grito significa "me acudam".

Luis também contou que as pessoas que assistem a essa dança não sabem o quanto ela é significativa para eles, que são índios, pois os jovens de hoje não dão mais valor à nossa tradição. Ele afirmou que tem orgulho de ainda poder estar falando um pouco da história da Dança do Bate-Pau.

O melhor argumento da história dessa dança que ouvi e registrei foi durante a entrevista com o flautista Gerósio Pio, que disse o seguinte:

"Quando meu pai contava essa história, eu era garoto. Então ele comentou que o pai dele contava que, quando os Terena começavam a se confrontar com seus inimigos, não tinham mais sossego, porque os inimigos deles os perseguiam, e foi por esse motivo que o povo terena não conseguia se estabelecer em lugar nenhum e eles viviam como nômades. Isso ocorreu até que, um dia, chegaram num lugar e fizeram uma emboscada para os seus inimigos. Esse lugar, atualmente, é a divisa da terra dos Terena. Nesse ponto, cavaram um buraco muito grande e se esconderam, camuflaram-se. Quando os inimigos chegaram ali, caíram dentro do buraco e foram mortos pelos índios, que hoje formam oito aldeias de diversos nomes: Ipegue, Colônia Nova, Bananal, Jaraguá, Lagoinha, Imbirussu, Morrinho e Água Branca."

7. O dia do registro da dança

No dia 19 de abril de 2009, fui para minha comunidade em Mato Grosso do Sul registrar o ritual da Dança do Bate-Pau, da aldeia terena Água Branca. Iniciei a filmagem às cinco horas da manhã, registrando desde a preparação das tintas até quando eles pintaram os corpos. Também registrei quando ajustavam os trajes e faziam os últimos retoques das pinturas corporais.

Às oito horas da manhã, fui ao local de realização da dança a fim de fazer a filmagem. No momento em que se formavam as filas para se iniciar a apresentação, a plateia esperava atenciosamente. Quando iniciei a filmagem, houve muito barulho de vozes, a apresentadora do evento falava muito ao microfone durante a dança, me atrapalhando bastante na filmagem. Fiz o possível para não pegar esses ruídos, para facilitar a edição do vídeo, mas infelizmente não foi possível. Sua voz começou a atrapalhar a captura da música e, para piorar, os músicos, que são os tocadores de bombo e flauta, ficaram perto de uma caixa de som.

Todavia, tinha de permanecer no local, ao lado de caixa de som, pois esse era o melhor ângulo para realizar a captura. O problema: ali era o melhor lugar para fazer as filmagens e capturar o áudio, se me retirasse daquele lugar não teria como capturar o áudio, pois ficaria muito distante dos músicos. Esse fato acabou atrapalhando o som do vídeo na fase de edição.

O espaço era muito pequeno também. A apresentação que registrei foi feita em uma quadra de esportes da escola da aldeia, e tinha muita gente a assistindo. Havia pessoas de diferentes cidades, que foram prestigiar o ritual dos indígenas.

No momento da realização da dança, percebi que as batidas fortes no tambor e os passos cadenciados aumentavam a expectativa dos observadores. O primeiro passo começou com o passo do tuiuiú. Bem devagar, os dançarinos fizeram uma volta em toda a quadra. Um grito chamou para o início dos primeiros movimentos. Esse grito foi realizado juntamente com o som do pife e acompanhado pelo tambor. Então, as passadas expressaram força e ao mesmo tempo mostraram a leveza, em sincronia com o suave e repetido toque do pife.

A cada passagem, fazia-se um chamado oral para que os movimentos fossem executados. Entre essas falas, um dos caciques do Bate-Pau incentivava os companheiros a dançarem melhor. Houve mudanças nos movimentos. Tínhamos o som do pife, do tambor e das taquaras, batidas umas nas outras, intercalados pelos gritos do cacique do Bate-Pau.

Num segundo momento, as taquaras foram substituídas pelos arcos e flechas, que reiniciaram os movimentos, e o sol já estava alto, pois eram 11 horas da manhã. A dança é um teste de resistência física para os dançadores, que começaram a dançar às 8 horas da manhã e, nesse momento, já executaram quase todos os movimentos da dança.

Trocaram-se os arcos e flechas pelas taquaras novamente. Últimos movimentos marcados pela expectativa do alçar de um dos caciques ao espaço. No final, foi erguido um dos caciques que ordenam a dança. Quando levantado, o cacique manteve-se em pé, apoiando fixamente os pés nas taquaras cruzadas e seguradas pelos outros dançarinos, e gritou *ainapu yakoe* (muito obrigado) como agradecimento.

8. A produção do vídeo

A produção do vídeo foi feita a partir do material que considerei mais relevante nos registros que realizei. Cada parte da dança é longa, e procurei sintetizar um pouco de cada uma delas para fazer uma edição curta de todo o material.

Aprendi que não é fácil fazer um vídeo, pois é necessário muito tempo para separar o material e formular o que tem de ser feito. É preciso realizar com muito cuidado cada parte do projeto.

Meu contato com o computador foi muito bom. Apesar de não ter o domínio completo da edição, foi uma experiência muito boa para mim, pois aprendi muita coisa com meu orientador, principalmente em relação a editar o vídeo e o áudio.

Quando vi pela primeira vez o programa de edição, fiquei surpreso e ao mesmo tempo feliz de aprender a lidar com ele. Para mim, era novidade, porque dava para jogar as imagens dentro do computador e depois trabalhá-las, fazer os recortes necessários. Conhecendo o software, aos poucos fui testando as possibilidades.

No final do processo, percebi que aprendi a gravar vídeo e áudio, capturar e editar material audiovisual. Minha intenção é, até o fim do meu curso, praticar mais essa tarefa de edição e aprimorar meus conhecimentos para realizar novos trabalhos audiovisuais.

As capturas foram feitas no Departamento de Artes e Comunicação. Só ali há computadores com os programas de edição e outros equipamentos usados para produzir o vídeo. Passei dias fazendo as capturas e a edição. Esse tipo de trabalho precisa de tempo para se ver e rever os vídeos e separar as partes que são importantes. Precisei de muita atenção e dedicação para finalizar a edição do vídeo.

Editei o vídeo considerando as partes que são mais relevantes, dando ênfase às partes da dança e ao início, quando são feitas as pinturas corporais. Portanto, comecei a editar desde a preparação das tintas de urucum e jenipapo, dentro das latinhas, passando pela pintura dos corpos e pela colocação dos trajes e cocares. Esses momentos foram editados no início, pois são os preparativos da dança.

Depois foram editadas as partes da dança, desde a primeira até à sétima parte. Editei o movimento das taquaras e das flechas, dos pés e dos corpos dançando e tocando. Foram colocadas informações da dança em forma de texto no vídeo, explicando o contexto de sua realização. Ao final foram colocados os créditos, os agradecimentos aos entrevistados e aos financiadores do projeto.

A organização do som foi feita assim: capturei o som de trechos da gravação nos quais não havia ruído para ele poder ficar melhor com a imagem do vídeo. Inicialmente, quando a voz da apresentadora atrapalhou a escuta da música, pensei em capturar somente a imagem. Minha ideia era editar o vídeo sem som e deixar a fala do pastor Jonas para explicar as partes da dança. Porém, percebi que havia algumas partes que possibilitavam a extração da música sem os ruídos e passei a trabalhar com colagens de um ponto a outro, preenchendo o vídeo com o áudio de boa qualidade. Foi muito trabalhoso, pois tive de sincronizar as imagens e os sons manualmente.

9. Conclusões

Com esta pesquisa, tive a oportunidade de conhecer melhor a Dança do Bate-Pau. Assim, um dos objetivos que atingi durante a pesquisa foi conseguir registrar a história do surgimento da dança e também cada uma das partes dela. Contudo, não foi fácil obter a versão original da história, visto que poucos detinham essa informação, pois aqueles que experienciaram a história real da dança já haviam falecido. Percebi que foi necessário "garimpar" muitas informações para encontrar a versão mais original sobre a Dança do Bate-Pau.

Consegui gravar entrevistas importantes, porém não foi fácil fazer essas filmagens, já que a aldeia está bem distante da UFSCar. Essa foi uma de minhas grandes dificuldades, pois precisei viajar e levar a filmadora do departamento comigo, além de ter de arcar com a necessidade de recursos financeiros referentes às passagens de ônibus.

Todavia, essa foi uma experiência muito importante, pois penso assim: "*Estou fazendo alguma coisa para minha comunidade. Estou fazendo essas coletas de informações que servirão para documentar a Dança do Bate-Pau para a minha comunidade, e isso será importante no futuro*".

Concluo também que, quando conhecemos a história de cada cultura, passamos a respeitá-la, porque não é à toa que os rituais são realizados nas comunidades. A pesquisa abriu sucessões de ideias que me conduzem a encerrar esse projeto com resultados que alcançaram os objetivos propostos. Porém, para mim, a pesquisa que envolve essa temática não se encerra, pois pretendo continuar a pesquisar os rituais de minha cultura.

A Dança do Bate-Pau possui diversas informações que me chamam a atenção para fazer outro vídeo. Refiro-me principalmente às cores das pinturas corporais. Essas duas cores são conhecidas como *xúmono* e *sukirikeanó* e simbolizam duas qualidades ou personificações relacionadas aos Terena. Estas duas qualidades são: coragem/valentia; serenidade/tranquilidade. É sobre essas relações que pretendo desenvolver o próximo vídeo sobre a cultura de meu povo.

Referências bibliográficas

BALDUS, H. Lendas dos índios Terena. *Revista do Museu Paulista*, São Paulo: Museu Paulista, v. IV, n. s., 1950.

BITTENCOURT, C. M. F.; LADEIRA, M. E. *A história do povo Terena*. Brasília: MEC; São Paulo: USP/CTI, 2000. 156 p.

CARVALHO, F. *A Koixomuneti e outros curadores*: xamanismo e práticas de cura entre os Terena. Dissertação de Mestrado. Universidade de São Paulo, São Paulo, 1996.

CASTELNAU, F. *Expedições às regiões centrais da América do Sul*. Rio de Janeiro: Cia. Editora Nacional, 1949. (Brasiliana, 266).

DINIZ, E. S. *Uma reserva indígena no Centro-Oeste paulista*: aspectos das relações interétnicas e intertribais. São Paulo: Museu Paulista, 1978. 158 p. (Coleção Museu Paulista, série de etnologia, 3).

FARIAS, L. *Kipaéxoti, hiyokena*. Dança do Bate-Pau, dança típica do povo terena. s/d. (vídeo).

LOPES, M. M.; SILVA, R. F. V. Formação de pesquisadores índios e método histórico: uma experiência no Icatu. In: SILVA, A. L.; FERREIRA, M. K. L. (Org.). *Práticas pedagógicas na escola indígena*. São Paulo: Global, 2001. p. 161-184. (antropologia e educação).

MANGOLIN, O. *Da escola que o branco faz à escola que o índio necessita e quer, uma educação indígena de qualidade*. 155 p. Dissertação de Mestrado. Universidade Católica Dom Bosco, Campo Grande, 1998.

NILSSON, M. T.; REZENDE, R. *A terra dos Terena*: manual de educação ambiental para a terra indígena de Cachoeirinha. São Paulo: CTI, 1999. 37 p.

NORDER, L. A. C. Os Aruák no Mato Grosso: trabalho e conflito (1848-1873). *Terra Indígena*, Araraquara: Centro de Estudos Indígenas, v. 11, n. 70, p. 26-31, jan./mar. 1994.

OLIVEIRA, E. A. Alguns aspectos culturais dos Terena. ANAIS DO SIMPÓSIO TEMÁTICO SABERES TRADICIONAIS E FORMAÇÃO ACADÊMICA NO ÂMBITO IDENTIDADE E ORGANIZAÇÃO SOCIAL INDÍGENA. s/d.

SILVA, A. L.; FERREIRA, M. K. L. (Org.). *Práticas pedagógicas na escola indígena*. São Paulo: Global, 2001. (antropologia e educação).

SILVA, F. A. Mudança cultural dos Terena. *Revista do Museu Paulista*, São Paulo: Museu Paulista, v. 3, n. s., p. 271-380, separata, 1949.

PESQUISA E EXTENSÃO UNIVERSITÁRIA ASSINALAM DIFERENTES FORMAS DE AÇÕES AFIRMATIVAS

Jogos e desafios matemáticos

Édipo Batista Ribeiro de Lima
José Antonio Salvador

1. Introdução

A introdução de jogos e desafios matemáticos como ferramenta de aprendizagem significativa e potencializadora de habilidades motoras e lógico-dedutivas é um caminho possível e viável para fomentar o interesse dos indivíduos pelo pensamento matemático.

Neste capítulo, apresentamos subsídios para a utilização de jogos e desafios com a elaboração de kits explicativos sobre os mesmos. Em consonância com essa concepção, tínhamos como expectativa de resultados a conclusão de que realmente a introdução deles em práticas educacionais e terapêuticas fosse uma estratégia eficaz para os objetivos específicos de cada uma delas.

Como justificativa principal, temos o fato de que o trabalho com essa atividade divide opiniões na comunidade escolar, e, por isso mesmo, geralmente não se faz uso de toda a potencialidade dos jogos, que possuem vários conceitos matemáticos implícitos, nem são eles aplicados no desenvolvimento de habilidades, por não serem conhecidas ou compreendidas as estruturas lógicas neles envolvidas. Também na área da Saúde, como em Fisioterapia e Terapia Ocupacional, propomos trabalhar com alguns jogos e desafios para desenvolver habilidades de motricidade fina e lógica.

Este trabalho foi desenvolvido dentro do programa de Ações Afirmativas da universidade e possibilitou a permanência do bolsista na universidade, que era uma das propostas iniciais. Além disso, a elaboração dos kits e a teorização dos desafios abordados permitiu a integração do bolsista na estrutura acadêmica e mostrou novas maneiras de apresentar conteúdos matemáticos mais complexos de modo lúdico para a comunidade com deficiência no processo de ensino-aprendizagem em Matemática.

2. Metodologia

Durante a pesquisa, elaboramos kits explicativos de cada jogo ou desafio matemático, explorando minuciosamente sua estrutura, e buscamos apresentá-los de maneira a facilitar sua compreensão. Os principais materiais utilizados foram: folhas de papel, palitos, argolas, arames, régua, compasso, transferidor e lápis ou caneta, além de softwares computacionais matemáticos como o GeoGebra[1] e editores de texto. Enfim, utilizamos materiais simples e acessíveis em ambientes educacionais e terapêuticos.

Nosso embasamento teórico para a exploração de jogos foi a conexão com a teoria apresentada no livro *A arte de resolver problemas*, de George Polya.[2] Com base em seu estudo, dividimos o processo pelo qual se pode solucionar um problema, no nosso caso, jogos e desafios, em quatro etapas, que podem assim ser resumidas:

1. Entender o problema: compreender as condições dadas (extrair todas as informações do problema e ser capaz de hierarquizá-las, isto é, definir quais delas são imprescindíveis ou não) e verificar se elas são coerentes; analisar as condições para a criação de um modelo que se encaixe em tais condições;
2. Elaborar um plano: a partir das informações obtidas na etapa anterior, encaixar o seu modelo dentro dos conhecimentos prévios (comparar e contrapor com

---

[1] GeoGebra <www.geogebra.org.br> (software livre de geometria dinâmica).
[2] Polya (1995).

outros problemas que já tenha resolvido), para verificar a aplicabilidade dele e, assim, estruturar um plano para resolver a questão;

3. Seguir o plano: aplicar o plano elaborado, tomando o cuidado de garantir a validade de todas as suas etapas; e

4. Fazer um retrospecto: voltar ao problema inicial e verificar se a solução proposta está de acordo com as condições dadas; perceber que conhecimentos foram usados ou incorporados para solucionar o problema; e questionar-se quanto à existência de outras soluções.

A partir dessas ideias, exploramos vários jogos e elaboramos kits explicitando o raciocínio matemático que pode ser utilizado em cada passo. A seguir, alguns desafios que foram abordados.

3. O desafio da divisão terça de uma folha

Dada uma folha de papel retangular, como dividi-la em três partes congruentes? Uma primeira alternativa seria por tentativa, fazendo-se duas dobras convenientes.

3.1 Entendendo o problema

Escolhemos a orientação paisagem para a divisão da folha. Queremos dividi-la em três partes congruentes, isto é, dividir de uma maneira que as medidas correspondentes sejam idênticas. Para tanto, podemos utilizar, por exemplo, o sistema métrico de medidas de segmentos e áreas. Parece também uma ideia natural.

3.2 Elaborando um plano para encontrar a solução do problema

Consideremos essa folha como sendo uma figura geométrica conhecida (o retângulo), e que, como tal, possui características específicas, como medida dos lados e de diagonais, ângulos internos conhecidos etc. Ligando dois vértices não consecutivos do retângulo, A com C e B com D, traçamos diagonais, portanto ele fica dividido em triângulos, dos quais geralmente conhecemos mais relações úteis. Utilizando conhecimentos de construções geométricas mais simples, transpomos nossas ideias teórico-matemáticas para a execução da tarefa proposta, pensando nas várias possibilidades.

3.3 Seguindo o plano de resolução do problema

Solução 1

Intuitivamente pegamos uma folha e a dobramos por tentativa, de modo a obtermos três partes congruentes. Com uma régua, medimos o comprimento da folha e a dividimos em três partes, marcando em ambos os lados, como na Figura 1. Em seguida, é só dividi-la em três partes congruentes nas marcas indicadas.

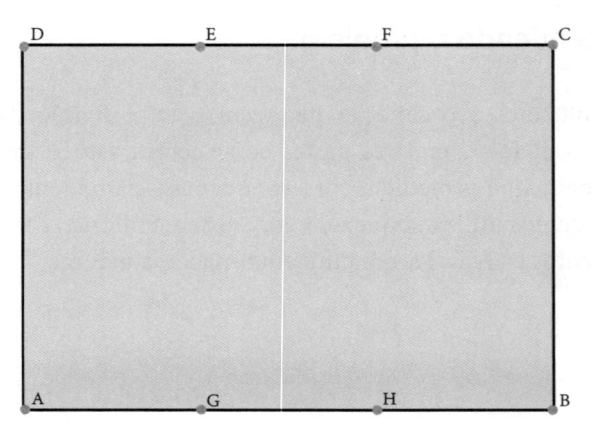

Figura 1 Folha dividida em três partes.

3.3.1 Fazendo retrospecto, voltando ao problema inicial

Do ponto de vista matemático, o que há por trás desse procedimento é o fato de que existe uma métrica definida no espaço euclidiano que usamos como referencial e, além disso, há uma associação bijetiva f(x) entre os pontos de um segmento de reta e os números reais. Observemos que essa associação conserva a ordem no conjunto dos números reais, isto é, se x maior do que y, então f(x) é maior do que f(y).

Solução 2
Dividir a folha ao meio e traçar as diagonais (da folha toda e da sua metade), encontrando o ponto (na intersecção) pelo qual deve passar a dobradura terça da folha.

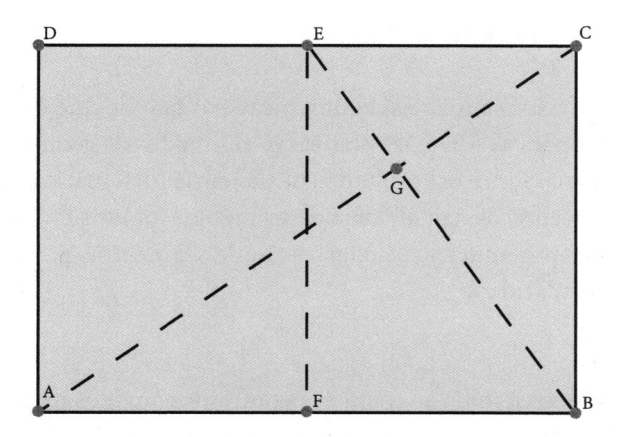

Figura 2 Intersecção das diagonais.

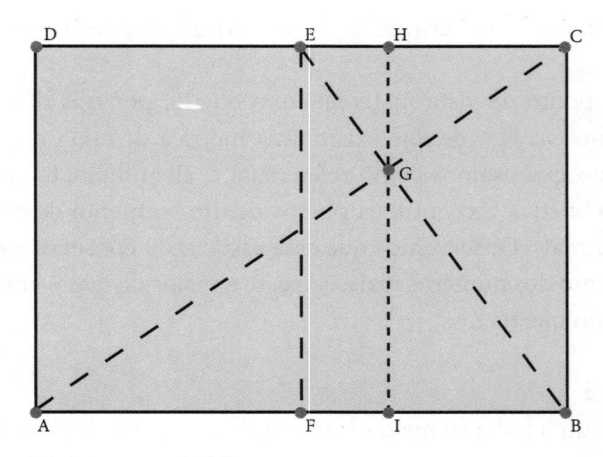

Figura 3 Divisão terça da folha.

3.3.2 Fazendo retrospecto

O que justifica toda essa construção é o fato de que é possível transportar para as situações práticas os resultados da geometria euclidiana plana. Entre os resultados dessa teoria matemática, utilizamos os conceitos de semelhança de triângulos, pontos de intersecção de objetos geométricos, construção de segmentos, paralelismo e perpendicularidade.

Solução 3
Dividimos a folha ao meio e encontramos ângulos de um arco centrado num ponto extremo da linha que divide a folha ao meio, tal que suas tangentes estão na razão de 1 para 3, como a da Figura 4.

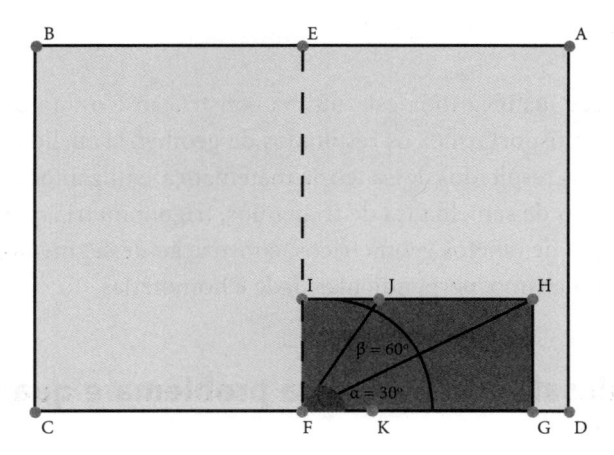

Figura 4 Ângulos na razão de 1 para 3.

Em seguida, marcamos as projeções dos pontos, como na Figura 5.

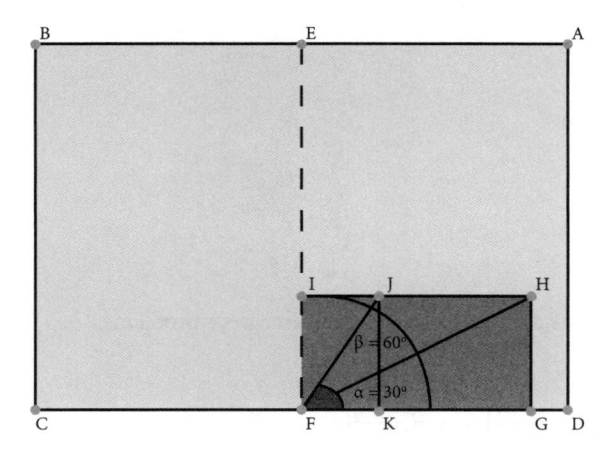

Figura 5 Projeção do ponto.

3.3.3 Fazendo retrospecto

O que justifica toda esta última construção é o fato de que é possível transportarmos os resultados da geometria euclidiana plana. Entre os resultados dessa teoria matemática, utilizamos também os conceitos de semelhança de triângulos, trigonometria, pontos de intersecção de objetos geométricos, construção de segmentos, projeção, paralelismo, perpendicularidade e homotetias.

4. O desafio de uma peça problema e quatro argolas

Este desafio é elaborado com uma peça problema de metal e quatro argolas de tamanho e formato iguais, e o objetivo é retirar ou colocar a peça problema conforme a Figura 6, sem usar a brecha da peça problema ou das argolas.

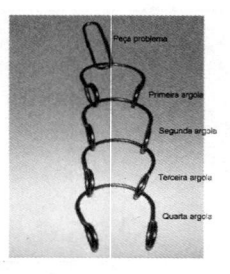

Figura 6 Desafio de quatro argolas e uma peça problema.

4.1 Entendendo o desafio

Verificamos que existe uma maneira de retirar a peça problema sem abrir as argolas ou a peça problema. O que precisamos é passar a peça problema pelos orifícios circulares que ligam as argolas, intercalando com a não passagem dela por tais orifícios. Em certo sentido podemos imaginar que a peça problema, na posição inicial do jogo, já se encontra separada da estrutura suporte, uma vez que o estado inicial do desafio é topologicamente equivalente ao estado final a que se deve chegar sem necessidade de quebrar, mediante apenas uma sequência de transformações topológicas contínuas. Essa é uma condição topológica necessária para que um jogo de arame ou metal possa ser resolvido.

4.2 Elaborando um plano para encontrar a solução do desafio

A topologia geométrica trata das posições relativas de objetos matemáticos e de suas deformações sem alterar as propriedades do problema. Pensamos numa sequência de zeros e uns, associando o para a passagem da peça problema por fora do orifício e 1 para a sua passagem por dentro dele.

Caso tenhamos dificuldade na resolução de um desafio como este, sugerimos, como Polya, a resolução de um problema análogo mais simples, como o da próxima seção. Em seguida, voltamos ao problema mais complicado, já com mais ideias a serem utilizadas.

4.3 Seguindo o plano de resolução do desafio

Segurando o desafio na posição inicial, passamos a peça problema por dentro do orifício da segunda argola (considerando que a primeira é aquela que está com a peça problema), seguindo o sentido de dentro para fora.

Mantendo essa posição, invertemos o sentido e passamos a peça problema por fora do orifício da quarta e da terceira argola. Mudando novamente o sentido, passamo-la por dentro do orifício da terceira e por fora da quarta argola.

Soltamos o desafio e o seguramos pela última argola. Continuando no mesmo sentido, passamos a peça problema por fora da primeira e por fora da segunda argola. Invertemos o sentido, passando-a por fora da quarta e por fora da terceira argola. Mudamos o sentido e passamos por dentro do orifício da terceira e por fora do da quarta argola. Puxamos a peça problema, passando-a por dentro do orifício da primeira argola.

Invertendo o sentido, passamos novamente a peça problema por fora da quarta argola, por fora da terceira argola e por fora da segunda argola. Mudando o sentido, passamos a peça problema por dentro do orifício da terceira e por fora da quarta argola. Puxamos a peça problema, passando-a por dentro do orifício da segunda argola.

Invertemos o sentido e a passamos por fora da quarta argola e por fora da terceira argola. Passamos a peça problema, de dentro para fora, por dentro do orifício da terceira argola. Finalmente, puxamos e retiramos a peça problema no mesmo sentido, passando-a por fora da última argola. Utilizando a notação de zeros e uns proposta para as operações efetuadas, obtemos uma sequência de resolução do desafio: **100100000101000101001o**.

4.4 Fazendo retrospecto

Do ponto de vista matemático, podemos verificar que, para encontrar a solução, necessitamos de algumas considerações sobre as posições relativas entre a peça problema e as argolas do desafio.

Observamos que o desafio exige a capacidade de buscar uma saída criativa: a passagem da peça problema pelos orifícios ora em um sentido, ora em outro, o que não parece de modo algum trivial é começarmos a passagem da peça problema pela segunda argola.

Outro aspecto interessante que destacamos é o fato de que a sequência executada para retirar não é simétrica à do caminho inverso, como se esperaria. Assim, recolocar a peça problema sem usar a brecha torna-se um novo e interessante desafio.

5. O desafio de uma peça problema e três argolas

Este desafio é formado com uma peça problema e três argolas de tamanho e formato distintos, mais simples do que o anterior, da seção 4, e com o mesmo objetivo.

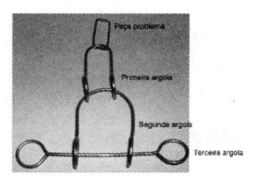

Figura 7 Desafio de três argolas e uma peça problema.

5.1 Entendendo o desafio

Também verificamos que, neste caso, existe uma maneira de retirar a peça problema seguindo o mesmo procedimento. Observamos que, com algumas deformações que não alteram as propriedades topológicas da estrutura, a forma deste desafio é equivalente à anterior, com exceção da quantidade de argolas.

5.2 Elaborando um plano para encontrar a solução do desafio

Dado o exposto em 5.1, também pensamos numa sequência de zeros e uns, associando **o** para a passagem da peça problema por fora dos orifícios e **1** para a sua passagem por dentro deles.

5.3 Seguindo o plano de resolução do desafio

Segurando o desafio na posição inicial, passamos a peça problema por dentro do orifício da segunda argola (a primeira argola é aquela que está com a peça problema), no sentido de dentro para fora.

Invertendo o sentido, passamos a peça problema por fora da terceira e por dentro da segunda. Mudando o sentido, passamos a peça problema por fora da segunda argola e por fora da terceira argola. Invertemos o sentido e passamos a peça problema por fora da primeira argola. Mudamos o sentido, passando-a por dentro do orifício da primeira argola.

Invertendo o sentido, passamos por fora da terceira argola e por fora da segunda argola. Mudando de sentido, passamos a peça problema por dentro do orifício da segunda argola. Finalmente, puxamos e retiramos a peça problema, passando-a por fora da terceira argola. Seguindo nossa convenção, obtemos a seguinte sequência de uns e zeros correspondente à solução do desafio: **10100010010**.

5.4 Fazendo retrospecto

Do ponto de vista matemático, podemos verificar que para encontrar a solução necessitamos algumas considerações sobre as posições relativas entre a peça problema e as argolas do desafio. Observamos que este desafio, embora mais simples do que o anterior, exige também uma capacidade de buscar uma saída criativa. Da mesma forma, a sequência executada para retirar não é simétrica. Com base nesses desafios de argolas, podemos generalizar o problema para um desafio com um número n, $n > 4$ argolas, devido à equivalência topológica encontrada.

6. O jogo do Nim

Nim é um jogo de estratégia de origem chinesa, bastante conhecido. Ele pode ser disputado entre dois (ou mais) jogadores. Dado um conjunto de palitos dispostos paralelamente sobre uma mesa, o objetivo é retirar alternadamente um número de palitos entre um número mínimo e um número máximo, acordados antes do início do jogo, de modo a não se retirar o último palito do jogo.

6.1 Entendendo o problema

Queremos retirar alternadamente com outro jogador alguns palitos, de tal forma que reste apenas um para o nosso adversário. Como podemos desvendar a estrutura lógica desse jogo e determinar a estratégia vencedora?

6.2 Elaborando um plano para encontrar a solução do problema

A estrutura desse jogo pode ser comparada à estrutura dos números inteiros (pela clara associação entre unidade/palito) e a utilização da congruência módulo k (k > 0). Com ela, podemos determinar uma estratégia vencedora para o jogador que conseguir deixar para seu adversário uma quantidade com determinada congruência específica.

6.3 Seguindo o plano de resolução do problema

Considere-se χ e η os respectivos número mínimo e número máximo de palitos que podem ser retirados em cada jogada. Se considerarmos que o vencedor não deve retirar o último palito, a estratégia ganhadora é a de deixar, sempre, para o adversário, $(\chi + \eta + 1)$

palitos. Para que isso aconteça, basta que o jogador efetue o seguinte procedimento:

Supondo que um jogador retire β palitos, então basta que o outro retire $[(\chi + \eta) - \beta]$ palitos.

Num exemplo, em que há 26 palitos inicialmente, com dois jogadores retirando, no mínimo, $\chi = 1$ e, no máximo, $\eta = 4$ palitos de cada vez, temos:

O primeiro retira 2 palitos, o segundo deve retirar $[(4 + 1) - 2] = 3$ palitos. Restam 21 palitos.

O primeiro retira 4 palitos, o segundo deve retirar $[(4 + 1) - 4] = 1$ palito. Restam 16 palitos.

O primeiro retira 3 palitos, o segundo deve retirar $[(4 + 1) - 3] = 2$ palitos. Restam 11 palitos.

O primeiro retira 1 palito, o segundo deve retirar $[(4 + 1) - 1] = 4$ palitos. Restam 6 palitos.

O primeiro retira 3 palitos, o segundo deve retirar $[(4 + 1) - 3] = 2$ palitos. Finalmente, resta 1 palito, que cabe ao primeiro jogador retirar, que acaba perdendo o jogo.

6.4 Fazendo retrospecto

O argumento matemático envolvido no processo descrito é: quando o segundo jogador retira $[(\chi + \eta) - \beta]$ palitos, deixa para o primeiro jogador um número λ de palitos, congruente com a quantidade inicial módulo $(\chi + \eta)$. No exemplo citado, vemos que o número 26 é congruente a 1 módulo $(4 + 1)$, o que implica que, ao final do processo, restará 1 palito para o primeiro jogador.

Caso esta particularidade não ocorra desde o início do jogo, basta que, no meio do processo, o segundo jogador consiga fazer o jogo chegar a uma configuração equivalente, o que, se o primeiro conhecer o raciocínio envolvido, dificilmente ocorrerá, pois ele o aplicará também.

7. Considerações finais

Esperamos ter contribuído de alguma maneira para a possibilidade de introdução desses jogos em ambientes educacionais e terapêuticos. Os kits dos jogos podem ser divulgados como mais uma ferramenta educacional em ambientes de ensino e terapêuticos. Alguns deles estão desafiando os estudantes no Laboratório de Ensino do Curso de Matemática da UFSCar e também têm sido objeto de instigação para os visitantes da Universidade Aberta e do Circo da Ciência, nos quais a UFSCar recebe a visita de alunos e professores do ensino básico, bem como podem ser explorados em ambientes hospitalares.[3] Concluímos que a utilização dos jogos é importante não somente para distração para todas as idades, mas também na exploração de habilidades cognitivas, e que ela pode contribuir para a descoberta de estratégias e o interesse dos jovens por questões matemáticas ou, mesmo, de outras ciências. Os desafiados pelas atividades apresentadas podem ser incluídos na sociedade do conhecimento pela porta fundamental, que é a da descoberta:

> [...] uma grande descoberta resolve um grande problema. Mas há sempre alguma descoberta na resolução de qualquer problema. Esse pode até ser modesto, mas se desafiar a curiosidade e se puser em jogo as faculdades inventivas, quem o resolver pelos seus próprios meios experimentará o prazer e o triunfo da descoberta.[4]

Referências bibliográficas

ÁVILA, G. *Cálculo das funções de uma variável*. 7. ed. Rio de Janeiro: LTC, 2003.

---

3   Diniz et al. (2007).
4   Polya (1995, p. V).

BROTTO, F. O. *Jogos cooperativos*: o jogo e o esporte como um exercício de convivência. 2. ed. Florianópolis: Projeto Cooperação, 2002.

DANTE, L. R. *Matemática*. São Paulo: Ática, 2009.

DINIZ, E. M.; FIGUEIREDO, R. M.; SALVADOR, J. A.; RUSSO, P. Jogos e distrações educativas no hospital: um relato de experiência. *Espaço Ciência & Saúde*, UNICRUZ, v. 1, n. 12, 2007.

IMENES, L. M. *Problemas curiosos*. São Paulo: Scipione, 1989. (Vivendo a Matemática).

LIMA, E. B. R.; SALVADOR, J. A. *Jogos e desafios*. 8ª Jornada Científica e Tecnológica da UFSCar, 2009.

LIMA, E. L. *Espaços métricos*. Rio de Janeiro: IMPA; Projeto Euclides, 2007.

POLYA, G. *A arte de resolver problemas*. Rio de Janeiro: Interciência, 1995.

TAHAN, M. *As maravilhas da Matemática*. Rio de Janeiro: Record, 1968.

_____. *Matemática divertida e curiosa*. Rio de Janeiro: Record, 2000.

Ações Afirmativas na Saúde: contribuição para a construção de políticas públicas

EDISON DOS REIS
MÁRCIA NIITUMA OGATA

1. Introdução

O aspecto racial tem importância fundamental na estruturação das desigualdades sociais e econômicas no Brasil. Essa afirmação tem sido aceita, embora de forma lenta, no interior da sociedade civil, sobretudo, a partir do final dos anos 1960 e início dos anos 1970, com o fortalecimento do Movimento Negro e a produção acadêmica de diagnósticos sociais sobre as desigualdades raciais.[1]

As desigualdades raciais, atreladas ao contexto socioeconômico e da pobreza, tornam a injustiça social responsável pelo enorme contingente de pessoas em condições de pobreza em nossa sociedade. Na série histórica de 1982 a 2003 não se verificou nenhum avanço na redução dos diferenciais entre negros e brancos pobres. A proporção de negros abaixo da linha de pobreza no total da população negra no Brasil é de 50%, enquanto no conjunto da população branca brasileira esse índice é de 25%, desde 1995.[2]

O racismo no Brasil ainda existe e é uma questão da mais alta complexidade, pois envolve inúmeros fatores. Entre eles temos a localidade, que é singular para cada espaço, as questões históricas e a cultura, que também são desses fatores.[3] O racismo está colocado de forma

---
1 Brasil ([2005] 2009a).
2 Programa das Nações Unidas para o Desenvolvimento ([2004] 2009).
3 Henriques ([2001] 2005).

implícita em nossa sociedade e isso faz com que muitos entendam essa questão como simplesmente da raça negra, esquecendo-se que a raça branca também está relacionada em todo o contexto histórico. Diante do quadro apresentado e tendo como base um dos princípios de equidade do Sistema Único de Saúde (SUS), em termos epidemiológicos, torna-se necessário saber qual é esse retrato da vulnerabilidade da população de raça negra. Esta pesquisa, além do papel de contribuir, também se soma às inúmeras outras que ajudam a direcionar um planejamento de políticas públicas, no intuito de diminuir o sofrimento da população de raça negra com as disparidades do meio social e econômico, que têm um impacto direto na saúde dessa população.

Segundo dados de 2000 do IBGE, a população brasileira, entre 1991 e 2000, teve um crescimento de 1,6%, sendo que a população indígena foi a que mais cresceu (10,7%), em seguida temos a população negra, com 4,1%. Essa mudança pode ser atribuída tanto à maneira da nova abordagem do IBGE com relação à coleta das informações como ao autoconhecimento da sua etnia por parte da população. Todos esses pontos são positivos para caminharmos para um planejamento e execução de políticas sustentáveis na área da saúde da população negra.

Segundo Henriques, pertencer a uma determinada raça/cor exerce importância significativa na estruturação das desigualdades sociais e econômicas no Brasil. O desenvolvimento das potencialidades e o progresso social da população negra estão impedidos pela grande desigualdade racial, que geralmente está associada a formas sutis de discriminação.

Quanto à Saúde, entre 1980 e 2000, a diferença relativa entre os níveis de mortalidade infantil de negros e brancos menores de um ano passou de 21% para 40%, praticamente dobrando a disparidade. Do mesmo modo, em 2000, a taxa de mortalidade de mulheres negras de 10 a 49 anos por complicações de gravidez, parto e puerpério foi 2,9 vezes maior que a apresentada pelas mulheres brancas.[4]

---

4   Programa das Nações Unidas para o Desenvolvimento ([2004] 2009).

Esses dados estatísticos são de grande utilidade na área da Saúde, contribuindo para a criação de políticas com foco na população negra. No Brasil, a população negra apresenta números muito preocupantes, pois em todas as idades e gêneros a raça negra está adoecendo mais e morrendo mais cedo.[5]

Políticas públicas vêm sendo criadas e cobradas por movimentos sociais, que, além da mobilização, também fazem o papel de fiscalizar e cobrar do governo posições e projetos para melhorar a qualidade da saúde dessa população.

"O racismo é tão eficiente no Brasil que o próprio negro fica invisível e nem vê a si próprio como negro. Os profissionais de Saúde são formados na ideologia racista... A ruptura do silêncio é tarefa que cabe a todos nós, de todas as cores", diz Maria Inês Barbosa, da Secretaria Especial de Políticas de Promoção da Igualdade Racial, citada na publicação de Machado e Carvalho.[6]

Kofi Annan, secretário-geral da Organização das Nações Unidas (ONU), citado por Machado e Carvalho, alertou:

> Em todo o mundo, minorias étnicas continuam a ser desproporcionalmente mais pobres, desproporcionalmente mais afetadas pelo desemprego e desproporcionalmente menos escolarizadas do que os grupos dominantes. Estão sub-representadas nas estruturas políticas e super-representadas nas prisões. Têm menos acesso a serviços de saúde de qualidade e, consequentemente, menor expectativa de vida. Essas e outras formas de injustiça racial são a cruel realidade do nosso tempo, mas não precisam ser inevitáveis no nosso futuro.[7]

---

5   Henriques ([2001] 2005).
6   Machado e Carvalho ([2004] 2009, p. 8).
7   Id. ibid., p. 9.

Apesar do direito à saúde constitucional, através do SUS, que prevê universalidade e equidade nos serviços de saúde, as informações mostram que a população negra se encontra em desvantagem em relação aos brancos. Segundo Lopes,[8] as populações negra e branca ocupam lugares diferentes nas redes sociais e têm também oportunidades desiguais no que diz respeito ao nascimento, à vida, à doença e à morte.

Para José Marmo da Silva, coordenador do Projeto Ato-Ire/ Religiões Afro-Brasileiras e Saúde, responsável pela articulação nacional da Rede de Religiões Afro-Brasileiras, citado por Machado e Carvalho:

> Sabemos que saúde é resultado de diversos fatores, ambientais, sociais, econômicos, culturais, e a população negra, em nosso país, apresenta os piores índices de escolaridade, salários baixos e baixa expectativa de vida.[9]

A mortalidade infantil constitui-se em reflexo das disparidades econômicas e sociais. Os diferenciais entre a população negra e branca aumentaram. Em 1980, a taxa de mortalidade infantil entre os brancos era de 85,8 a cada mil nascidos vivos, enquanto entre a população negra era de 100,6 a cada mil, ou seja, 17,2% maior do que entre os brancos. Em 2000, a taxa da população negra foi 65,7% maior do que a dos brancos – 38,0% e 22,9%, respectivamente.[10]

A mortalidade infantil também mostra uma realidade diferente entre brancos e negros. Os índices são: 37,3% de mortes em cada mil crianças brancas e 62,3% entre as crianças negras.[11] No Brasil, negros morrem antes do tempo em todas as faixas etárias. Apesar de a mortalidade infantil no País estar caindo consideravelmente há

---

8   Lopes (2004).
9   Machado e Carvalho ([2004] 2009, p. 9).
10 Programa das Nações Unidas para o Desenvolvimento ([2004] 2009).
11 Machado e Carvalho ([2004] 2009).

20 anos, em 1980, crianças negras apresentavam índice de mortalidade 21% maior do que o das brancas (para cada mil nascidos vivos, morriam 76 brancos e 96 negros); em 1991, a proporção cresceu 40% (para cada mil nascidos vivos, morriam 43 brancos e 72 negros). Os dados demonstram que muito pouco ou quase nada se faz para amenizar e melhorar o quadro de saúde e de mortalidade da população negra.[12]

A mortalidade materna tem sido uma preocupação mundial, situação que não é diferente no Brasil. Na Reunião da Cúpula do Milênio, em 2000, líderes de 191 países, entre os quais também estava o Brasil, assinaram o compromisso de reduzir a desigualdade e melhorar o desenvolvimento humano até 2015, traçando oito metas, que foram chamadas Objetivos de Desenvolvimento do Milênio (ODMs), entre as quais temos a mortalidade materna e infantil.[13]

No que diz respeito à esperança de vida, em 2000, ao nascer, uma pessoa esperava viver quase 69 anos. A população negra tinha uma expectativa 5,4 anos menor do que os brancos – 66,2 e 71,5 anos, respectivamente.[14] Esses diferenciais permanecem ao se considerar homens e mulheres, destacando-se o crescimento menor observado entre as mulheres negras, comparativamente ao apresentado pelas mulheres e homens brancos no período 1980-2000.

A Portaria GM nº 1.172 de 15 de junho de 2004[15] preconiza que é atribuição do componente municipal do Sistema Nacional de Vigilância em Saúde a "vigilância epidemiológica e o monitoramento da mortalidade infantil e materna", sendo ela também dos estados, "de forma complementar à atuação dos municípios". Portanto, as secretarias de saúde devem designar uma equipe de vigilância de óbitos de referência do município e do estado. No mesmo ano foram criados também Comitês de Mortalidade Materna, tendo como

---

12   Id. ibid.
13   Programa das Nações Unidas para o Desenvolvimento ([2004] 2009).
14   *Idem.*
15   Brasil (2009).

objetivo alcançar resultados favoráveis e positivos, no que se refere à redução da mortalidade materna.

Os números da mortalidade materna em países em desenvolvimento são muito preocupantes, pois há uma enorme diferença quando os comparamos com os dos países desenvolvidos. Pode-se usar como exemplo países das Américas. Canadá e Estados Unidos apresentam valores inferiores a 9 óbitos maternos para cada 100 mil nascidos vivos, países vizinhos como Peru e Bolívia chegam a mais de 200 óbitos.

Para avaliar a situação da saúde da população, estudos das estatísticas de morbidade e mortalidade têm sido especialmente utilizados. As iniquidades raciais decorrentes das condições históricas e institucionais que moldaram a sociedade brasileira são múltiplas e de longa duração. No perfil da mortalidade de homens e mulheres por raça/cor, no Estado de São Paulo, evidenciam-se essas desigualdades e verifica-se como a mortalidade pode ser um indicador quantitativo da discriminação racial, constituindo vulnerabilidade para a doença e para padrões característicos de óbitos.

A despeito de algumas diferenças observadas em alguns grupos etários, as taxas de mortalidade de brancos e negros são muito semelhantes. As diferenças tornam-se relevantes quando se analisam essas mortes por causa: indivíduos de cor negra morrem mais de causas externas que as pessoas brancas, sobretudo na faixa etária de 25 a 39 anos. No Brasil, são poucas as pesquisas sobre saúde e raça/etnia. Uma das razões decorre de o quesito raça/cor, como indicador de raça/etnia, estar ausente da maioria dos documentos e dados da Saúde, impossibilitando seu uso como variável de análise. Embora a Lei nº 6.015, de 31 de dezembro de 1973,[16] determine que as declarações de óbito e nascimento devam conter a raça/cor, entre outras informações, seu registro de fato nem sempre ocorre. O Ministério da Saúde instituiu a obrigatoriedade da identificação da raça/cor nas declarações de óbito a partir de 1996, mas no País ainda há importante proporção de dados ignorados.

---

16 Id. ([2005] 2009b).

Analisando-se as prioridades a serem consideradas pelo Plano Nacional de Saúde (PNS), de 2004, o projeto contempla os seguintes objetivos:

- Mortalidade materna;
- Doenças cardiovasculares (mortalidade proporcional);
- Mortalidade infantil.

No primeiro Seminário Nacional de Saúde da População Negra[17] foram debatidos alguns conceitos, dos pautados, como objetivos gerais: propor e sistematizar estratégias de gestão e atenção para a implementação e acompanhamento das questões relativas à saúde da população negra, visando a promoção da equidade racial.

O Ministério da Saúde vem trabalhando na implementação de políticas de humanização dos serviços prestados e também na adoção de procedimentos de coleta de dados que permitam a real visualização da população negra nos serviços públicos de saúde, a partir da inserção do quesito raça/cor em todos os seus bancos de dados populacionais.[18]

Diante desse contexto, este projeto teve como objetivo estudar os indicadores de saúde de um município para a construção de um perfil populacional a partir dos indicadores de saúde de mortalidade e nascidos vivos, a fim de contribuir para a construção de políticas públicas em saúde voltadas à diversidade dos grupos étnico-raciais. Estudos dessa natureza já foram realizados no Estado de São Paulo,[19] portanto consideramos relevante que seja executado no âmbito municipal, tendo em vista a municipalização da Saúde.

Espera-se que os resultados da presente pesquisa possam contribuir para a gestão municipal de Saúde e para o planejamento de Políticas Públicas de Saúde.

---

17 Id. ([2004] 2009).
18 Barbosa ([2006] 2009).
19 Batista, Scuder e Pereira (2004).

2. Metodologia

Trata-se de um estudo de caso descritivo cujo local de estudo foi um município do interior paulista de médio porte, pertencente ao Departamento Regional de Saúde III da Secretaria de Estado de Saúde de São Paulo.

A coleta de dados ocorreu nos Sistemas de Informação em Saúde, especificamente nos Sistemas de Informação dos Nascidos Vivos e de Mortalidade do referido município, nos anos de 1998 a 2006. A alteração para 2006 se deu em função de que só havia dados disponibilizados até esse ano. Tais dados foram coletados nos bancos de dados sistematizados: DATASUS e Fundação SEADE. Vale lembrar que a identificação racial nas declarações de óbito é atribuída pelos profissionais das entidades (hospitais, IML etc.) conforme as seguintes categorias: branca, parda, preta, amarela e indígena. Apesar da melhoria da qualidade de preenchimento desse formulário, a identidade racial de um número considerável de pessoas é ainda ignorada. Além disso, existem imprecisões, pois os limites entre os diferentes grupos são fluidos e derivam, em grande parte, da classificação de cada um ou dos olhos de quem vê. Por essas limitações e, sobretudo, com a intenção de capturar tendências, a população negra engloba as pessoas identificadas como pardas e pretas.

Houve dificuldades na articulação com a Secretaria Municipal de Saúde, pois, em função da mudança da gestão municipal, o Centro de Informações em Saúde também estava passando por reestruturações, ocasionando um processo de adaptação dos recursos humanos do local e dificultando o acesso às informações.

Para análise dos dados utilizou-se o programa Excel, que proporcionou a construção de planilhas para maior sistematização e cruzamento das informações.

3. Análise dos resultados

Um aspecto importante identificado nos sistemas de informação refere-se aos dados ignorados quanto ao quesito raça/cor no município, os quais apresentam tendência crescente no período estudado, diferentemente dos do estado e dos da federação. Diante da inexistência dessas informações ao longo do período de tempo previsto, para efeito de comparação entre município, estado e federação utilizaram-se os dados dos anos 1998, 2002 e 2006, pela existência de dados desses anos no município.

Nos dados coletados do Estado de São Paulo, a qualidade da variável raça/cor vem melhorando. Em 1999, os dados ignorados eram 13,6%, passando para 4,8% em 2002 e para 0,9% em 2005, o que possibilitou fazer inferências em torno do perfil da mortalidade de brancos e de negros. As condições sociais, a escolarização e o acesso diferenciado aos serviços de saúde, entre outros, são fatores que podem determinar diferenças importantes nas taxas de mortalidade. Apesar de suas limitações, a descrição da mortalidade de brancos e a de negros permite a comparação entre as realidades e pode ser utilizada para a elaboração e a definição de políticas públicas.

Numa análise preliminar dos dados do município em estudo, com relação ao coeficiente de mortalidade infantil usado como comparação nos anos de 1998, 2002 e 2006, temos que na raça branca a ocorrência de óbitos foi, respectivamente, de 10,00, 28,81 e 117,65. Já na raça negra (preta + parda), os números se mostraram crescentes no ano de 1998, apresentando mortalidade aproximadamente seis vezes maior, com 60,61; no ano de 2002 houve uma ligeira queda, com 20,00; mas no ano de 2006 foi de 250,00. Esse indicador voltou a crescer, quase que dobrando quando comparado com o da raça branca no mesmo período. Esse dado pode ser atribuído a uma melhora nas informações sobre o quesito raça/cor.

Quando o indicador foi a Mortalidade Proporcional por Doenças Cardiovasculares, encontramos a mesma dificuldade na questão da obtenção de dados no quesito raça/cor no município, exceto nos anos estabelecidos para comparação.

Os coeficientes de Mortalidade Proporcional por Doenças Cardiovasculares no município decresceram quando o grupo analisado foi a raça branca, que nos anos de 1998, 2002 e 2006 apresentou os seguintes resultados: em 1998 foram 29,49 óbitos por 100 mil habitantes, em 2002, 28,34, e em 2006, 24,48. No mesmo período pesquisado, a raça negra obteve os seguintes valores: em 1998 foram 20,63 óbitos por 100 mil habitantes, em 2002, 16,00, e em 2006, 20,00.

A Mortalidade Materna no referido município, nos anos escolhidos, não foi possível calcular, pois os dados sobre a etnia foram identificados somente no ano de 2006. Nesse ano, a Mortalidade Materna da raça negra foi de 25 por 100 mil habitantes, não permitindo que fizéssemos uma comparação com a raça branca por não haver registro dessa informação nesse ano, dificultando traçar uma projeção da mortalidade materna e acompanhar esse importante indicador de saúde pública.

Analisando de forma comparativa, conforme estado e federação, nos anos de 1998, 2002 e 2006, a Mortalidade Materna na raça branca por 100 mil habitantes foi de 69,19 em 1998, 37,81 em 2002 e 33,62 em 2006. Já na raça negra, observamos uma diferença bastante significativa e preocupante no ano de 1998, de 160,90, no de 2002, de 86,35, e no ano de 2006, de 81,70 por 100 mil habitantes. Em todos os anos, esse indicador foi maior na raça negra, mesmo apontando decréscimo desses valores.

No Brasil, esses números são um retrato muito parecido com o que ocorre no Estado de São Paulo. A raça branca nos anos pesquisados apresenta os seguintes valores: em 1998, 75,21 por 100 mil habitantes, em 2002, 42,20 e no ano de 2006, 43,33. Já na raça negra, esses valores são maiores quando comparados com os da raça branca no ano de 1998, 112,97 por 100 mil habitantes, no ano de 2002, 68,32 e no ano de 2006, 60,93. Mesmo com os números da Mortalidade Materna caindo para ambas raças, ainda assim a população negra apresenta indicadores muito altos, dando margem à interpretação de termos, em um único país, duas realidades bastante diferentes.

No município em estudo temos um agravante quando a questão é a coleta de dados no quesito raça/cor. Os valores de dados ignorados são muito altos nesse município, o que vai contra a tendência nesse registro, já que o Estado de São Paulo, com os menores índices de dados ignorados, lidera entre os estados da federação nesse quesito. No nível federal, temos a mesma realidade, com melhoria da qualidade dessa coleta e progressiva diminuição dos dados ignorados.

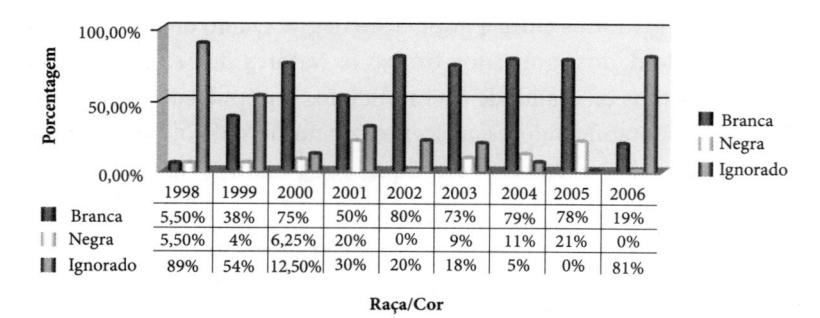

Porcentagem	1998	1999	2000	2001	2002	2003	2004	2005	2006
Branca	5,50%	38%	75%	50%	80%	73%	79%	78%	19%
Negra	5,50%	4%	6,25%	20%	0%	9%	11%	21%	0%
Ignorado	89%	54%	12,50%	30%	20%	18%	5%	0%	81%

Raça/Cor

Figura 1 Óbitos infantis – neonatal precoce em São Carlos (1998-2006).
Fonte: DATASUS/SIM.

Tabela 1 Óbitos infantis – neonatal precoce por números absolutos em São Carlos (1998-2006).

Branca	1	14	12	5	4	8	15	11	3
Negra	1	1	1	2	0	1	2	3	0
Ignorado	16	10	2	3	1	2	1	0	13
Total	18	26	16	10	5	11	19	14	16

Fonte: DATASUS/SIM.

Fazendo-se uma análise dos valores pesquisados no município estudado, encontrou-se uma dificuldade no que diz respeito aos dados ignorados extremamente altos relativos a óbitos infantis em 1998 e 2006, que são 89% e 81%, respectivamente (Figura 1). Esses valores comprometem de forma significativa a contribuição para políticas na saúde pública.

Essas informações são muito importantes para o acompanhamento epidemiológico do município, para a implantação de uma política ou ações que venham a intervir em uma situação muito preocupante. Esses dados tornam visíveis as discriminações que sofre a população negra na sua relação com a saúde e nos ajudam a ter uma análise mais próxima da realidade dessa população.

De 2003 a 2005, tivemos uma redução nos valores de dados ignorados, que chegam a números que nos possibilitam analisar e relatar que houve aumento no número de óbitos infantis neonatais precoces registrados entre a população negra. O fato da redução dos números de dados ignorados trouxe os valores dos registros para mais próximos da realidade do município. A população negra continua apresentando valores crescentes no número de óbitos infantis, quando a análise é feita no período de 2003 a 2005 (Figura 1).

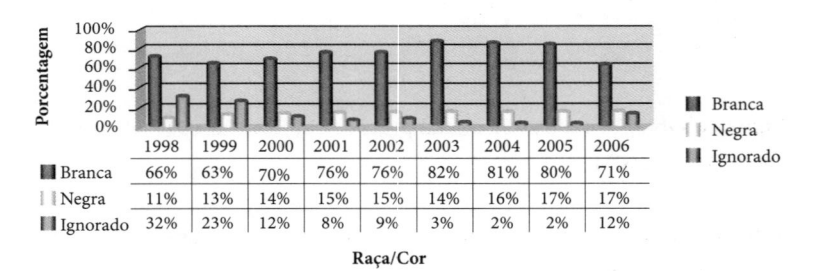

Raça/Cor	1998	1999	2000	2001	2002	2003	2004	2005	2006
Branca	66%	63%	70%	76%	76%	82%	81%	80%	71%
Negra	11%	13%	14%	15%	15%	14%	16%	17%	17%
Ignorado	32%	23%	12%	8%	9%	3%	2%	2%	12%

Figura 2 Óbitos infantis – neonatal precoce no Estado de São Paulo (1998-2006).

Fonte: DATASUS/SIM.

Tabela 2 Óbitos infantis – neonatal precoce no Estado de São Paulo em números absolutos (1998-2006).

Branca	4.028	4.273	4.294	3.940	3.715	3.742	3.573	3.267	2.810
Negra	825	853	854	794	714	644	700	689	663
Ignorado	2.307	1.557	752	439	435	153	105	82	473
Total	7.194	6.787	6.088	5.208	4.884	4.548	4.395	4.056	3.952

Fonte: DATASUS/SIM.

Olhando de forma comparativa para o número de dados ignorados de óbitos infantis, tanto para o Estado de São Paulo quanto para a federação, temos para esse estado, de 2003 a 2005, os menores percentuais alcançados no que diz respeito aos valores de dados ignorados de óbitos infantis, com 3%, 2% e 2%, respectivamente, o que nos permite fazer uma leitura da situação do número de óbitos infantis. Entre a população da raça branca, mesmo com ela apresentando valores mais altos de óbitos infantis, tem havido queda. Esse fenômeno já não ocorre na população da raça negra, entre a qual podemos encontrar aumento nesse valor. Vale ressaltar que os números calculados para cada ano referem-se ao número de óbitos totais do ano (Figura 2).

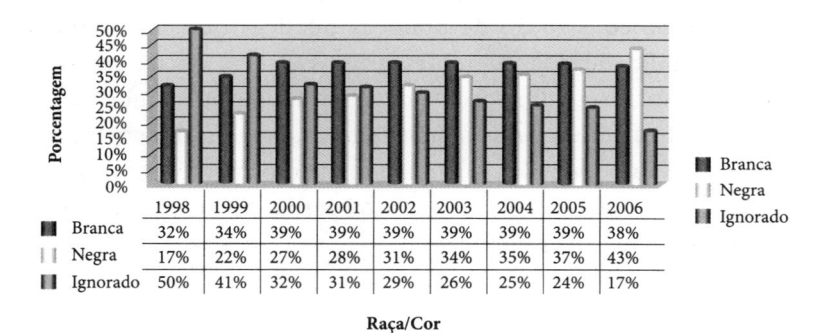

Raça/Cor	1998	1999	2000	2001	2002	2003	2004	2005	2006
Branca	32%	34%	39%	39%	39%	39%	39%	39%	38%
Negra	17%	22%	27%	28%	31%	34%	35%	37%	43%
Ignorado	50%	41%	32%	31%	29%	26%	25%	24%	17%

Figura 3 Óbitos infantis – neonatal precoce no Brasil (1998-2006).
Fonte: DATASUS/SUS.

Tabela 3 Óbitos infantis – neonatal precoce em números absolutos no Brasil (1998-2006).

Branca	10.616	11.893	13.508	12.463	11.706	11.145	10.737	10.020	9.687
Negra	5.761	7.865	9.144	8.858	9.198	9.786	9.678	9.838	10.893
Ignorado	16.977	14.216	11.250	10.087	8.855	7.615	6.895	6.364	4.443
Total	33.602	34.842	34.289	31.614	29.950	28.708	27.499	26.415	25.243

Fonte: DATASUS/SIM.

O número de dados ignorados referente a óbitos infantis da federação reforça o já constatado no estado, com a constante queda nos números de dados ignorados de óbitos infantis, exceto no ano de 2006, em que o estado apresenta uma alta, a queda vem ocorrendo de forma gradativa a cada ano. No período de 1998 a 2006, na federação, a redução foi de 33%, o que nos permite uma leitura mais consistente olhando-se especificamente para a mortalidade infantil (Figura 3).

4. Considerações finais

Pautado nos princípios da universalidade, equidade e integralidade do SUS, o Ministério da Saúde tem apontado a necessidade de construção de políticas públicas que contemplem a vulnerabilidade dos diferentes grupos étnico-raciais em seus contextos socioeconômicos. Os dados desta pesquisa mostram a necessidade de que as informações geradas nos sistemas retratem a realidade da população, capacitando os informantes sobre a importância da notificação desses dados para a construção de indicadores para políticas públicas.

Referências

BARBOSA, M. I. S. Racismo: doença na saúde. *Programa Igualdade, Gênero e Raça*, UNIFEM, n. 2, p. 2-7, 2006. Disponível em: <http://www.unifem.org.br/sites/1000/1070/00001665.pdf.2006>. Acesso em: 18 ago. 2009.

BATISTA, L. E. *Mulheres e homens negros*: saúde, doença e morte. Tese (Doutorado em Sociologia). Universidade Estadual Paulista "Júlio de Mesquita Filho", Araraquara, 2002.

BATISTA, L. E.; ESCUDER, M. M. L.; PEREIRA, J. C. R. A cor da morte: causas de óbito segundo características de raça no Estado de São Paulo, 1999 a 2001. *Revista de Saúde Pública*, São Paulo, v. 38, n. 5, p. 630-636, 2004.

BRASIL. Ministério da Saúde. *I Seminário Nacional de Saúde da População Negra*. Brasília, 2004. Disponível em: <http://www.portal.saude.gov.br/saude/>. Acesso em: 08 mar. 2009.

_____. Ministério do Planejamento, Orçamento e Gestão. Instituto Brasileiro de Geografia e Estatística (IBGE). *Síntese de Indicadores Sociais 2004. Estudos e pesquisas. Informação demográfica e socioeconômica.* Brasília, 2005. n. 15. Disponível em: <http://www.ibge.gov.br/>. Acesso em: 10 mar. 2009a.

_____. Ministério da Saúde. *A saúde da população negra e o SUS*: ações afirmativas para avançar na equidade. Brasília, 2005. Disponível em: <http://www.saude.gov.br>. Acesso em: 10 ago. 2009b.

_____. Ministério da Saúde. Secretaria de Vigilância em Saúde. Departamento de Análises de Situação em Saúde. *Saúde Brasil*: uma análise da desigualdade em saúde. Brasília, 2006.

_____. Ministério da Saúde. Secretaria de Vigilância em Saúde. *Guia de vigilância epidemiológica do óbito materno*. Brasília, 2009. Disponível em: <http://www.saude.gov.br>. Acesso em: 18 ago. 2009.

CUNHA, E. M. G. P. Raça: aspecto esquecido na iniquidade em saúde no Brasil. In: BARATA, R. B. et al. *Equidade e saúde*: contribuições da epidemiologia. Rio de Janeiro: FIOCRUZ, 2002. p. 85-108.

_____. Evidências de desigualdades raciais na mortalidade infantil. *Boletim do Instituto de Saúde*, São Paulo, v. 31, n. 3, p. 12-14, dez. 2003.

HENRIQUES, R. *Desigualdade racial no Brasil*: evolução das condições de vida na década de 90. Texto para discussão n. 807, p. 1-49, 2001. Disponível em: <http://www.ipea.gov.br/pub/td/td_2001/td0807.pdf>. Acesso em: 24 jan. 2005.

KALCKMANN, S. Construindo atividades educativas. *Boletim do Instituto de Saúde*, São Paulo, v. 31, n. 3, p. 32, dez. 2003.

LOPES, F. Raça, saúde e vulnerabilidades. *Boletim do Instituto de Saúde*, São Paulo, v. 31, n. 3, p. 7-11, dez. 2003.

_____. *Experiências desiguais ao nascer, viver, adoecer e morrer*: tópicos em saúde da população negra do Brasil. In: BRASIL. Ministério da Saúde. Secretaria Especial de Políticas de Programação da Igualdade Racial. Brasília, 2004. p. 39-100.

MACHADO, K.; CARVALHO, M. A. Saúde da população negra: a invisibilidade agrava o quadro de doenças. *RADIS Comunicação em Saúde*, Rio de Janeiro, v. 20, p. 8-12, abr. 2004. Disponível em: <http://www.ensp.fiocruz.br/publi/radis>. Acesso em: 22 jul. 2009.

PROGRAMA DAS NAÇÕES UNIDAS PARA O DESENVOLVIMENTO (PNUD) Brasil. *Atlas racial brasileiro*. 2004. Disponível em: <http://www.pnud.org.br/publicacoes/atlas_racial/index.php>. Acesso em: 21 mar. 2009.

Ações Afirmativas: visão dos profissionais de saúde pública acerca de possíveis medidas para maior acessibilidade da população

Vanicléia do Carmo Carvalho
Thelma Simões Matsukura

1. Introdução

A literatura revela que as Ações Afirmativas podem ser compreendidas como "um conjunto de políticas, ações e orientações públicas ou privadas, de caráter compulsório, facultativo ou voluntário, que têm como objetivo corrigir as desigualdades historicamente impostas a determinados grupos sociais e/ou étnico-raciais com um histórico comprovado de discriminação e exclusão".[1] Estas podem ser aplicadas na Educação, na Saúde, no mercado de trabalho, nos cargos políticos, entre outros.

A expressão Ações Afirmativas tem origem nos Estados Unidos, país considerado até hoje a principal referência no assunto. Na década de 1960, os norte-americanos passavam por um período de reivindicações democráticas internas, principalmente no movimento pelos direitos civis, cujo objetivo primordial era a expansão da igualdade de oportunidades para todos. Nesse momento, o movimento negro passa a ser uma das principais forças atuantes, à medida que as leis segregacionistas vigentes no país começaram a ser eliminadas. Com esses acontecimentos, a ideia de uma Ação Afirmativa é construída, sendo cobrada do Estado a vigência de leis

---

[1] Gomes (2003, p. 222).

antissegregacionistas, além da sua dedicação à melhoria da situação da população negra.[2]

Não obstante, a Ação Afirmativa expandiu-se para além dos Estados Unidos. Países da Europa ocidental e, entre outros, Índia, Malásia, Austrália, Canadá, Nigéria, África do Sul, Argentina e Cuba viveram experiências parecidas com as dos norte-americanos. As primeiras referências, de acordo com essa linha, foram elaboradas na Europa, em 1976, empregando-se frequentemente a expressão "ação ou discriminação positiva". Em 1982, a Ação Afirmativa passou a fazer parte do Programa de Ação para a Igualdade de Oportunidades da Comunidade Econômica Europeia. A Ação Afirmativa foi assumindo diferentes formas como: "ações voluntárias, de caráter obrigatório, ou uma estratégia mista; programas governamentais ou privados; leis e orientações a partir de decisões jurídicas ou agências de fomento e regulação".[3]

O seminário internacional Multiculturalismo e Racismo: o Papel da Ação Afirmativa nos Estados Democráticos e Contemporâneos, que aconteceu em junho de 1996, em Brasília, contou com a presença tanto de acadêmicos brasileiros quanto norte-americanos e de lideranças do movimento negro. Teve por intenção acatar ideias para a construção de políticas voltadas para a população negra. No mesmo semestre, ocorreu a Mesa-Redonda sobre a Saúde da População Negra, na qual estavam presentes cientistas, militantes, médicos e técnicos do Ministério da Saúde. O encontro serviu para a criação de um documento dividido em quatro itens: doenças genéticas (anemia falciforme, hipertensão arterial, diabetes mellitus, entre outras); doenças relacionadas a condições socioeconômicas, educacionais e psíquicas (alcoolismo, desnutrição, mortalidade infantil, DST/AIDS, transtornos mentais, por exemplo); doenças pela associação de determinantes genéticos com precárias condições sociais de vida (hipertensão arterial, miomas e cânceres são alguns exemplos); e doenças associadas a aspectos fisiológicos somados a

---

2   Moehlecke (2002).
3   Id. ibid., p. 199.

condições de vida desfavoráveis. Considera-se que todos os grupos étnico-raciais estão sujeitos a apresentar essas doenças, contudo são mais vulneráveis as populações negra e parda.[4] Maio e Monteiro apontam que, com a 3ª Conferência Mundial contra o Racismo, Discriminação Racial, Xenofobia e Formas Correlatas de Intolerância, realizada em Durban (África do Sul), em 2001, as políticas de Ação Afirmativa passaram a ser discutidas e implementadas mais fortemente no Brasil.

As políticas passaram a abranger particularmente grupos raciais, mulheres e minorias étnicas. Como exemplos de aplicação têm-se: o mercado de trabalho, o sistema de ensino (principalmente o ensino superior) e a política.[5] Todavia, levando em conta a área da Saúde, há pouca discussão sobre a relação entre Saúde e Ações Afirmativas.

Relacionando as Ações Afirmativas e a Saúde, a versão do PNS apresentada no 1º Seminário Saúde da População Negra, em Brasília, no ano de 2004, serve de base para as atividades e programas definidos para cada nível de direção do SUS, chama a atenção para a necessidade de iniciativas de longo, médio e curto prazo, além de o atendimento de demandas mais imediatas, por meio da adoção de Ações Afirmativas em Saúde. No instrumento de gestão, apresenta algumas recomendações para a atenção básica com ênfase na Estratégia Saúde da Família (ESF),[6] aqui destacadas:

- Ampliação da Estratégia de Saúde da Família com base nas necessidades epidemiológicas comprovadas, na concentração de população negra, população em situação de pobreza e comunidades quilombolas.
- Investimentos na formação contínua de profissionais de saúde e gestores, em todos os níveis, no tocante ao acolhimento, cuidado e assistência oferecidos/prestados

---

4 Maio e Monteiro (2005).
5 Moehlecke (2002).
6 Lopes (2004, p. 88).

aos membros das religiões de matriz africana, respeitando seus valores e práticas.
- Visita regular das equipes do PSF/PACS[7] aos templos de religiões de matriz africana, respeitando sua visão de mundo.
- Investimentos na ampliação dos polos de capacitação e qualificação externa, motivando o estabelecimento de parcerias que incluam organizações do movimento social, pesquisadoras e pesquisadores negros que tenham se dedicado à produção do conhecimento científico em saúde da população negra.
- Inclusão oficial de membros das religiões de matriz africana no Programa de Agentes Comunitários de Saúde, dado que eles tradicionalmente atuam como tal.

Em seu estudo, Cruz[8] aponta a Lei 4.493/01, que exige a Notificação Compulsória da Violência contra a Mulher atendida em serviços de urgência e emergência, como também a criação da Comissão de Monitoramento da Violência contra a Mulher no Ministério da Saúde e nas Secretarias Estaduais de Saúde, como uma Ação Afirmativa relevante para a área da Saúde.

Assim observa-se que, até o momento, encontra-se na literatura a questão da Saúde no contexto das Ações Afirmativas mais voltadas para a saúde da população negra e para o gênero feminino. Considera-se a relevância de identificar e ampliar a compreensão e reflexão acerca das Ações Afirmativas e de analisar sua importância para um maior acesso da população que não está sendo beneficiada pelo sistema de saúde.

Em relação ao sistema de saúde brasileiro, o SUS foi instituído pela Constituição Federal de 1988, estabelecendo a saúde como "di-

---

7   Programa Saúde da Família (PSF), Programa de Agentes Comunitários em Saúde (PACS).
8   Cruz (2004).

reito de todos e dever do Estado".⁹ Seus principais princípios doutrinários, conforme descrevem Vasconcelos e Pasche, são:

- A *universalidade*, que "assegura o direito à saúde a todos os cidadãos e o acesso sem discriminação ao conjunto das ações e serviços de saúde ofertados pelo sistema".

- A *integralidade*, que tem por objetivo oferecer atenção individualizada e coletiva, de acordo com as demandas, considerando todos os níveis de complexidade e garantindo proteção, promoção e recuperação da saúde.

- E a *equidade*, a qual prioriza a "oferta de ações e serviços aos segmentos populacionais que enfrentam maiores riscos de adoecer e morrer em decorrência da desigualdade na distribuição de renda, bens e serviços".[10]

Os autores incluem nesse último princípio a estratégia do SUS, citando o princípio da discriminação positiva que prioriza os grupos mais suscetíveis, buscando primeiramente acesso às ações e serviços de saúde para os grupos excluídos e que apresentam difíceis condições de vida.

De acordo com Sisson, vários grupos sociais possuem demandas específicas, tanto considerando o volume quanto o tipo de problema. Assim sendo, as diferenças não devem ser esquecidas na construção de "um serviço de saúde mais equânime".[11] Observa-se que o pesquisador reforça a ideia de discriminação positiva dentro do princípio da equidade apontado, à medida que considera as demandas e diferenças de cada indivíduo.

O SUS divide os níveis de atenção à saúde em básica, média e alta complexidade. No entanto, a atenção básica é, geralmente, a porta de entrada, o principal meio de acesso da população para

---

9   Brasil (1988).
10 Vasconcelos e Pasche (2006, p. 535).
11 Sisson (2007, p. 86).

os serviços de saúde, sendo definida como um grupo de ações que abrangem "promoção, prevenção, diagnósticos, tratamento, reabilitação, bem como a redução de danos ou de sofrimento que possam comprometer as possibilidades de viver de modo saudável".[12] Todos os níveis de atenção à saúde são igualmente relevantes, mas, considerando a prática, a atenção básica deve ser prioridade pelo fato de possibilitar uma melhor organização e funcionamento do sistema como um todo, incluindo-se os serviços de média e alta complexidade. "Estando bem estruturada, ela reduzirá as filas nos prontos-socorros e hospitais, o consumo abusivo de medicamentos e o uso indiscriminado de equipamentos de alta tecnologia".[13]

Para viabilizar esse modelo, o Ministério da Saúde vem implantando novos programas/estratégias e um deles é o Programa Saúde da Família (PSF), criado em 1994, tendo como antecessor o Programa de Agentes Comunitários em Saúde (PACS), o qual apresenta como principal meta a reorganização da atenção básica na saúde em novas bases, em substituição ao modelo tradicional, para que as famílias tenham um maior acesso à saúde e, assim, "melhorar a qualidade de vida dos brasileiros".[14]

Posteriormente, o PSF passou a ser denominado Estratégia de Saúde da Família (ESF). Andrade, Barreto e Bezerra[15] afirmam ser mais adequado referir-se ao PSF como estratégia de saúde do que somente como programa setorial de saúde, já que a ESF não prioriza especificamente organizar a atenção primária, mas sim estruturar tal sistema, considerando o redirecionamento das prioridades na saúde tendo em vista uma nova lógica de atenção na saúde e a estabilidade dos princípios do SUS.

A equipe da ESF, na maioria das vezes, é composta de um médico generalista, um enfermeiro, um auxiliar de enfermagem e de quatro a seis agentes comunitários de saúde. Pode-se ampliar a

---

12 Brasil (2009b, p. 32).
13 Idem, p. 32.
14 Id. (2008).
15 Andrade, Barreto e Bezerra (2006).

equipe acrescentando-se um cirurgião-dentista, um auxiliar de consultório dentário e/ou um técnico em higiene dental. Outros profissionais de saúde também podem ser incluídos. Cada equipe se responsabiliza por uma área, cuja população deve ser, no máximo, de 4 mil pessoas.[16]

O cargo de Agente Comunitário de Saúde (ACS) foi criado pela Lei 10.507 em 2002.[17] Os ACS possuem contato direto com a comunidade, já que os moradores os buscam para obter informações, fazer reclamações ou solucionar problemas, e esperam deles uma resposta.[18]

Entretanto, segundo Reis et al., a ESF, "mesmo com todos os avanços, ainda encontra limites para atingir os objetivos propostos pelo Ministério da Saúde".[19] Assim, observa-se que potencializa os obstáculos enfrentados pelos usuários dos serviços públicos de saúde o fato de muitos brasileiros não terem direito à atenção adequada na saúde, contrariando a idealização do SUS, mesmo tendo-se em vista o princípio da equidade. Dessa forma, é necessário recorrer a políticas públicas focadas para beneficiar grupos que acabam sendo mais prejudicados, como identificado no trecho a seguir, de Maio e Monteiro:

> A formulação de políticas públicas centradas na "saúde da população negra" é justificada pelas evidências de que a "discriminação racial leva a situações mais perversas de vida e de morte", pela utilização dos dados do IPEA, com base no modelo bipolar, sobre as desigualdades entre negros e brancos quanto à escolaridade, à renda e ao saneamento e pelo fato de a universalidade dos serviços, garantida pelo Sistema Único de Saúde

---

16 Id. ibid.
17 Brasil (2009a).
18 Martines e Chaves (2007).
19 Reis et al. (2007, p. 663).

(SUS), não ser suficiente para "assegurar a equidade [...] ao subestimar as necessidades de grupos populacionais específicos", colaborando para o agravo "das condições sanitárias de afro-brasileiros" (PNUD; OPAS, 2001, p. 6-7). Os limites do SUS, ao supostamente não capturar o "resíduo" persistente do racismo, exigiriam a elaboração de uma política focal em matéria racial.[20]

Considerando o conteúdo apresentado, aponta-se a importância das Ações Afirmativas e de abordar sua aplicabilidade para um maior acesso ao sistema de saúde.

O objetivo do presente estudo foi identificar e analisar a visão sobre as Ações Afirmativas dos profissionais de saúde que atuam na USF e analisar como estas podem contribuir para uma maior acessibilidade da população que utiliza a saúde pública.

2. Metodologia

Trata-se de um estudo exploratório, de caráter qualitativo.

3. Participantes

Participaram do estudo nove profissionais de saúde que atuam na ESF, sendo quatro agentes comunitários de saúde de nível de ensino médio e cinco técnicos de nível superior. Para serem sujeitos da pesquisa, todos deveriam ter, no mínimo, um ano de atuação na USF.

---

20 Maio e Monteiro (2005, p. 429).

4. Local

O local de realização da pesquisa foi uma USF de um bairro da periferia de uma cidade de médio porte do interior do Estado de São Paulo, indicado pela Secretaria Municipal de Saúde como tendo a maioria dos usuários em situação socioeconômica desfavorecida.

5. Instrumentos de medida

- Ficha de identificação: abordou itens como tempo de formação, curso de graduação, tempo de atividade na ESF e idade.
- Texto informativo: um breve texto informativo acerca das Ações Afirmativas foi elaborado no intuito de contextualizar a temática para os participantes. O texto foi apresentado aos participantes antes da realização das entrevistas.
- Roteiro de entrevista: o roteiro foi elaborado pelas pesquisadoras e seu foco foi o conhecimento e compreensão dos participantes sobre as Ações Afirmativas, ações em saúde e perspectivas.

6. Procedimentos

a) Questões éticas

Para a realização das entrevistas, o projeto foi submetido ao Comitê de Ética em Pesquisa em Seres Humanos da UFSCar e à Secretaria Municipal de Saúde, para aprovação.

Tanto na aplicação-teste quanto nas entrevistas, todos os participantes assinaram o Termo de Consentimento Livre e Esclarecido.

b) Elaboração do roteiro de entrevista, texto informativo e aplicação-teste

O roteiro de entrevista e o texto informativo foram elaborados pelas pesquisadoras e submetidos a cinco avaliadores com experiência na temática do projeto (Saúde/Atenção primária e/ou Ações Afirmativas) para validação. Em seguida, foi realizada uma aplicação-teste.

c) Localização dos participantes

Para localizar os sujeitos da pesquisa fez-se contato com a USF indicada pela Secretaria Municipal de Saúde, a fim de solicitar autorização para realizar as entrevistas. Os responsáveis pela unidade, após terem conhecimento do parecer emitido pela Secretaria e do assunto da pesquisa, autorizaram a realização da pesquisa. Em seguida, indicaram os profissionais. Uma das pesquisadoras entrou em contado com os sujeitos da pesquisa por meio de mensagem eletrônica para marcar encontro. De um total de 11 sujeitos, apenas dois recusaram-se a participar do estudo.

d) Coleta de dados

A coleta de dados ocorreu em uma sala da USF, na qual se encontravam uma das pesquisadoras e o participante. Antes da entrevista, todos os entrevistados leram e assinaram o Termo de Consentimento Livre e Esclarecido. Todos os participantes aceitaram a gravação em áudio da entrevista. Antes da aplicação do questionário, os participantes leram um texto informativo sobre o assunto da pesquisa; somente após essa leitura, os participantes responderam a uma entrevista semiestruturada sobre a temática.

7. Análise dos dados

Os dados foram analisados por meio das transcrições na íntegra das entrevistas. A partir de sua leitura, optou-se pelo método de análise de conteúdo organizado por Bardin.[21] A técnica de análise escolhida foi a Análise Categorial temática. Para analisar as entrevistas dos participantes, decidiu-se realizar duas análises temáticas: uma dos ACS e outra dos profissionais de saúde com nível superior.

8. Resultados e discussão

A partir dos dados obtidos, observou-se um desconhecimento considerável sobre as Ações Afirmativas, tanto por parte dos profissionais de nível superior, que relataram conhecer pouco sobre o assunto, quanto pelos agentes comunitários, que ficaram divididos entre as opções de conhecimento pouco e razoável. Como se observa nas falas dos participantes:

> "[...] *não sabia que tinham essas Ações Afirmativas, que estavam acontecendo dessa maneira*" (trecho da resposta de técnico de nível superior).

> "*Especificamente, o que é isso, eu não sei muito bem sobre as Ações Afirmativas...*" (trecho da resposta de agente comunitário de saúde).

A seguir, apresentam-se no Quadro 1 as opiniões e dúvidas dos participantes acerca das Ações Afirmativas.

---

21 Bardin (1977).

Quadro 1 Dimensão I – conhecimento referente às Ações Afirmativas – técnicos.

Categorias	Temas
1) Opinião sobre as Ações Afirmativas	– De grande relevância por dar suporte a grupos específicos. – Necessárias para diminuir a exclusão. – Positivas quando aplicadas segundo as condições socioeconômicas. – Pode ter um viés discriminativo, contrariando seus princípios de inclusão. – Sua relevância justifica a aplicabilidade, sendo que esta deveria ter ocorrido há tempos.
2) Dúvidas e/ou questões que gostariam de aprofundar acerca das Ações Afirmativas	– Vê-se a necessidade de mais informações sobre o tema, seu histórico e perspectivas. – Problemática de como incluir ao se focalizar as condições socioeconômicas. – Vê-se a necessidade de mais argumentos para a aplicabilidade das Ações Afirmativas segundo raça e etnia (compreende as políticas aplicadas para a questão socioeconômica). – Necessidade de desvelar a opinião das pessoas incluídas nas Ações Afirmativas para saber se se sentem discriminadas.

De acordo com o Quadro 1, observa-se que alguns participantes são favoráveis à aplicação das Ações Afirmativas, enquanto outros as consideram adequadas em relação às condições socioeconômicas, ou mesmo que podem gerar discriminação. Já considerando as dúvidas sobre a temática, é destacada a necessidade de mais informações, dúvidas sobre como trabalhar as Ações Afirmativas juntamente com as condições socioeconômicas, a não compreensão da aplicação das Ações Afirmativas para raça e etnia e a necessidade de desvelar a opinião das pessoas incluídas nas Ações Afirmativas, para saber se se sentem discriminadas. Alguns dos temas apresentados são aprofundados a seguir.

Em relação à associação entre Ações Afirmativas e discriminação, um participante de nível superior aponta a possibilidade de as políticas compensatórias ressaltarem a discriminação, contrariando seus princípios de inclusão, como se verifica na fala a seguir:

> "Eu tenho receio de que, ao invés de ela ser como o próprio nome diz, de que ela possa ressaltar essa discriminação... Acho que poderia ser uma forma de ressaltar e acabar sendo discriminação" (trecho da resposta de técnico de nível superior).

Moehlecke[22] argumenta que se as Ações Afirmativas forem compreendidas como um direito, atendem às doutrinas da Constituição, porque objetivam reparar uma real situação de discriminação e não uma situação inexistente. Pelo fato de a meta a alcançar ser a igualdade de fato, não determinam uma discriminação. No entanto, o argumento da discriminação pode ser uma forma de questionar a validade das Ações Afirmativas ou de encarar a situação de forma passiva.[23]

A necessidade de mais argumentos para a aplicação das Ações Afirmativas para etnia e raça foi apresentada como dúvida/questão a ser aprofundada devido à compreensão do emprego destas apenas para as condições socioeconômicas, como pode ser observado na fala do participante:

> "Quando eu penso em más condições socioeconômicas, eu acho que eu sou até mais favorável do que quando isso passa pela questão racial das Ações Afirmativas... Quais os argumentos de se fazer Ações Afirmativas para essa questão da etnia, da raça?" (trecho da resposta de técnico de nível superior).

O questionamento apresentado merece consideração, na medida em que aponta para o desconhecimento da aplicação das Ações Afirmativas para etnia e raça. Paradoxalmente, observando-se que o Brasil apresenta a segunda maior população mundial de afrodescendentes

---

22 Moehlecke (2002).
23 Lopes (2004).

(52% dos brasileiros),[24] além de ter sido o último país ocidental a abolir a escravidão, são válidas as medidas para ultrapassar as barreiras da exclusão étnico-racial e garantir a democracia.[25]

Considerando tanto a discriminação como a não compreensão para a aplicação de políticas de Ações Afirmativas para etnia e raça, Lopes[26] relata que, no Brasil, o fato de se evitarem as discriminações (por cor, etnia, orientação sexual, classe, religião, deficiência, estilo ou situação de vida) faz com que as pessoas organizem de outra maneira suas representações referenciais e significados sociais. Então, não sendo adequado o profissional conduzir sua ação de modo discriminativo, o mesmo acaba não percebendo "as desigualdades ou a insistir em sua inexistência, contribuindo para a inércia do sistema frente a elas e, por consequência, para a sua manutenção e/ou ampliação".[27]

As Ações Afirmativas basicamente são políticas, ações ou orientações tanto públicas como privadas que apresentam como critério a reparação de desigualdades historicamente sofridas por certos grupos sociais e/ou étnico-raciais com antecedentes de discriminação e exclusão.[28] Quando os participantes foram questionados se as Ações Afirmativas contemplam os princípios do SUS, grande parte dos participantes concordou e as relacionou com o princípio da equidade.

Tal princípio oferece prioridade de ações e serviços de saúde para as populações que são vulneráveis a doenças e, consequentemente, à morte devida a desigualdades na repartição de renda, bens e serviços. Assim, observa-se uma priorização de populações/grupos citados, considerando as desigualdades, para que tenham um maior acesso aos serviços de saúde, atitude que se aproxima do princípio da discriminação positiva ou mesmo das Ações Afirmativas.[29]

---

24 O Brasil é o país que abriga a maior população negra fora da África, a segunda mundialmente falando, sendo superada apenas pela população negra na Nigéria.
25 Piovesan (2005).
26 Lopes (2004).
27 Id. ibid., p. 70.
28 Gomes (2003).
29 Sisson (2007).

Outro princípio considerado foi da universalidade, que garante a todos os cidadãos o acesso aos serviços de saúde oferecidos pelo SUS, sem discriminação.[30] Porém, essa distribuição igualitária deve considerar os problemas específicos apresentados pelos variados grupos sociais que dependem dos serviços de saúde, não se esquecendo de uma distribuição adequada dos serviços para que todos realmente sejam beneficiados.[31]

Como obstáculo para a implantação de Ações Afirmativas na Saúde foram identificados, por um participante, os preconceitos específicos que impedem o fornecimento de um atendimento igualitário, como pode ser observado em sua fala:

> "Os desafios são os próprios preconceitos mesmo, né, o olhar, você olhar para essas pessoas como pessoas que realmente necessitam do atendimento igualitário e não simplesmente porque são uns coitadinhos, né?" (trecho da resposta de agente comunitário de saúde).

Nessa linha, para que seja possível ultrapassar as barreiras dos preconceitos, Lopes considera:

> É essencial respeitar as diferenças, apreciá-las, apreender delas aquilo que seja útil para melhor assistir ao usuário ou usuária. Especialmente no universo do Sistema Único de Saúde do Brasil (SUS), a competência cultural e a diversidade devem ser visualizadas como objetivos continuamente aspirados. Essa virtude propiciará o alcance da equidade num período menor de tempo, sem que isto custe tantas outras vidas.[32]

---

30 Vasconcelos e Pasche (2006).
31 Sisson (2007).
32 Lopes (2004, p. 82).

Alguns participantes indicaram o PSF e algumas atividades que são realizadas na unidade como Ações Afirmativas.

"[...] *eu acho que a própria Unidade Saúde da Família já trabalha com esse grupo mais... esse grupo social que tem mais dificuldades sociais, não sei se já chega a ser uma Ação Afirmativa isso, o próprio trabalho das USF, né?*" (trecho da resposta de técnico de nível superior).

"*Olha, eu posso dizer do que a gente faz aqui dentro na unidade no campo da Odontologia. Eu não sei se isso seria uma Ação Afirmativa, mas dentro da nossa organização de demanda aqui a gente procura, na lógica da estratégia da família, o atendimento que a gente presta às famílias aqui... se isso tiver alguma coisa a ver com as Ações Afirmativas, eu acredito que tenha alguma coisa, né?*" (trecho da resposta de técnico de nível superior).

Como foi observado nos trechos de respostas dos participantes, eles incluem o PSF como Ação Afirmativa, e este vem sendo identificado como um programa focado principalmente nas comunidades pobres. Contudo, o mesmo tem sido criticado por apresentar programas focalizados, à medida que rompe com os princípios estabelecidos pela Constituição Federal.[33]

9. Considerações finais

Considera-se que o estudo respondeu aos objetivos propostos, de identificar e analisar a visão dos profissionais que atuam na Saú-

---

33   Sisson (2007).

de Pública sobre as Ações Afirmativas nesse campo e de como elas podem contribuir para uma maior acessibilidade da população que utiliza os serviços oferecidos pelo SUS.

A partir dos resultados, os participantes apontaram alguns aspectos sobre como as Ações Afirmativas podem ser trabalhadas no campo da Saúde, o que pensam sobre o assunto, quais são as principais dificuldades para executá-las, como elas podem contribuir para a ampliação do acesso dos usuários ao sistema de saúde.

Assim, aponta-se a necessidade de novas investigações, que aprofundem os aspectos aqui tratados, tais como os princípios do SUS e as reais condições colocadas para grupos que poderiam ser foco de Ações Afirmativas, entre outros.

Nessa mesma direção, a pesquisa pôde acrescentar na área das Ações Afirmativas na Saúde, já que há poucos estudos sobre o assunto, contribuindo para que o tema seja mais focalizado, problematizado, ampliado e efetivado, especialmente na atenção básica.

Referências

ANDRADE, L. O. M.; BARRETO, I. C. H. C.; BEZERRA, R. C. Atenção primária à saúde e Estratégia Saúde da Família. In: CAMPOS, G. W. S. et al. *Tratado de saúde coletiva*. São Paulo: Hucitec; Rio de Janeiro: Editora FIOCRUZ, 2006. p. 783-836.

BARDIN, L. *Análise de conteúdo*. Tradução de Luis Antero Reto. São Paulo: Edições 70, 1977. 225 p.

BRASIL. Constituição de 1988. *Constituição*: República Federativa do Brasil. Brasília: Senado Federal, 1988.

_____. Ministério da Saúde. *Programa Saúde da Família*. Brasília. Disponível em: <http://portal.saude.gov.br/portal/saude/area.cfm?Id_area=360>. Acesso em: 10 set. 2008.

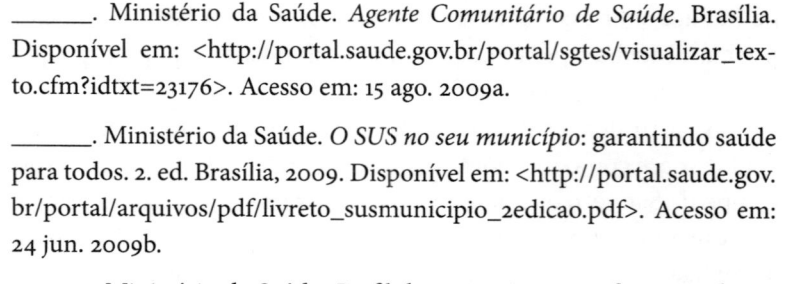

_____. Ministério da Saúde. *Agente Comunitário de Saúde*. Brasília. Disponível em: <http://portal.saude.gov.br/portal/sgtes/visualizar_texto.cfm?idtxt=23176>. Acesso em: 15 ago. 2009a.

_____. Ministério da Saúde. *O SUS no seu município*: garantindo saúde para todos. 2. ed. Brasília, 2009. Disponível em: <http://portal.saude.gov.br/portal/arquivos/pdf/livreto_susmunicipio_2edicao.pdf>. Acesso em: 24 jun. 2009b.

_____. Ministério da Saúde. *Perfil de competências profissionais de um agente comunitário de saúde*. Brasília. Disponível em: <http://portal.saude.gov.br/portal/arquivos/pdf/anexo_perfil_competencias_acs.pdf>. Acesso em: 15 ago. 2009c.

CRUZ, I. C. F. A sexualidade, a saúde reprodutiva e a violência contra a mulher negra: aspectos de interesse para assistência de enfermagem. *Rev. Esc. Enferm. USP*, São Paulo, v. 38, n. 4, p. 448-457, 2004.

GOMES, N. L. Ações Afirmativas: dois projetos voltados para a juventude negra. In: SILVA, P. B. G.; SILVÉRIO, V. R. *Educação e Ações Afirmativas*: entre a injustiça simbólica e a injustiça econômica. Brasília: INEP, 2003. p. 217-243.

LOPES, F. Experiências desiguais ao nascer, viver, adoecer e morrer: tópicos em saúde da população negra no Brasil. In: I SEMINÁRIO SAÚDE DA POPULAÇÃO NEGRA, 2004. Brasília: SEPPIR; Ministério da Saúde, 2004. (caderno de textos básicos).

MAIO, M. C.; MONTEIRO, S. Tempos de racialização: o caso da saúde da população negra no Brasil. *História, Ciências, Saúde – Manguinhos*, Rio de Janeiro, v. 12, n. 2, p. 419-446, maio/ago. 2005.

MARTINES, W. R. V.; CHAVES, E. C. Vulnerabilidade e sofrimento no trabalho do agente comunitário de saúde no Programa Saúde da Família. *Rev. Esc. Enferm. USP*, São Paulo, v. 41, n. 3, p. 426-433, 2007.

MOEHLECKE, S. Ações Afirmativas: história e debate no Brasil. *Cadernos de Pesquisa*, São Paulo, n. 117, p. 197-217, nov. 2002.

PIOVESAN, F. Ações Afirmativas da perspectiva dos direitos humanos. *Cadernos de Pesquisa*, São Paulo, v. 35, n. 124, p. 43-55, abr. 2005.

REIS, M. S. et al. A organização do processo de trabalho em uma Unidade de Saúde da Família: desafios para a mudança das práticas. *Interface*, Botucatu, v. 11, n. 23, p. 655-666, set./dez. 2007.

SISSON, M. C. Considerações sobre o Programa de Saúde da Família e a promoção de maior equidade na política de saúde. *Saúde Soc.*, São Paulo, v. 16, n. 3, p. 85-91, set./dez. 2007.

VASCONCELOS, C. M.; PASCHE, D. F. O Sistema Único de Saúde. In: CAMPOS, G. W. S. et al. *Tratado de saúde coletiva*. São Paulo: Hucitec; Rio de Janeiro: Editora FIOCRUZ, 2006. p. 531-562.

Avaliação da possibilidade de emprego de rochagem no assentamento Araras III, São Paulo

Aline Furtado de Oliveira
Maria Leonor R. C. Lopes-Assad

1. Introdução

O crescimento da produção agrícola brasileira tem se dado não somente pela expansão das áreas cultivadas, mas principalmente devido ao aumento da produtividade, que acontece, em grande parte, pelo uso intenso de fertilizantes químicos como fonte de nutrientes para as plantas. Para sustentar os padrões de produção de larga escala, é necessário transformar e adaptar as condições de fertilidade dos solos agrícolas por meio da aplicação de insumos solúveis.

Os fertilizantes comerciais respondem por cerca de 40% do valor total da produção, o que representa um alto custo para os agricultores familiares.[1] É necessário, portanto, pesquisar novas alternativas para a fertilização dos solos, apoiadas nos recursos disponíveis no local de produção.[2]

Desde 2004, pesquisas com uso de pó de rochas na agricultura estão sendo desenvolvidas no Centro de Ciências Agrárias da UFSCar, com o objetivo de disponibilizar alternativas para os agricultores, principalmente os de base familiar. O presente trabalho surgiu com a intenção de expor à comunidade os resultados desses trabalhos e avaliar se essas alternativas, de fato, podem vir a atender as expectativas de agricultores da região de Araras. Face

---

1 Resende et al. (2005).
2 Theodoro et al. ([2006] 2010).

ao desconhecimento dos agricultores sobre essa prática, foram desenvolvidas atividades para explicar técnicas alternativas para a fertilização de solos, bem como avaliar a reação dos envolvidos à possibilidade de uso desses insumos.

A pesquisa foi conduzida por meio de entrevistas semiestruturadas, que proporcionam um contexto semelhante a uma conversa informal, por se apresentarem de maneira menos formal para o entrevistado. Outra vantagem é a possibilidade de oferecer ao entrevistador um meio para conduzir o diálogo para o foco de sua pesquisa.[3]

2. Agricultura familiar e as barreiras da produção

A história da agricultura brasileira mostra o papel fundamental que esse setor desempenha no desenvolvimento da economia do País. Ainda hoje, a atividade agrícola continua tendo significativa importância econômica e social.[4]

A agricultura familiar é formada por pequenos e médios produtores, que representam a maioria de produtores rurais no Brasil. De um modo geral, esse segmento detém 20% das terras e responde por 30% da produção.[5] No entanto, esses agricultores encontram dificuldades para manter a produtividade, dado o alto custo dos fertilizantes, que muitas vezes são importados.

A maioria dos agricultores de base familiar é responsável pela produção de produtos básicos da alimentação, como feijão, arroz, milho, hortaliças, mandioca e animais de pequeno porte. Essa tendência a diversificar o que é cultivado serve para reduzir os custos, aumentar a renda e aproveitar as oportunidades de oferta ambiental e disponibilidade de mão de obra.[6]

---

3   Boni e Quaresma ([2005] 2010).
4   Barros et al. ([2000] 2010).
5   Portugal ([2002] 2010).
6   Id. ibid.

Os empreendimentos familiares são administrados pela própria família, que trabalha diretamente no campo, com ou sem o auxílio de terceiros.[7] Cabe salientar, ainda, que a agricultura de subsistência atende à demanda por alimentos e matérias-primas da população urbana.[8]

Fernandes[9] aponta que o desempenho da agricultura familiar esbarra em vários obstáculos, tanto externos como internos à propriedade. Do ponto de vista externo podem ser citadas a inadequação das políticas públicas e a insuficiente oferta de terras e/ou má qualidade das terras disponíveis para a produção agrícola de base familiar. Já do ponto de vista interno há dificuldades de organização, falta de capacitação gerencial e tecnológica para administrar as atividades.[10]

O processo de modernização da agricultura brasileira teve início com a introdução de maquinários, de insumos químicos como fertilizantes e defensivos, de novas ferramentas e culturas. Essa foi uma mudança na base técnica da produção em que houve a substituição da produção artesanal rural por uma agricultura moderna, intensiva e mecanizada.[11]

A maioria das tecnologias desenvolvidas visa aumentar a produtividade da terra e a agilidade do trabalho.[12] Mas o desafio principal é a organização do sistema de produção a partir das tecnologias disponíveis, com a finalidade de aumentar a escala de produção, buscar espaços no mercado e agregar valor à produção.[13]

Ao analisar os problemas apresentados pelos agricultores, notamos que esses se devem, principalmente, ao alto custo gerado na produção. Além disso, os agricultores encontram dificuldades para acompanhar as modificações que ocorrem na agricultura por

---

7   Fernandes ([2009] 2010).
8   Barros et al. ([2000] 2010).
9   Fernandes ([2009] 2010).
10 Id. ibid.
11 Barros et al. ([2000] 2010).
12 Portugal ([2002] 2010).
13 Fernandes ([2009] 2010).

causa do desenvolvimento científico e tecnológico. Isso faz com que parte dos agricultores assentados torne-se marginalizada no setor agrícola.[14]

As práticas ditas modernas de agricultura são comumente usadas, embora provoquem danos ao meio ambiente e gastos para o produtor.[15] Ainda, para alterar as condições de fertilidade, o modelo agrícola moderno vem utilizando insumos altamente solúveis que provocam o esgotamento dos solos de forma acelerada.[16]

Os danos ao meio ambiente são causados pelo uso intensivo de máquinas agrícolas, de agroquímicos e pela forma de reconstituir a composição nutricional dos solos por meio de fertilizantes químicos.[17] Além disso, o custo elevado de tais fertilizantes obriga os agricultores de base familiar a buscarem novas alternativas de recomposição dos nutrientes do solo, por meio de recursos disponíveis na região.[18]

Assim, as técnicas alternativas de fertilização dos solos oferecem uma oportunidade aos assentados de aumentarem sua produtividade sem provocar impactos ambientais, mesmo havendo ainda resistência às práticas alternativas de produção que auxiliam na integração desse segmento.[19]

3. Fertilização alternativa: a rochagem

A rochagem é uma metodologia simples, que requer pouco investimento energético. Consiste na moagem de rochas, o que resulta no chamado pó de rocha e possibilita a liberação gradual de nutrientes para o solo, tornando-os mais facilmente disponíveis para as plantas. A adoção de uma tecnologia de fácil assimilação como a

---

14   Gehlen ([2001] 2010).
15   Lutzenberger ([2001] 2010).
16   Theodoro et al. ([2006] 2010).
17   Lutzenberger ([2001] 2010).
18   Theodoro et al. ([2006] 2010).
19   Gehlen ([2001] 2010).

rochagem pode ser viável em termos econômicos e ecológicos devido ao baixo custo de beneficiamento para os agricultores. Além disso, o custo da poluição gerada pelo uso desenfreado de fertilizantes químicos tem sido cada vez maior, e os impactos negativos ao ambiente têm levado muitos especialistas a defenderem uma drástica redução nesse uso.[20]

A rochagem nada mais é que uma tecnologia que promove o recondicionamento de solos empobrecidos quimicamente pela adição do pó de rocha/sedimentos ou seus derivados. Como as rochas são formadas por minerais que possuem potássio, fósforo, cálcio, magnésio e outros elementos importantes para a nutrição mineral de plantas, a rochagem também fornece vários nutrientes fundamentais ao desenvolvimento vegetal.[21]

De maneira mais simples, a rochagem é a correção dos solos a partir de rochas silicáticas moídas. O procedimento envolve a trituração das rochas usadas na composição do produto, e sua principal função é a recuperação do solo e o aumento de sua fertilidade, de forma natural.[22]

A rochagem pode ser feita por meio do aproveitamento de rejeitos de mineração, o que proporciona menor custo em relação aos fertilizantes convencionais com produtos industrializados. Diniz[23] afirma que a adição de pó de rocha só precisa ser feita de quatro em quatro anos, ao contrário da adubação tradicional, que necessita ser refeita todo ano.

Entre os benefícios oriundos dessa prática, destaca-se a liberação lenta de nutrientes, com disponibilização deles por mais tempo que o proporcionado pela fertilização convencional. Também favorece a estabilização do pH, o aumento da produtividade e reduz a dependência de herbicidas e pesticidas.[24]

---

20 Theodoro et al. ([2006] 2010).
21 Id. ibid.
22 Melamed et al. ([2007] 2010).
23 Diniz ([2006] 2010).
24 Melamed et al. ([2007] 2010).

Além desses benefícios, foram notadas também melhorias em aspectos visuais das plantas, tais como maior quantidade de raízes, folhas mais exuberantes e o aumento da umidade do solo, pois o pó de rochas contém grãos do tamanho da argila.[25]

Além de minimizar os efeitos prejudiciais causados pela atividade agrícola, as pesquisas com fertilizantes alternativos irão, também, reduzir os custos de produção e impactos na balança comercial. Isso porque o Brasil importa quase 90% do volume total de fertilizantes usado na agricultura e encontra-se na quarta posição como consumidor de fertilizantes.[26]

Em termos econômicos, a rochagem pode ser uma opção para a fertilização dos solos, promovendo a amortização dos gastos com importação. Em termos ambientais, favorece o solo ao repor os nutrientes necessários à agricultura – como o potássio, um dos macronutrientes deficitários no solo – e não agredir o meio ambiente, por não haver elementos químicos na sua composição.[27]

Assim, a utilização de pó de rocha pode ser uma alternativa em várias regiões do Brasil. Tal técnica agrícola é favorável aos agricultores familiares por não acarretar altos custos no processo de fertilização do solo.[28]

4. Agricultores assentados de Araras

A partir da identificação de que um dos fatores que impedem os agricultores de base familiar, assentados do município de Araras-SP, de obterem produtividade é o alto preço dos adubos, foram apontados a eles os conceitos e as vantagens de se introduzir o pó de rocha em sua propriedade agrícola.

---

25 Diniz ([2006] 2010).
26 Moreira et al. ([2006] 2010).
27 Melamed et al. ([2007] 2010).
28 Id. ibid.

Com o intuito de interagir melhor com o público selecionado, foi necessário conhecê-los por meio de uma pesquisa realizada com os técnicos do Instituto de Terras do Estado de São Paulo "José Gomes da Silva" (ITESP) e elaborar a proposta de maneira clara e concisa. Considerando a simplicidade dos agricultores, buscamos as informações desejadas a partir de uma entrevista semiestruturada. Tal modelo de entrevista procura garantir que os entrevistados respondam às mesmas perguntas, mas permite que haja flexibilidade na ordem das questões. Assim, o desenvolvimento da entrevista vai se adaptando ao longo da conversa.[29]

Dessa forma, propiciamos um ambiente agradável para que o entrevistado pudesse responder de maneira clara e objetiva às nossas perguntas. Esse modelo de entrevista também favorece uma conversa informal e possibilita ao entrevistador direcionar o diálogo para o foco de sua pesquisa.[30]

As entrevistas semiestruturadas combinam perguntas abertas e fechadas, em cujas respostas o entrevistado tem a possibilidade de discorrer sobre o tema proposto. Esse tipo de entrevista é muito utilizado quando se deseja delimitar o volume das informações, obtendo-se assim um direcionamento maior para o tema e intervindo-se a fim de que os objetivos sejam alcançados.[31]

A principal vantagem da entrevista semiestruturada é produzir uma melhor amostra da população de interesse. Outra vantagem diz respeito à dificuldade que muitas pessoas têm de responder por escrito.[32]

Para a elaboração de uma entrevista desse modelo se faz necessário conhecer o assunto que será abordado por meio de um estudo bibliográfico, analisar o modo de vida dos entrevistados e, por fim, definir qual política será adotada com respeito ao público.[33]

---

29 Costa et al. ([2004] 2010).
30 Boni e Quaresma ([2005] 2010).
31 Id. ibid.
32 Id. ibid.
33 Id. ibid.

Antes mesmo de iniciar a preparação do questionário, foi realizada uma pesquisa bibliográfica sobre os conceitos e vantagens de se utilizarem fontes alternativas de fertilização na agricultura familiar. Mesmo já tendo condições de estruturar um questionário, foi preciso conhecer o público que seria tomado como referência para a nossa pesquisa.

Por meio de encontros com o Itesp, buscamos informações sobre as propriedades rurais e o modo de vida dos agricultores dos assentamentos do município de Araras-SP, os quais estão localizados na região do Horto Florestal Loreto.

O município de Araras possui quatro assentamentos, que estão regularizados junto ao Itesp. Atualmente são 96 famílias residentes em áreas com dimensões variadas e também com atividades diversificadas.[34]

Os assentamentos Araras I e Araras II possuem antecedentes semelhantes. Foram criados em 1984 e têm uma comunidade de base tradicionalmente agrícola. Suas terras contam com abastecimento de água, sendo formados por pessoas com dificuldades financeiras que migraram por falta de trabalho e/ou perda de suas terras.[35]

O assentamento Araras III não tem a mesma origem que os assentamentos anteriores, pois há uma diversidade nos trabalhos comunitários e não há apenas atividades agrícolas nesse território. Esse assentamento possui 46 lotes dentro de uma área total de 367,87 ha. Começou a ser implantado no final de 1997.[36]

Por fim, o assentamento Araras IV, por ser uma comunidade formada recentemente, em 2004, ainda não possui uma base de produção. Sua população é constituída basicamente por migrantes da Região Nordeste do País e, por estar localizado nas proximidades da área urbana, a maioria dos assentados trabalha na cidade. Essa unidade está dividida em 30 lotes, numa área total de 40,18 ha.[37]

---

34 Itesp (2009).
35 *Idem*.
36 *Idem*.
37 *Idem*.

A produção agrícola nos assentamentos está apoiada em algumas culturas anuais de subsistência, como milho, feijão, mandioca e hortaliças, e em pequenas criações, como aves, porcos, bovinos e equinos. Entretanto, a principal fonte de renda desses assentados é o trabalho doméstico, bem como o comércio e a construção civil.

Com esses dados, foi possível identificar o grupo de agricultores que poderiam ser entrevistados, considerando diversidade de produção e número de lotes. Assim, o assentamento Araras III, com 46 lotes de 6 hectares cada, foi o escolhido por ser o que mais se enquadrou no perfil do projeto.

Com as informações referentes à rochagem e ao público-alvo da pesquisa, foi possível elaborar o questionário semiestruturado. Nessa etapa contou-se com a colaboração de estudantes do Programa de Pós-Graduação em Agroecologia e Desenvolvimentos Rurais do CCA/UFSCar e de técnicos do ITESP.

As reuniões e as entrevistas foram marcadas previamente com o ITESP e realizadas no Centro Comunitário do Assentamento Araras III, em Araras-SP. Os encontros foram feitos do seguinte modo:

- 10 de abril de 2009: encontro com o ITESP, para o levantamento de dados sobre os agricultores e as propriedades dos assentamentos, a fim de definir o público-alvo;
- 17 de abril de 2009: reunião com agricultores do assentamento Araras III e com técnicos do ITESP, na qual os agricultores foram convidados a participar da pesquisa; nesse mesmo encontro, os produtores sugeriram que houvesse uma palestra sobre a rochagem;
- 8 de maio de 2009: aplicação dos questionários e, em seguida, apresentação por estudantes do CCA/UFSCar de palestra sobre técnicas alternativas de fertilização, com ênfase na rochagem;
- 11 de maio de 2009: a convite dos agricultores, foi realizada nova rodada de aplicação de questionários.

Após as entrevistas, apresentamos aos produtores as informações sobre as tecnologias alternativas de fertilização por meio de uma palestra, enfatizando o pó de rocha. Nesse momento, foram esclarecidas dúvidas e os assentados mostraram-se curiosos e interessados no uso da rochagem.

5. Ponto de vista dos agricultores

Com os resultados obtidos e organizados em gráficos, foi possível constatar o desconhecimento dos agricultores sobre rochagem e a possibilidade de usá-la nas propriedades. Dos 46 assentados do assentamento Araras III, 26 colaboraram com a pesquisa. Primeiro, forneceram dados gerais sobre as propriedades. Em seguida, abordou-se a técnica de rochagem, buscando identificar a percepção e disponibilidade deles para empregá-la em suas terras.

Como podemos observar na Figura 1, poucos agricultores conheciam a técnica de rochagem. Apenas quatro afirmaram conhecê-la e três responderam conhecê-la de modo superficial.

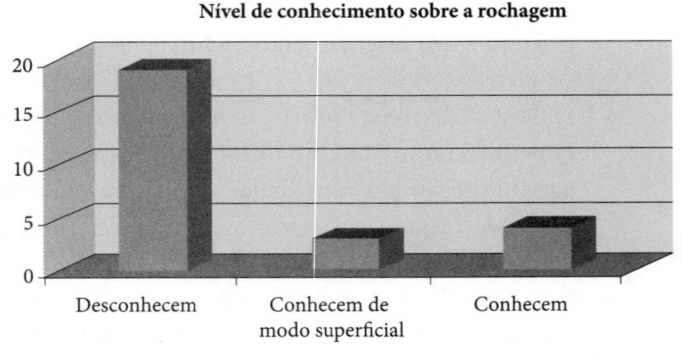

Figura 1 Conhecimento dos agricultores do assentamento Araras III a respeito da técnica rochagem.

Mesmo tendo pouco conhecimento sobre a técnica, a maioria dos assentados do assentamento Araras III manifestou interesse em usar a rochagem em sua propriedade. Apenas dois dos produtores não aceitaram e outros quatro manifestaram dúvida quanto à utilização da rochagem (Figura 2). Esse resultado pode indicar que os agricultores reconhecem a necessidade de se ter maior produtividade em seus cultivos e que para tanto é necessário aplicar algum tipo de fertilizante.

Aceitação do emprego de rochagem

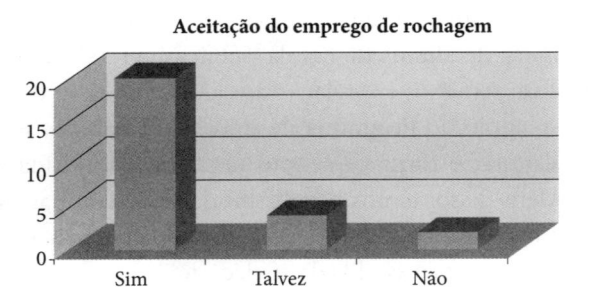

[Gráfico de barras: Sim ≈ 20; Talvez ≈ 4; Não ≈ 2]

Figura 2 Aceitação dos entrevistados em relação à aplicação da rochagem em sua área de produção.

Embora os produtores rurais conheçam os fertilizantes industriais, eles não os usam por incidirem muito no custo da produção agrícola. Conhecidas as vantagens dos fertilizantes alternativos, o fator econômico parece ter sido o mais importante na definição do interesse dos produtores pela utilização da rochagem como fonte de fertilização de solos.

6. Relevância das Ações Afirmativas

O trabalho realizado mostrou-me a importância de se oferecerem alternativas para segmentos excluídos da sociedade, que muitas vezes desconhecem o que se passa na universidade, mesmo sendo ela pública e fisicamente próxima. O Programa de Ações Afirmativas estimula a inclusão de alunos na universidade e nos oferece a oportunidade de levar o conhecimento obtido na escola a outros segmentos da sociedade.

A sociedade brasileira apresenta uma enorme diversidade de raças, de costumes, de classes sociais e de níveis de escolaridade. Um dos objetivos do Programa de Ações Afirmativas é integrar alunos de baixa renda nas universidades públicas.

De um modo geral, nós, alunos com menos recursos financeiros, tendemos a estudar em escolas públicas, que, na maioria das vezes, oferecem um ensino inferior ao de escolas particulares. Com isso, o número de alunos de escola pública ingressos em universidades públicas é menor em relação aos alunos de ensino particular.

Com o apoio do Programa de Ações Afirmativas, somos motivados a estudar e tornar esse fato uma realidade cada vez mais distante. Além disso, temos a oportunidade de compartilhar nosso conhecimento, adquirido no contexto universitário, com outros segmentos menos favorecidos da sociedade.

Enfim, o Programa de Ações Afirmativas alcança alunos ingressantes na universidade e faz com que compartilhemos nossas experiências universitárias com a comunidade.

Referências

BARROS, G. S. C.; FURTUOSO, M. C.; GUILHOTO, J. J. M. *O agronegócio na economia brasileira*: 1994 a 1999. Piracicaba: CEPEA/ESALQ; Brasília: CNA, 2000. Disponível em: <http://www.cepea.esalq.usp.br/pib/other/relatorio_metodologico.pdf>. Acesso em: 15 mar. 2010.

BONI, V.; QUARESMA, S. J. Aprendendo a entrevistar: como fazer entrevistas em Ciências Sociais. *Em Tese*, Florianópolis, v. 2, n. 1, p. 68-80, jul. 2005. Disponível em: <http://www.emtese.ufsc.br>. Acesso em: 05 mar. 2010.

COSTA, C.; ROCHA, G.; ACÚCIO, M. A entrevista. *DEFCUL*: Metodologia da Investigação, 2004. Disponível em: <http://www.educ.fc.ul.pt/docentes/ichagas/mi1/entrevistat2.pdf>. Acesso em: 04 mar. 2010.

DINIZ, R. *Pó de rocha vira terra fértil em prol dos excluídos*. 2006. Disponível em: <http://www.fbb.org.br/portal/pages/publico/expandir.fbb?codConteudoLog=1789>. Acesso em: 04 mar. 2010.

FERNANDES, A. E. B. O perfil da agricultura familiar. *Web Artigos*, 08 abr. 2009. Disponível em: <http://www.webartigos.com/articles/16496/1/O--PERFIL-DA-AGRICULTURA-FAMILIAR-BRASILEIRA/pagina1.html>. Acesso em: 05 mar. 2010.

GEHLEN, I. Pesquisa, tecnologia e competitividade na agropecuária brasileira. *Sociologias*, Porto Alegre, v. 3, n. 6, p. 70-93, dez. 2001. Disponível em: <http://www.scielo.br/pdf/soc/n6/a05n6.pdf>. Acesso em: 03 mar. 2010.

INSTITUTO DE TERRAS DO ESTADO DE SÃO PAULO "JOSÉ GOMES DA SILVA" (ITESP). *Dados sobre os agricultores assentados do município de Araras-SP*. Entrevista concedida entre os dias 10 e 17 de abril 2009.

LUTZENBERGER, J. A. O absurdo da agricultura. *Estudos Avançados*, São Paulo, v. 15, n. 43, p. 61-74, dez. 2001. Disponível em: <http://www.scielo.br/scielo.php?script=sci_arttext&pid=S0103-40142001000300007>. Acesso em: 03 mar. 2010.

MELAMED, R. N. et al. Pó de rocha como fertilizante alternativo para sistemas de produção sustentáveis em solos tropicais. *Série Estudos e Documentos*, v. 9, n. 1, p. 4-23, 2007. Disponível em: <http://www.cetem.gov.br/publicacao/cetem_sed_72_p.pdf>. Acesso em: 05 mar. 2010.

MOREIRA, A. et al. Efeito residual de rochas brasileiras como fertilizantes e corretivos da acidez do solo. *Espaço & Geografia*, Brasília, v. 9, n. 2, p. 163-177, 2006. Disponível em: <http://www.unb.br/ih/novo_portal/portal_gea/lsie/revista/revista_volume_9_numero_1_2006.htm>. Acesso em: 03 mar. 2010.

PORTUGAL, A. D. O desafio da agricultura familiar. *Revista Agroanalysis*, 01 mar. 2002. Disponível em: <http://www23.sede.embrapa.br:8080/aplic/rumos.nsf/b1bbbc852ee105718325680005ca0ab/5fe6c928ead6b95903256c240062888a?OpenDocument>. Acesso em: 05 mar. 2010.

RESENDE, A. V.; MACHADO, C. T. T.; MARTINS, E. S.; NASCIMENTO, M. T.; SOBRINHO, D. A. S.; FALEIRO, A. S. G.; LINHARES, N. W.; SOUZA, A. L.; CORAZZA, E. J. Potencial de rochas silicáticas no fornecimento de potássio para culturas anuais: I. Respostas da soja e do milheto. In: CONGRESSO BRASILEIRO DE CIÊNCIA DO SOLO, 30, Recife. *Anais...* Recife: UFRPE/SBCS, 2005. (CD-ROM).

THEODORO, S. H. et al. Experiência de uso de rochas silicáticas como fontes de nutrientes. *Espaço & Geografia*, Brasília, v. 9, n. 2, p. 263-292, 2006. Disponível em: <http://www.unb.br/ih/novo_portal/portal_gea/lsie/revista/revista_volume_9_numero_1_2006.htm>. Acesso em: 03 mar. 2010.

Conselhos de Defesa dos Direitos das Crianças e Adolescentes e trabalho infantil na microrregião de Sorocaba

Joyce Miryam Tonolli[1]
Andrea Rodrigues Ferro[2]

1. Introdução

O objetivo deste trabalho é verificar a relação entre a estrutura dos Conselhos Municipais de Defesa dos Direitos das Crianças e Adolescentes e a incidência de trabalho infantil na microrregião de Sorocaba, que é formada pelos municípios de Alumínio, Araçariguama, Araçoiaba da Serra, Cabreúva, Capela do Alto, Iperó, Itu, Mairinque, Porto Feliz, Salto, Salto de Pirapora, São Roque, Sarapuí, Sorocaba e Votorantim.

A erradicação do trabalho infantil não se faz somente com leis, mas sim com a atuação da sociedade civil organizada e a governamental, para garantir o cumprimento dessas leis. No Brasil, os Conselhos Tutelares e Conselhos de Direito das Crianças e Adolescentes, cujas funções são promover medidas concretas para a erradicação do trabalho infantil e zelar pelos os direitos das crianças, são os principais integrantes do Sistema de Garantia de Direitos.

A questão orientadora da pesquisa baseia-se na hipótese de que, em cidades que têm Conselhos Municipais de Direito da Criança e do Adolescente e Conselhos Tutelares mais ativos e mais bem estruturados, que funcionam regularmente e que, ainda, tenham participação social organizada, a incidência de trabalho infantil será

---

1 Graduanda em Ciências Econômicas pela UFSCar.
2 Docente do Curso de Ciências Econômicas da UFSCar.

menor do que em cidades onde a atuação desses Conselhos é mais precária. A relação entre a incidência do trabalho infantil e a atuação dos Conselhos é importante para perceber como o Sistema de Garantia de Direitos se apresenta em termos de política pública no município e para, com isso, evidenciar mudanças capazes de melhorar a eficiência desse Sistema.

A prevenção do trabalho infantil, por sua vez, é importante para interromper o chamado ciclo da pobreza, que segundo Kassouf[3] é um dos principais determinantes do trabalho infantil. Esse ciclo associa a entrada precoce dos pais no mercado de trabalho, com a probabilidade maior de os filhos trabalharem e, também, com a queda do rendimento médio do trabalho. Em outro estudo, Kassouf[4] constata, a partir de dados da PNAD de 1995, que o rendimento médio por hora dos homens de 20 a 60 anos variava positivamente com a idade em que começaram a trabalhar, ou seja, observou-se que quanto mais cedo esses homens inseriam-se no mercado de trabalho, menores eram seus rendimentos futuros.

Para a realização do projeto, foram utilizados os dados de 1991 e 2000 do Censo Demográfico do IBGE sobre a população economicamente ativa de 10 a 14 anos por município, características como sexo e situação de domicílio. Tais dados estão disponíveis na internet.

Este capítulo está dividido em cinco seções. A primeira trata dos métodos utilizados na pesquisa, a segunda aborda o Sistema de Garantia de Direitos da Criança e do Adolescente de uma forma geral, a terceira trata do Sistema de Garantia na microrregião de Sorocaba e a quarta analisa o trabalho infantil na microrregião. A última seção apresenta as conclusões.

---

3   Kassouf (2005).
4   Id. (2002).

1. Metodologia

O projeto foi desenvolvido em duas etapas. A primeira consistiu na coleta de dados secundários disponíveis na internet, especificamente no site do IBGE, e na elaboração de gráficos e tabelas com os dados do Brasil, Estado de São Paulo e municípios da microrregião de Sorocaba. Nessa etapa, depois da organização dos dados secundários coletados, foi feita uma análise da incidência do trabalho infantil nos municípios relacionados à pesquisa para os anos de 1991 e 2000, com o propósito de identificar quais municípios apresentavam maior proporção de crianças economicamente ativas.

A segunda etapa foi o levantamento da estrutura do Sistema de Garantia de Direitos das Crianças e Adolescentes e a coleta de dados primários a respeito dos Conselhos Tutelares e Municipais do Direito das Crianças na microrregião de Sorocaba. Nessa etapa, o levantamento da estrutura do Sistema de Garantia de Direitos foi possível com a utilização da literatura e de informações disponíveis no site da Presidência da República e das leis que instituem os Conselhos Municipais de Direitos da Criança e Adolescente e os Conselhos Tutelares.

Quanto ao levantamento de dados sobre os Conselhos da microrregião de Sorocaba, foram acessados os sites das prefeituras municipais para verificar a existência desses Conselhos e obter um meio de contato (telefones, endereços e e-mails). Em casos de falta de informação de alguns sites de prefeituras, a respeito da existência dos Conselhos e do contato com estes, foi realizada uma busca na internet, primeiramente com a palavra-chave "Conselhos Municipais dos Direitos da Criança e Adolescente", e depois com "Conselhos Tutelares". Foram então encontradas duas listas, uma para cada Conselho, organizadas em ordem alfabética, com o contato de todos os municípios do Estado de São Paulo. No entanto, o site de alguns municípios estava sem o telefone e o endereço eletrônico. Nesses casos, foi necessário recorrer a listas telefônicas on-line para se obter as informações que faltavam. Para aqueles contatos que ainda assim não foram obtidos, utilizou-se o telefone das prefeituras municipais.

Foi elaborado um roteiro de questionário para entrevista via telefone ou e-mail. O contato por telefone com os Conselhos foi feito primeiro com aqueles que não apresentaram e-mail. Como a maioria preferiu não responder as questões por telefone, foram coletados nessas entrevistas por telefone os e-mails que faltavam. Por fim, restou enviar e-mails para os Conselhos, para que fornecessem as informações necessárias.

2. O Sistema de Garantia de Direitos

Durante muito tempo, o trabalho infantil foi visto no Brasil como uma solução para a pobreza.[5] Esse pensamento vigorou até o início da década de 1990, quando ganhou força a mobilização social em defesa da infância e da juventude, e esse também foi o momento em que o trabalho infantil foi reconhecido como um problema a ser combatido. Deu-se então início a debates em torno desse problema, com o objetivo de viabilizar meios para a erradicação do trabalho infantil. Tal mobilização culminou na elaboração de leis como o Estatuto da Criança e do Adolescente (ECA) e na implantação do Programa Internacional para a Eliminação do Trabalho Infantil, coordenado pela Organização Internacional do Trabalho (OIT), no Brasil.

O ECA (Lei nº 8.069 de 13 de julho de 1990) é considerado um marco na forma com que o Brasil lida com as questões ligadas à infância e à adolescência e o pilar principal do Sistema de Garantia. É a partir dele que se estabelecem os direitos à vida, ao convívio familiar e à educação. Com ele, as crianças e adolescentes deixam de ser tratadas como propriedade da família, do Estado e da sociedade.

O ECA, além de ter introduzido o Sistema de Direitos, fez com que os Conselhos de Direitos municipais (CDMAs), estaduais (CONDECAS), federal (CONANDA) e os Conselhos Tutelares passassem a ter papel importante na rede de políticas públicas relacionadas às crianças e adolescentes. O estatuto estabelece a gestão parti-

---

[5] Gomes (2000).

cipativa entre governo e sociedade civil na formulação, deliberação, controle e atenção aos direitos da criança e do jovem. Essa gestão participativa se dá por meio dos Conselhos de Direitos da Criança e do Adolescente e dos Conselhos Tutelares.

O Sistema de Garantias de Direitos se constitui na articulação e integração da sociedade civil e das instâncias públicas, que atuam juntas para efetivar os direitos das crianças e dos adolescentes. Ele se destina à proteção dos direitos de pessoas com até 18 anos e, em casos excepcionais, estende-se até os 21 anos. O Sistema de Direitos é composto prioritariamente de eixos, que basicamente são constituídos pela articulação de políticas de atendimento, proteção, justiça e promoção para a eliminação do trabalho infantil. Os eixos são o da Defesa dos Direitos Humanos, o da Promoção de Direitos e o do Controle e Efetivação dos Direitos. Além dos Conselhos, o Sistema de Garantia de Direitos é formado também por Ministério Público, Defensoria Pública, Juizado da Infância e da Juventude, delegacias especializadas, fóruns, comitês, comissões, frentes, formadores de opinião pública, como artistas, igrejas, lideranças, iniciativa privada e representações políticas.

A constituição do Sistema de Garantias de Direitos das crianças e adolescentes se deu com base em princípios norteadores da ação estatal, como a descentralização, o reordenamento e a integração operacional do sistema.

De acordo com Custódio,[6] o processo de implantação do Sistema ainda é lento no Brasil, pois ele depende de práticas emancipatórias de caráter político e histórico. O autor apresenta dados do IBGE para o ano de 2001, nos quais apenas 2.851 dos municípios brasileiros haviam implantado o Conselho Tutelar e o Conselho de Direitos, o que equivale a 20% do total. É ressaltado ainda que em 2.849 municípios não havia Conselho Tutelar e que 1.542 municípios não possuíam o Conselho de Direitos. Isso significa que, respectivamente, 45% e 28% desses municípios estavam sem as estruturas básicas do Sistema de Garantias de Direitos da criança e do adolescente.

---

6 Custódio (2006).

Esses dados sustentam a questão orientadora deste projeto, que considera que municípios com a presença desses Conselhos bem articulados estão propensos a apresentar menor incidência de trabalho infantil. Logo, para a efetivação do Sistema de Direitos, é importante e necessário que haja ações mais efetivas da sociedade.

2.1 Políticas relacionadas aos direitos das crianças e dos adolescentes

As políticas públicas executadas pelos Conselhos de Direitos para garantir o Sistema de Direitos das crianças e dos adolescentes são: de atendimento, de proteção, de justiça e de promoção.

A política de atendimento é realizada por meio da articulação de ações governamentais e não governamentais nos níveis estadual, distrital e federal, mediante a colaboração recíproca entre os municípios. O ECA propõe que a política de atendimento envolva linhas de ação (como programas de assistência social e proteção jurídica social), diretrizes (como a criação dos Conselhos de Direitos da Criança e do Adolescente, a municipalização do atendimento, assim como a sua descentralização, a mobilização e a participação da sociedade civil) e responsabilidades em relação aos programas e entidades de atendimento.

Segundo Custódio,[7] o controle centralizado pode levar a desastres, como o caso da Política Nacional do Bem-Estar do Menor, que não garantia a participação popular, sendo mantido pelo controle centralizado de um pequeno grupo dirigente e, na maioria das vezes, reproduzido nas instâncias locais. Dessa forma, podemos considerar que a descentralização que leva à municipalização é importante para que se tenha a participação social e o controle da comunidade local e se atinja a eficiência da política pública.

O impasse dos problemas da centralização levou à criação dos Conselhos dos Direitos da Criança e do Adolescente, que são órgãos

---

7   Id. ibid.

deliberativos e controladores de nível municipal, estadual e nacional. A criação desses conselhos foi importante, pois eles promoveram importantes alterações nas relações hierárquicas de gestão de políticas públicas de atendimento. Com a constituição dos sistemas, essa hierarquização sofreu rupturas, pois os conselhos são autônomos em seus níveis e se submetem apenas às leis impostas a eles. O Conselho de Direitos, diretriz da política de atendimento, possui instâncias municipais (CDMAs), estaduais (CONDECAS) e nacional (CONANDA). Todos eles possuem formação paritária e são autônomos, não se subordinam ao poder público. Suas funções são deliberar e formular uma política de proteção integral da infância e da juventude e articular os diversos órgãos públicos com a iniciativa privada, com vistas a instituir um sistema de proteção integral.

Os Conselhos de Direitos necessitam do apoio da comunidade para definir suas ações, como a formulação de diagnóstico da situação das crianças e adolescentes, o planejamento das políticas públicas necessárias para efetivar o atendimento de acordo com as diversas necessidades.

Para se efetivarem os direitos das crianças e adolescentes, é necessário que a família, a sociedade e o Estado assumam compromisso de forma articulada; sendo assim, é preciso estabelecer uma política de proteção.

O órgão legítimo, permanente e autônomo responsável pela política de proteção é o Conselho Tutelar, que foi proposto e aprovado pelo ECA para zelar pela garantia do cumprimento dos diretos da criança e adolescente. Dessa forma, o Conselho Tutelar torna-se responsável pelo controle, mobilização e efetivação dos direitos infantojuvenis. Esse Conselho age com autonomia conferida pela lei sempre que os direitos das crianças são violados ou ameaçados. Quando ocorre a violação dos direitos fundamentais, o Conselho aplica a medida de proteção mais adequada.

A criação do Conselho Tutelar decorre de lei municipal e sua natureza jurídica é de órgão público, vinculado ao Poder Executivo municipal. Conforme propõe o ECA, em cada município deve haver, no mínimo, um Conselho Tutelar.

Sempre que família, sociedade ou Estado omitir, ameaçar ou violar o conjunto de direitos da criança e do adolescente e o sistema de proteção não agir de forma imediata, a política de justiça deve resguardar os direitos infantojuvenis fundamentais. O Direito da Criança e do Adolescente concede ao Poder Judiciário o papel de aplicar essa política.

A política de justiça envolve a prestação da tutela jurisdicional nos casos de violação ou ameaça aos direitos da criança e do adolescente e a aplicação de medidas decorrentes dos crimes e infrações administrativas praticados contra a criança e o adolescente. E, para ser efetiva, deve obrigar o oferecimento de mecanismos de direitos com amplo acesso à justiça, conforme formalmente garantido no ECA, acesso de toda criança e adolescente à Defensoria Pública, ao Ministério Público e ao Poder Judiciário. Para Custódio,[8] esse acesso representa um avanço na garantia de direitos da criança e do adolescente.

As práticas institucionais não irão por si só efetivar os direitos da criança e do adolescente. Para que ocorra a efetivação, é necessário disseminar uma política de promoção dos direitos, que implica reconhecimento dos jovens adolescentes e das crianças como pessoas dignas de respeito e direitos, não como propriedades de sua família, da sociedade ou do Estado, sujeitas à negligência das instituições, dos maus-tratos, da exploração, do abuso, da crueldade e da opressão.

Para Custódio,[9] o estímulo do ativismo e da participação infantojuvenil nas questões que afetam sua vida pode ser um elemento importante para a promoção do direito. Segundo o autor, a política de promoção trata da divulgação dos direitos das crianças e adolescentes e da constituição de uma linguagem política de emancipação que proteja a criança e o adolescente de negligências, maus-tratos, exploração e abuso.

---

8   Id. ibid.
9   Id. ibid.

Promover os direitos infantojuvenis implica promover uma mobilização comunitária e também reivindicar a efetivação dos direitos fundamentais.

3. O Sistema de Garantia de Direitos na microrregião de Sorocaba

Mediante buscas realizadas pela internet para obter alguma forma de contato, como telefone e e-mail, verificou-se a existência de Conselhos em todos os municípios da microrregião, no entanto só foi possível entrar em contato com os municípios de Mairinque, São Roque, Sorocaba e Votorantim. Nos dois primeiros, o contato foi feito com a prefeitura, e, nos dois últimos, diretamente com os Conselhos. Em Mairinque e São Roque, os telefones informados pelas prefeituras não existiam. Já em Sorocaba e Votorantim, os representantes que atenderam preferiram responder as questões por e-mail. Nos demais municípios não foi possível entrar em contato, tanto por não terem sido encontrados telefones ou e-mails quanto pelo fato de os telefones não existirem. Nenhum município respondeu o questionário.

4. O trabalho infantil na microrregião de Sorocaba

Os dados apresentados nesta parte da pesquisa foram obtidos pelos censos demográficos de 1991 e de 2000, realizados pelo IBGE. Estes dados mostram que, em 1991, no Brasil, num total de 17.049.560 crianças de 10 a 14 anos, havia 1.784.904 trabalhando, o que representa aproximadamente 10,5% dessa população. Em 2000, o número de crianças de 10 a 14 anos trabalhando passou para 1.624.539, num total de 17.353.683, logo o percentual de crianças dessa faixa etária trabalhando caiu para 9,36%.

Pela Constituição brasileira de 1988, a idade mínima para admissão no trabalho é de 14 anos. No fim de 1998, foi aprovada uma emenda que estabelece como 16 anos a idade mínima para trabalhar. Dessa forma, pode-se afirmar que uma das principais causas da diminuição do número de crianças de 10 a 14 anos trabalhando no Brasil em 2000 se dá pelo aumento da idade mínima permitida para o trabalho.

Foram pesquisadas as crianças de 10 a 14 anos de idade que trabalhavam nos municípios da microrregião de Sorocaba. São apresentados os dados de trabalho infantil dessa faixa etária no Brasil, Estado de São Paulo e total da microrregião de Sorocaba, no sentido de verificar se os municípios da microrregião estão, por exemplo, abaixo ou acima da incidência nacional ou estadual.

Com base nestes dados, apresentados na forma de tabelas e gráficos, procura-se identificar os municípios com maior e menor número de crianças trabalhando e, com isso, relacionar nível de trabalho infantil com desenvolvimento e articulação dos Conselhos de Defesa da Criança e Adolescente.

4.1 Dados

Nos censos demográficos, são recenseadas todas as pessoas residentes no território nacional na data de referência, inclusive as que se encontram temporariamente ausentes do país na data. O censo compreende a investigação de características das pessoas, das famílias e dos domicílios, tais como o número de domicílios e pessoas pesquisadas. Em 1991, foram pesquisados 35.417.653 domicílios, e, em 2000, a pesquisa foi aplicada em 54.265.618 domicílios.

A população de 10 anos ou mais de idade foi classificada, quanto à condição de atividade, em população economicamente ativa ou população não economicamente ativa. Segundo o IBGE, compõem a população economicamente ativa as pessoas que, durante todos os 12 meses anteriores à data do censo, ou em parte deles, exerceram trabalho remunerado, em dinheiro e/ou produtos ou mercadorias, inclusive as licenciadas, com remuneração, por doença, com bolsas de estudo etc., e as sem remuneração que trabalharam habitualmente 15 horas ou mais por semana numa atividade econômica, ajudando pessoa com quem residiam ou instituição de caridade, beneficente ou de cooperativismo, ou, ainda, como aprendizes, estagiárias etc. Também foram consideradas nessa condição as pessoas de 10 anos de idade ou mais que não trabalharam nos 12 meses anteriores à data de referência do censo, mas que nos últimos dois meses tomaram alguma providência para encontrar trabalho. Foram incluídas na população não economicamente ativa as pessoas que, durante todos os 12 meses anteriores à data de referência do censo, somente tiveram uma ou mais das seguintes situações: exerciam afazeres domésticos no próprio lar; estudavam; viviam de rendimentos de aposentadoria, pensão ou de aplicação de capital; estavam detidas cumprindo sentença; eram doentes ou inválidas, sem serem licenciadas do trabalho; não desejavam trabalhar ou, desejando, deixaram de procurar trabalho porque não encontravam.

4.1.1 Análise dos dados[10]

Comparando o número de pessoas economicamente ativas de 10 a 14 anos em 1991 e em 2000, no Brasil, Estado de São Paulo, microrregião de Sorocaba e grande parte de seus municípios, verifica-se uma diminuição do número de pessoas dessa faixa etária em tal condição de atividade. Uma possível explicação para esse fato é a mudança da idade mínima admitida para se trabalhar no país, que passou de 14 para 16 anos.

---

10 Os dados dos censos demográficos de 1991 e 2000, como número de domicílios e de pessoas economicamente ativas de cada município, foram obtidos no site do IBGE. Disponível em: <http://www.sidra.ibge.gov.br/bda/tabela/listabl.asp?z=t&c=616>. Acesso em: 10 dez. 2009.

Tabela 1 Número, percentual e variação percentual, com base no ano de 1991, no número de pessoas de 10 a 14 anos economicamente ativas nos anos de 1991 e de 2000 no Brasil, Estado de São Paulo, microrregião de Sorocaba e municípios.

	Pessoas de 10 a 14 anos economicamente ativas				
	1991		2000		Variação
	Número	%	Número	%	%
Brasil	1.784.904	10,47	1.624.539	9,36	−9
Estado de São Paulo	305.614	9,38	220.355	6,51	−28
Microrregião	9.481	10,09	6.627	6,12	−30
Alumínio	−	−	112	7,51	−
Araçariguama	−	−	93	8,05	−
Araçoiaba da Serra	297	19,25	54	2,85	−82
Cabreúva	458	21,04	262	7,84	−43
Capela do Alto	247	20,00	149	9,59	−40
Iperó	48	3,92	121	6,31	152
Itu	1.378	11,82	677	5,31	−51
Mairinque	426	8,92	252	6,24	−41
Porto Feliz	544	14,42	329	7,34	−40
Salto	836	11,10	551	5,95	−34
Salto de Pirapora	311	10,81	278	7,75	−11
São Roque	453	6,42	370	5,85	−18
Sarapuí	96	12,15	130	16,67	35
Sorocaba	3.613	9,01	2.768	5,98	−23
Votorantim	774	8,40	481	5,14	−38

Fonte: Censos demográficos de 1991 e de 2000, IBGE.

Observando-se a Tabela 1, nota-se que os municípios de Alumínio e Araçariguama não possuem dados referentes ao percentual de crianças economicamente ativas no ano de 1991, pois ambos se emanciparam nesse mesmo ano. Alumínio era um bairro da cidade de Mairinque, em 1980 foi elevado à posição de distrito da cidade e só se tornou autônomo em 1991. Já a cidade de Araçariguama pertencia ao município de São Roque.

Para 1991, podemos observar que os municípios que apresentam maior incidência de indivíduos de 10 a 14 anos de idade economicamente ativos são: Araçoiaba da Serra, Cabreúva, Capela do Alto, Porto Feliz e Sarapuí. No ano de 2000, Araçoiaba da Serra reduziu consideravelmente esse número. Como mostra a Tabela 1, o número de pessoas economicamente ativas em Araçoiaba em 1991 era 297, em 2000 esse número caiu para 54; logo, a redução foi de 82%. Os municípios restantes, como Capela do Alto, Cabreúva e Porto Feliz, também reduziram o número de indivíduos economicamente ativos na faixa etária considerada. Apenas Sarapuí e Iperó seguiram o sentido contrário, aumentando o número de pessoas dessa faixa etária economicamente ativas. Para o ano 2000, Sarapuí apresenta a maior porcentagem de indivíduos de 10 a 14 anos economicamente ativos, 16,67%. Em 1991, no município, o número de pessoas de 10 a 14 anos economicamente ativas era 96, em 2000 foi para 130, ou seja, um aumento de 35% em relação a 1991.

Em 1991, no município de Iperó, o número de pessoas economicamente ativas de 10 a 14 anos era 48, em 2000 esse número saltou para 121, o que representa uma variação positiva, com base no ano 1991, de mais de 100%.

Não foi possível relacionar a estrutura do Sistema de Garantia de Direitos com a incidência de trabalho infantil na microrregião de Sorocaba porque não houve retorno por parte dos Conselhos, dos quais seriam obtidos os dados primários, com as respostas ao questionário.

Esse questionário enviado aos Conselhos tinha sete perguntas. As seis primeiras foram aplicadas igualmente a todos os municípios: solicitavam o ano de criação do Conselho, o número de membros eleitos, a frequência e a periodicidade das reuniões e dos encontros, o número médio de casos levados ao Conselho durante um ano, os principais motivos que levavam à busca do Conselho e a nota que poderia ser dada à sua atuação na prevenção do trabalho infantil no município. A última pergunta, específica, estava relacionada à característica de destaque do trabalho infantil do município: alta ou baixa incidência do trabalho infantil, e solicitava uma explicação possível para a característica.

5. Conclusões

Não foi possível relacionar os Conselhos ao trabalho infantil na microrregião de Sorocaba porque não foram obtidas as informações relevantes que dariam suporte à constatação de quais Conselhos dos municípios estudados seriam bem estruturados e, dessa forma, atuariam no combate ao trabalho infantil de forma mais eficiente do que os Conselhos dos demais municípios. Foi possível apenas identificar quais foram os municípios que apresentaram significativa proporção de trabalho infantil nos anos de 1991 e 2000 e também entender a estrutura de funcionamento do Sistema de Garantia de Direito das Crianças e Adolescentes. Dessa forma, somente os objetivos relacionados à obtenção e análise dos dados secundários foram atingidos plenamente. Aqueles relacionados aos dados primários foram atingidos apenas no que se refere à constatação da existência de Conselhos nos municípios da microrregião, pois as respostas das questões relevantes, para comprovar a hipótese do projeto, não foram recebidas.

Dificuldades foram encontradas na realização da pesquisa, relacionadas principalmente com a coleta dos dados primários. Houve, inicialmente, grandes dificuldades para localizar informações, como o telefone e a existência dos Conselhos, na internet e nos sites das prefeituras municipais. Houve sites de prefeituras que não mostravam qualquer indício da existência dos Conselhos e de uma Secretaria de Promoção Humana ou do Bem-Estar, como o do município de Alumínio. Essa falta de informação pesa de certa forma contra a efetiva articulação do Sistema de Garantia de Direitos. A ausência de um sistema articulado e ativo acaba representando um obstáculo à erradicação do ciclo da pobreza, pois as crianças e os adolescentes ficam destituídos de garantias de direitos fundamentais, como o de estudar, e, assim, de ter uma oportunidade de prosperar economicamente. De certa forma, é possível imaginar que, se para uma pesquisa, o acesso aos Conselhos foi complicado, para a população atendida esse contato também deve ser difícil.

Referências

BRASIL. *Estatuto da Criança e do Adolescente*. Disponível em: <http://www.planalto.gov.br/ccivil/LEIS/L8069.htm>. Acesso em: 10 dez. 2009.

_____. *Sistema de Garantia de Direitos*. Disponível em: <http://www.presidencia.gov.br/estrutura_presidencia/sedh/spdca/sgd/>. Acesso em: 10 dez. 2009.

CARVALHO, H. J. A.; GOMES, A. V.; ROMERO, A. M.; SPRANDEL, M. A.; UDRY, T. V. *Análise e recomendações para a melhor regulamentação e cumprimento da normativa nacional e internacional sobre o trabalho de crianças e adolescentes no Brasil*. Brasília: OIT/Programa IPEC Sudamérica, 2003. 136 p.

CUSTÓDIO, A. V. *A exploração do trabalho infantil doméstico no Brasil contemporâneo*: limites e perspectivas para sua erradicação. Tese (Doutorado em Direito) – Centro de Filosofia e Ciências Humanas, Universidade Federal de Santa Catarina, Florianópolis, 2006.

FÓRUM NACIONAL DE PREVENÇÃO E ERRADICAÇÃO DO TRABALHO INFANTIL (FNPETI). *Oficina Sistema de Garantia de Direitos e a Erradicação do Trabalho Infantil*. Disponível em: <http://www.fnpeti.org.br>. Acesso em: 10 dez. 2009.

GOMES, C. M. C. *O logro do empresariado*: uma discussão sobre o trabalho precoce. Dissertação (Mestrado em Serviço Social), Programa de Pós-Graduação em Serviço Social, Universidade Federal de Pernambuco, Recife, 2000.

GOMES, P. S. O combate ao trabalho infantil no Brasil: conquistas e desafios. In: GOMES, P. S. *Trabalho infantil e direitos humanos*. 2. ed. São Paulo: LTR, 2005. p. 88-93.

INSTITUTO BRASILEIRO DE GEOGRAFIA E ESTATÍSTICA (IBGE). *Trabalho infantil na microrregião de Sorocaba*. Disponível em: <http://www.sidra.ibge.gov.br/bda/tabela/listabl.asp?z=t&c=616>. Acesso em: 10 dez. 2009.

KASSOUF, A. L. *Aspectos socioeconômicos do trabalho infantil no Brasil*. Brasília: Secretaria de Estado dos Direitos Humanos, 2002.

_____. *Trabalho infantil*: causas e consequências. Tese de Titularidade – Departamento de Economia, Administração e Sociologia da ESALQ, Universidade de São Paulo, Piracicaba, 2005.

NOGUEIRA, V. Papel político-jurídico dos Conselhos: sociedade civil, direção e formação. In: ASSOCIAÇÃO DOS PROCURADORES DO MUNICÍPIO DE PORTO ALEGRE. *Seminário da Criança e do Adolescente*: indiferença – derrube este muro. Porto Alegre: APMPA, 1997.

Sobre os autores

AGENOR CUSTÓDIO
Graduado em Imagem e Som pela UFSCar (2012). Foi bolsista do CNPq (PIBIC) em projeto de pesquisa relacionado à proteção e valorização do conhecimento indígena retratado em obras audiovisuais. Membro do Grupo de Pesquisa denominado "Informação, Conhecimento e Tecnologia" do Departamento de Ciência da Informação da UFSCar.

ALINE FURTADO OLIVEIRA
Graduada em Biotecnologia pela UFSCar/CCA (2011) – *campus* Araras e mestra em Engenharia Química pela UNICAMP (2014). Atualmente, é doutoranda em Engenharia Química na UNICAMP, onde atua com desenvolvimento de sistemas microfluídicos de gotas. Possui experiência nas áreas de Microbiologia e Microfluídica, com foco em bioprocessos.

AMANDA CRISTINA MURGO
Bacharela em Filosofia pela UFSCar. Fez parte do projeto "Nanobiomed: Avanços, riscos e benefícios da nanotecnologia aplicada à saúde", em que estudou algumas dimensões éticas da aplicação de tecnologias na saúde bem como a percepção que o público em geral possui da nanotecnologia, cujo financiamento foi feito pela CAPES (2011-2013). Investiga novas dimensões éticas em face do desenvolvimento científico e tecnológico nos séculos XIX,

XX e XXI, analisando a noção de responsabilidade e os impactos ambientais decorrentes desta evolução segundo o filósofo Hans Jonas. Atua em temas de difusão científica no IFSC/USP.

PROFA. DRA. ANDREA RODRIGUES FERRO
Bacharel em Economia, mestre em Ciências (Economia Aplicada), doutora em Ciências (Economia Aplicada) pela Universidade de São Paulo. Realizou estágio no exterior, financiado pela CAPES, na Universidade de Minnesota-EUA. Atualmente é professora do Departamento de Economia da UFSCar, *campus* Sorocaba. Tem experiência na área de Economia Aplicada, com ênfase em Economia dos Programas de Bem-Estar Social e Econometria, atuando principalmente nos seguintes temas: trabalho infantil, educação, avaliação de políticas sociais e métodos quantitativos em economia.

ARDALA PONCE KOCHANI
Mestre em Ciência, Tecnologia e Sociedade e Bacharel em Biblioteconomia e Ciência da Informação pela UFSCar. Tem experiência na área de Ciência da Informação, atuando principalmente nos seguintes temas: coleta, organização, representação e disseminação da informação; orientação e normalização de documentos; organização de arquivos documental e fiscal, administração de unidades de informação e estudos bibliométricos.

DAIANE DE OLIVEIRA
Graduada em Engenharia Florestal pela UFSCar (2013), especialista em Engenharia de Produção. Atua no setor de Gestão de Processos.

DAVID FERREIRA CAMARGO
Graduado em Filosofia e mestrando em Filosofia pela UFSCar.

PROF. DRA. DÉBORA CRISTINA MORATO PINTO
É Pró-Reitora de Pós-Graduação da UFSCar (gestão 2013-2016). Mestre e doutora em Filosofia pela USP. Professora do Departamento

de Filosofia e Metodologia das Ciências (DFMC) da UFSCar desde 2002, sendo hoje professora-associada. É bolsista de Produtividade em Pesquisa 2 do CNPq. Foi professora visitante na Université de Toulouse II (França, 2008-2009), no âmbito de projeto Erasmus Mundus Europhilosophie que coordena na UFSCar desde 2008. Foi editora da revista *Doispontos* (2004-2007) e é membro do Comitê Científico Internacional do periódico *Annales Bergsoniennes*. É líder do grupo de pesquisa "Constituição e Crítica do Sujeito na História da Filosofia".

Edinaldo dos Santos Rodrigues

Primeiro psicólogo indígena formado pela UFSCar (2013), pertence à etnia Xukuru, de Pernambuco. Atualmente é Referência Técnica de Saúde Mental do Distrito Sanitário Especial Indígena de Pernambuco.

Édipo Batista Ribeiro de Lima

Bacharel em Matemática pela UFSCar, com área de atuação em Topologia Geral e Algébrica.

Edison dos Reis

Graduado em Enfermagem pela UFSCar. Especialista em Saúde do Idoso Interdisciplinar pela UNIFESP e mestrando Interdisciplinar em Ciências da Saúde pela UNIFESP.

Prof. Dr. Eduardo Nespoli

Docente do Departamento de Artes e Comunicação da UFSCar. Atua como pesquisador do Programa de Pós-Graduação em Ciência, Tecnologia e Sociedade e no grupo de pesquisa "Tecnologias Aplicadas ao Ensino e Aprendizagem Musical". Possui graduação em Música e doutorado em Artes pela UNICAMP.

Profa. Dra. Emília Freitas de Lima

Possui graduação em Pedagogia pela Faculdade de Filosofia, Ciências e Letras de Presidente Prudente (1970), mestrado em Educação pela PUC-Rio (1978), doutorado em Educação pela UFSCar

(1996) e pós-doutorado na PUC-Rio. É professora sênior do Departamento de Teorias e Práticas Pedagógicas da UFSCar e integra o corpo permanente do Programa de Pós-Graduação em Educação da mesma Universidade.

Prof. Dr. Fábio Minoru Yamaji

Doutor em Engenharia Florestal pela UFPR. Fez dois cursos de especialização no Japão e atualmente é professor-associado da UFSCar. Líder do Grupo de Pesquisa "Biomassa e Bioenergia" e coordenador do Programa de Pós-Graduação em Planejamento e Uso de Recursos Renováveis da UFSCar. Desde 2008 trabalha com projetos de extensão universitária, com destaque para a atividade "Eng. Florestal na Flona de Ipanema".

Prof. Dr. Hylio Laganá Fernandes

Licenciado em Ciências Biológicas pela USP, mestre em Psicologia Experimental pela USP e doutor em Educação pela UNICAMP. Atualmente é professor-associado do Departamento de Ciências Humanas e Educação na UFSCar, *campus* de Sorocaba; docente do Programa de Pós-Graduação de Mestrado em Educação (PPGEd – UFSCar-Sorocaba); líder do grupo de pesquisa "Imagens em Ação"; e coordenador do Programa de Extensão Formação e Aperfeiçoamento de Educadores.

Jiene Pio

Estudante de Pedagogia da UFSCar.

Prof. Dr. José Antonio Salvador

Graduado em Matemática pela UNESP e em Astronomia pela UFRJ, mestre em Matemática pela UFRJ e doutor em Matemática pela UFRJ. Realizou estágio de pós-doutorado na University of California at San Diego (UCSD) – Department of Bioengineering. Atualmente é professor-associado da UFSCar. Exerceu cargos de Chefe de Departamento e de Coordenador de Curso. Coordena vários Projetos de Extensão. Membro da diretoria da SBMAC, biênio 2014-2015. Tem experiência na área de Matemática Aplicada, com ênfase em Ensino de Matemática com ferramentas computacionais e Modelagem Matemática, atuando principalmente nos seguintes temas: Novas Tecnologias no Processo de Ensino e Aprendizagem, Interdisciplinaridade, Modelagem Matemática e Aplicações nos programas de Pós-Graduação em Ensino de Ciências e Matemática (PPGECE) e no PROFMAT.

PROF. DR. JOSÉ EDUARDO MARQUES BAIONI
Graduação em Filosofia pela PUC-SP; doutor em Filosofia pela FFLCH-USP; é professor do Departamento de Filosofia e Metodologia das Ciências e do Programa de Pós-Graduação em Filosofia da UFSCar desde 2005. Dedica-se, sobretudo, ao estudo do pensamento filosófico de G. W. F. Hegel e ao idealismo alemão.

JOYCE MIRYAM TONOLLI
Analista de Riscos no Banco Alfa Investimentos. Foi estudante de Economia da UFSCar – *campus* Sorocaba.

PROFA. DRA. LÚCIA MARIA DE ASSUNÇÃO BARBOSA
Doutora em Études Portugaises, Brésiliennes et de l'Afrique Lusophone pela Université de Paris VIII, França. Desde 2012, é professora da Universidade de Brasília (UnB), onde leciona a disciplina Português para Estrangeiros. Faz parte do corpo docente permanente do Programa de Pós-Graduação em Linguística Aplicada da UnB e do Programa de Pós-Graduação em Linguística da UFSCar. Suas pesquisas privilegiam os seguintes temas: Português para Estrangeiros, Ensino-aprendizagem de línguas; Ensino de línguas e migrações contemporâneas; Educação para as relações étnico-raciais. De 1994 a 2012, foi professora da UFSCar, onde integrou a comissão que propôs o Programa de Ações Afirmativas e colaborou no processo de sua implantação.

LUIZ NICOLOSI RODRIGUES
Graduado em Psicologia pela UFSCar.

PROFA. DRA. MÁRCIA NIITUMA OGATA

Doutora em Enfermagem Fundamental na EERP-USP. É professora-associada do Departamento de Enfermagem da Universidade Federal de São Carlos, na área de Saúde Coletiva; bem como docente credenciada nos programas de pós-graduação da UFSCar: Enfermagem (Mestrado e Doutorado); e Ciência, Tecnologia e Sociedade (Mestrado e Doutorado). Realizou estágio de pós-doutorado na Faculdade de Enfermagem da Universidade Estadual do Rio de Janeiro e na Faculdade de Psicologia e Ciências Humanas da Universidade de Coimbra/Portugal. Realiza pesquisas nas áreas: Políticas de Saúde, Educação no Trabalho e Dimensões Sociais da Ciência e Tecnologia em Saúde. Líder do grupo de estudos "Políticas e Práticas em Saúde (GEPPS)".

PROFA. DRA. MARIA CRISTINA COMUNIAN FERRAZ

Professora-associada IV da UFSCar, doutora em Ciências, especialista em Administração e Análise de Negócios. Tutora do Grupo "PET/Saberes Indígenas" e Coordenadora do Programa de Pós-Graduação em Gestão de Organizações e Sistemas Públicos da UFSCar.

PROFA. DRA. MARIA LEONOR R. C. LOPES-ASSAD

Engenheira Agrônoma, doutora em Ciência do Solo pela Universidade de Montpellier II (França), professora titular do Departamento de Recursos Naturais e Proteção Ambiental da UFSCar – *campus* Araras, atuando nos temas: modelagem de dados de solos, insumos alternativos para a fertilização de solos e sustentabilidade de sistemas de produção agrícola.

PROFA. DRA. MARIA STELLA C. DE ALCANTARA GIL

É docente do Departamento de Psicologia da UFSCar, foi Vice-Reitora e Reitora em exercício. Presidiu a comissão que elaborou o *Programa de Ações Afirmativas da UFSCar*. Atua no Programa de Pós-Graduação em Educação Especial e no Programa de Pós-

-Graduação em Psicologia, coordena o "Pró-Infância: Programa de Promoção e Desenvolvimento Infantil".

MARLON ALEXANDRE DE OLIVEIRA
Formado em Psicologia pela UFSCar. Atualmente é mestrando do Programa de Pós-Graduação em Psicologia, na mesma universidade, no qual desenvolve trabalhos em Psicologia Experimental. Foi representante discente do Programa de Ações Afirmativas da UFSCar no período de 2009 a 2011. Trabalhou durante a graduação com produção de conhecimento sobre questões relacionadas à economia solidária.

PROF. DR. SIOVANI CINTRA FELIPUSSI
Docente do DComp da UFSCar-Sorocaba, licenciado em Matemática pela UNESP, mestre em Matemática Aplicada pela UNESP, doutorado em Ciência da Computação pela UFRGS e pós-doutorado em Computação pela UNICAMP. Tem experiência em processamento de imagens, visão computacional e robótica.

PROFA. DRA. TÂNIA MARIA SANTANA DE ROSE
Doutora em Psicologia (USP) e orientadora no Programa de Pós-Graduação em Educação Especial da UFSCar. Realiza pesquisas em prevenção e promoção da adaptação acadêmica e social no contexto escolar.

TATIANE SOUZA SILVA
Técnica de Laboratório na Área da Saúde.

PROFA. DRA. THELMA SIMÕES MATSUKURA
Professora-associada do Departamento de Terapia Ocupacional da UFSCar. É pesquisadora do CNPq e docente dos Programas de Pós-Graduação em Terapia Ocupacional e de Pós-Graduação em Educação Especial da UFSCar. Desenvolve estudos no campo da saúde mental, com ênfase em saúde mental infantojuvenil e famílias.

Vanicléia do Carmo Carvalho
Graduada em Terapia Ocupacional pela UFSCar. Possui aprimoramento de Terapia Ocupacional em Saúde Mental – Instituto de Psiquiatria do Hospital das Clínicas – FMUSP. Terapeuta Ocupacional no Centro de Atenção Psicossocial de Mairiporã.

Prof. Dr. Waldemar Marques
Graduado em Ciências Sociais pela USP, com Especialização em Dinâmica Populacional pela Faculdade de Saúde Pública, também pela USP. Mestrado e doutorado em Educação pela Unicamp. Foi pesquisador no Cenafor/MEC. Professor-associado da UFSCar (1991-2011) e Coordenador Acadêmico do *campus* Sorocaba (2005-2010). Atualmente é professor do PPGE/Uniso, com foco em Educação Superior.

Yuri Souza Padua
Bacharel em Ciência da Computação pela UFSCar – *campus* Sorocaba (2012). Já atuou como Consultor PMO na PwC em grandes projetos do grupo Carrefour, Bungue e Louis Dreyfus. Atualmente atua na área de Tecnologia do Banco Itaú S.A., trabalha com Governança da Superintendência de Analytics e CRM. Os conhecimentos adquiridos com a certificação ITIL Foundations auxiliam na criação e monitoração dos processos da equipe. Pretende especialização na área de gestão de projetos.

Sobre os organizadores

Danilo de Souza Morais
Sociólogo, mestre em Ciências Sociais e doutorando em Sociologia na UFSCar. É pesquisador do Núcleo de Estudos Afro-brasileiros (Neab-UFSCar) e professor formador do curso de aperfeiçoamento em Educação das Relações Étnico-Raciais, da UFSCar. Foi assessor (2008-2010) e consultor (2010-2012) do Programa de Ações Afirmativas também desta universidade. Representando a Coordenação Nacional de Entidades Ne-

gras (CONEN), por duas vezes foi eleito membro do Conselho Nacional de Juventude (2010-2014). Trabalha principalmente com os seguintes temas: construção democrática; diferenças étnico-raciais; juventude; e políticas públicas de ação afirmativa. Atualmente pesquisa instituições participativas e as possibilidades de reconhecimento das diferenças étnico-raciais nos processos participativos.

PROFA. DRA. PETRONILHA BEATRIZ GONÇALVES E SILVA
Professora emérita da Universidade Federal de São Carlos, professora titular em Ensino-Aprendizagem e Relações Étnico-Raciais, pesquisadora do Núcleo de Estudos Afro-Brasileiros da UFSCar, do qual é cofundadora ao lado do Prof. Dr. Álvaro Rizzoli e do Prof. Dr. Valter Roberto Silvério. Atua na qualidade de professora sênior junto ao Departamento de Teorias e Práticas Pedagógicas da UFSCar. Por indicação do Movimento Negro, atuou como conselheira do Conselho Nacional de Educação (2002-2006). Nessa condição, foi relatora do Parecer CNE/CP 3/2004, que estabelece as *Diretrizes Curriculares Nacionais para a Educação das Relações Étnico-Raciais e para o Ensino de História e Cultura Afrobrasileira e Africana*. Foi coordenadora do Grupo Gestor do Programa de Ações Afirmativas da UFSCar (2007-2011). Foi também professora visitante na Stanford University (dezembro de 2014 a abril de 2015), Georgia State University (maio a junho de 2015), Universidad Autonoma del Estado de Morelo, México (2003) e University of South Africa (1996). Tem experiência em ensino, pesquisa e extensão em Educação: relações étnico-raciais; práticas sociais e processos educativos; políticas curriculares e direitos humanos.

Este livro foi impresso em novembro de 2015 pela Gráfica Compacta em São Carlos/SP.